本书获以下项目资助：

华中师范大学社会学院"桂子山社会学论丛"出版项目

国家社会科学基金青年项目"互联网经济背景下平台劳动者的嵌入性及其社会保护研究"

（项目编号 21CSH034）

桂子山社会学论丛

The Making of Labor Market

Field Research from the Construction Industry

劳动力市场的形成

基于建筑业的田野调查

魏海涛 | 著

社会科学文献出版社

SOCIAL SCIENCES ACADEMIC PRESS (CHINA)

献给我的父亲

目　录

第一章 绪论

自新经济社会学肇兴以来，市场就成为该学科的核心研究议题之一。市场的社会建构性一直是该学科的核心命题，而市场作为一种"社会结构"的观点也早已成为学界的共识（Swedberg，1994）。因此，市场建构的基本问题是市场结构和秩序的形成与演化（Swedberg，2005；符平，2013）。换句话说，市场并不是天然存在的，市场的形成与运作是有其社会根源的（沈原，2020）。在新经济社会学的研究议程中，市场的社会结构观点意味着将市场当作一种协调经济交易行动的复杂制度安排（Beckert，2009），探究包括制度、网络、权力和认知等社会性机制如何塑造其形成与运行的一般过程（Dobbin，2004）。

尽管市场社会学有着众多的理论分析视角，但它们都共享对新古典经济学"市场观"和经济行为（市场社会学学科合法性来源之一）的批判。市场作为经济学的核心概念，新古典经济学并没有对其来源和具体运作做系统探讨。正如怀特所评论的："新古典经济理论并没有一个关于市场的理论，而只存在有关交易的纯粹理论。"（White，1990）简单地说，在新古典经济学那里，市场只是一种建立在理性个人决策（具备完全信息、外生决定和稳定偏好）基础上的价格机制，关注市场价格确定与市场一般均衡的实现，没有对市场本身展开深入而具体的分析（陈林生，2015）。

因此，在经济学家那里，"市场从哪里来"这个问题是不存在的，因为经济学家假设市场是天然存在的，市场是一种脱离经验世界的抽象实体，经济行动者（个体和厂商）在其中做出理性决策，这是一种形式主义的经济学（波兰尼，2014）。相反，社会学家眼中的市场更接近于波兰尼阐述中的实质经济学，即："实质概念的源泉是经验的经济。它可以被简略地定义为：'人类与其环境互动的有制度的过程，这种过程导致不断满足符合物质财富的需要。'"（波兰尼，2014）因此，在社会学家那里，市场是一个个具体存在的实体，从格尔茨的摩洛哥传统集市（Geertz，1978）到现代社会厂商的生产市场和消费者的消费市场，都是如此。在具体市场中，行动者彼此依赖、相互协调和讨价还价，行动者的身份、认知框架、文化观念、社会网络和制度环境等元素都嵌入市场，塑造着市场运作的轨迹和市场结构的形成。因此，市场社会学的研究往往聚焦人类经济活动中的具体实在的市场，分析经济行动者在从事市场交易活动中面临的结构限制与竞争优势和劣势实现的条件与机制，并探究市场秩序何以可能（稳定与变迁）的基本问题。本书基于这样一种市场社会学的立场来探究中国转型期建筑业劳动力市场的形成过程及其结果的问题。

一 研究问题

中国的市场转型实践为经济社会学的研究议程提供了丰富的土壤。从宏观层面来看，改革开放开启了中国从社会主义计划经济向社会主义市场经济的转型，市场逐渐成为配置资源的基本机制；市场在与历史、制度和文化等因素的相互交织中塑造着中国经济与市场的发展模式，市场形成与转型本身成为有待探究的问题。从中观层面来看，不同类型的所有制企业蓬勃发展并参与创造各种类型的专业与细分市场，企业是如何创立的，又是如何尝试参与市场竞争以维持企业生存的以及各种类型的专业市场是如何发展起来的等成为有待解释的问题。从微观层面来看，在市场转型背景下，社会大众越来越多地通过参与市场交易的方式来满足需求，个人与谁发生交易及交易媒介是什么、如何区分双方交易以及涉及第三方的交易行为等是有待探究的问题。在这样的经验背景下，从事经济社会学研究的学者们分别从不同层面来理解中国不同种类的经济与市场现象。例如，符平、杨典在其主编的《中国经济社会学四十年：1979—2019》一书中，提出中国经济社会学40年间在理论与方法研究、企业研究、市场研究、产业研究、金融研究和经济发展模式研究等方面取得了突出的成绩（符平、杨典，2020）。

虽然《中国经济社会学四十年：1979—2019》一书中呈现的研究并非

所有都关注市场从哪里来或者市场的形成问题，但它们都集中探讨了多种社会学因素对经济行动者、经济行动和制度的影响。因此，对市场运作的理解潜藏在几乎所有经济社会学的研究之中。

在具体经验研究中，学者们将经济转型期多种多样市场类型的兴起和发展纳入其研究议程，并分析其背后发挥作用的深层次社会机制，既包括乡村农产品交易市场（艾云、周雪光，2013）和原材料市场（符平，2011），也包括城市中的房地产市场（李林艳，2008）、人寿保险市场（陈纯菁，2020）、地方农产品加工市场的发展（符平，2018）和电子市场（张军，2010）等。这些以具体市场的兴起、发展和运作过程为内容的研究，呈现了中国特有的制度环境、文化观念和人际关系情境对特定市场形成与运作的关键作用，呈现了各种不同的社会机制对市场形成和运作的影响，凸显了对经济转型期中国市场秩序的本土化探索。从既有研究对象来看，目前学者们关注的市场类型多属于终端的产品市场，而对以雇主和雇员相匹配为特征的劳动力市场形成与运作的问题却鲜有关注。自由流动的劳动力市场是现代经济体系的基础性制度安排之一，中国的经济转型与发展过程同样离不开一个逐步开放的劳动力市场的形成与有序运转。然而，虽然劳动力市场一直是社会学关注的核心议题，但经济社会学对劳动力市场的形成和运转过程这一问题仍语焉不详。基于此，本书将以改革开放后建筑业劳动力市场为例，探究劳动力市场的形成过程、市场秩序的运转机制和它们给雇佣双方带来的经济、政治结果等问题。

稍微熟悉中国建筑业劳动力市场构成特征的学者都会清楚，非正式的人际关系是建筑工人进入劳动力市场的主要通道（亓昕，2011；Swider，2015），正式招聘程序在建筑行业并不完善。因此，回答中国建筑业劳动力市场形成及其运转机制的问题离不开对雇佣双方非正式人际关系特征与联结模式的关注。在中国市场转型时期，人际关系在经济交易达成和市场秩序构建中扮演着重要角色。例如，多个研究记录了中国式关系深刻地塑造着各种经济交易、市场结构和秩序的形成，市场行动者的行动逻辑也深刻嵌入不同类型的社会关系网络及其背后的关系特质与文化内容中，李林艳（2008）提出的"关系密集型市场"、汪和建（2009）提出的"自我行动逻辑的市场实践理论"和符平（2011）提出的"次生庇护的交易模式"

皆属于范例，揭示出中国人际关系与市场秩序运转之间的特殊关联。以非正式人际关系为自变量探究建筑业劳动力市场的形成与运转的核心在于揭示雇佣双方（本研究对应的是包工头与建筑农民工[①]）的交易关系是如何建立起来的。由此从理论上说，本研究将双方交易关系的达成与维持作为市场形成的基础，因此也致力于揭示作为市场形成基础的双方交易关系是如何建立和维持的，塑造双方经济交易达成和运转的内在机制是什么。围绕本研究关注的经验与理论研究问题，下文将从研究对象和研究的分析单位两方面做进一步阐述。

（一） 作为研究对象的劳动力市场

历史地看，工业资本主义市场经济崛起的前提条件之一是劳动的商品化与一个开放劳动力市场的建立，即劳动能够自由买卖和劳动力能够自由地流动（波兰尼，2020）。与其他的市场类型相比，劳动力市场关注作为商品的劳动的交易状况，强调劳动者与职位或者雇主之间的匹配及其影响因素与潜在结果。总结社会学有关劳动力市场的实证研究，可简略地将其划分为以下三个方向。

第一，关注劳动力市场的制度和社会嵌入性特征，分析规制劳动力市场发展与演变的社会机制与制度逻辑，尤其是关注国家、法律、政策和社会力量（工会）对劳动力市场结构与劳动商品化和保护程度的影响（Piore，1975；Streeck，2005；刘子曦、朱江华峰，2019）。该研究方向关注不同类型劳动力市场的形成以及劳动力市场组织方式如何受到国家、制度与社会力量的影响。如多林阁和皮奥尔提出的内部劳动力市场概念，将员工和工作的匹配与企业内部的等级制度和相应的职业发展与福利保障的序列相互联系，并认为内部劳动力市场能够更有效率地提供公司所需要的员工（Doeringer & Piore，1985；孙中伟、刘明巍、贾海龙，2018）。如布洛维在对不同历史时期不同国家的生产政体的比较研究中，突出了国家干预对劳动力再生产的影响，塑造了劳动者在进入劳动力市场时相对于管理阶层的谈判能力。他在分析垄断资本主义时期的生产政体时，认为国家在

---

① "建筑农民工"和"建筑工人"，本书未做严格区分，在写作过程中两个概念均有使用。

劳动者权利保护和对管理阶层专断能力限制方面的立法提高了劳动者在劳动力市场中的地位，从而有利于霸权政体的产生（Burawoy，1985）。布洛维的学生李静君在香港和深圳的工厂政体的比较研究中强调了劳动力市场的不同组织方式（分别嵌入地方关系网络与家庭责任伦理）对不同性质的劳资关系塑造，间接揭示了不同类型劳动力市场形成的社会性根源（Lee，1995）。

第二，关注劳动力市场的社会不平等结果，探究不同社会性因素对劳动者的工作获得、职位晋升和工资收入分配差异等经济结果的影响（Blau & Duncan，1967；Logan，1996；Michelle，2007；王美艳，2005；刘精明，2006；吴晓刚，2006）。该分支主要发端于布劳–邓肯地位获得模型，探究父亲的受教育程度、父亲的职业地位、子女的受教育程度、子女的初职地位和子女的当前职业地位五个变量之间的关系，彰显了劳动力市场中的代际流动状态，属于社会分层与社会流动研究领域的一部分。在社会分层与社会流动的研究传统中，社会地位获得（个人如何被分配到不同的社会地位等级序列）及其影响因素成为主要研究方向，而对职业地位等级序列或职业声望的研究是其基础（李春玲，2019）。例如，以倪志伟为开端的市场转型论及系列文献中（Nee，1989；边燕杰，2002），主要探讨的议题就是市场转型给社会不平等带来的结果，学者们分析了人力资本、政治资本和社会资本等因素在劳动力市场中的作用、回报及其对社会不平等状况的影响。

第三，关注社会关系网络对劳动力市场求职效应的影响。该传统发端于格兰诺维特的《找工作——关系人与职业生涯的研究》，探究不同类型的关系纽带对进入劳动力市场机会、职业回报和流动的差异性影响（Granovetter，1995；吴愈晓，2011；边燕杰、张顺，2017；边燕杰、张文宏、程诚，2012）。在《弱关系的力量》一文中，格兰诺维特发现那些促进工作流动的信息往往是通过与求职者的弱联结纽带（联系不频繁、情感不紧密、亲密程度不够、互惠性不强的关系）而获得和传播的，因为"强关系"往往提供的是同质性信息而"弱关系"能够提供有益的异质性信息（Granovetter，1973）。作为回应，边燕杰发现在中国的劳动力市场中，"强关系"纽带仍然发挥着主要作用，因为它能够提供"弱关系"纽带所不能施加的对工作获得的影响（Bian，1997）。在后续对中国劳动力市场的求职研究中，学者们探讨了关系网络及其附带特征（人情、信任、面子、社会资本、信息传递）对求职者与职位匹配的影响。

通过对社会学文献中劳动力市场研究的一个简略回顾，可以发现绝大部分的研究都只是将劳动力市场作为各种效应发挥影响的背景和场所，重点关注的是劳动力市场的各种经济性结果，而没有过多关注劳动力市场的构成本身。具体来说，作为构成劳动力市场基础的供需双方关系的具体匹配过程与机制，既有文献关注不多；劳动力市场的形成有赖于求职者与雇主通过特定渠道的有效匹配。此外，既有研究多从历史的角度或定量分析的方法入手，采用民族志方法的研究较为匮乏。基于此，本研究致力于弥补劳动力市场研究在实质内容和方法上的不足，聚焦建筑业劳动力市场的下游部分，也就是建筑业中规模巨大的农民工用工群体是如何与作为雇主的包工头相互匹配联结而构成相应劳动力市场的过程，并阐述不同的匹配过程对交易双方带来的经济与政治结果。

（二）作为分析单位的交易

康芒斯在描述经济组织面临的基本问题时，写道："基本的行为单位……本身必定包含三个原则，即冲突、相关性和秩序，这一基本单位就是交易。"（Commons，1932）康芒斯这一观念后来被威廉姆森在交易成本经济学中做了系统化表达。威廉姆森将经济学的分析单位确定为交易，并将交易的不同属性与不同治理结构（模式）有效匹配作为其交易成本经济学的核心（威廉姆森，2020）。以交易作为分析单位，能够将研究的视线从关注个体选择延伸到交易合约的形成，从关注个体主义到关注交易双方的相互依赖性。以交易作为分析市场形成的基本单位，意味着市场中的交易双方需要跨越各种障碍以达成交易匹配的关系；市场社会学与交易行为分析的结合把焦点聚集于交易双方关系达成的社会性基础，而这些社会性基础有助于交易双方在交易公平性上符合彼此的期待，从而再生产双方的交易行为和促进相应市场秩序的稳定再生。

因此，如果以交易作为分析单位来看待市场形成过程，那么何为市场？市场可以被界定为"在社会范围内借由交易形式的互动而存在的一种人类活动协调"（Lindblom，2001）。也就是说，市场是由众多交易行为匹配构成的，是供需双方达成交易合约的过程。因此，对市场形成的分析理应包括以下几个相互关联方面：（1）识别参与交易的主体，包括交易双方当事人（个体或者组织）、第三方行动者等；（2）交易双方匹配的渠道或方式，如麦克尼尔对古典契约、新古典契约和关系契约的区分代表了交易达成的不同方式（Macneil，1978），也就是交易双方通过何种方式达成最终的交易关系；（3）不同交易方式的关键特征（交易双方的互动过程与关系模式）、塑造与维系不同交易方式的核心机制和与之相对应的市场结构与秩序。

以交易作为分析单位，本研究对建筑业劳动力市场形成的分析着眼于包工头和建筑农民工的交易匹配过程，比较不同的交易方式与媒介并探究维系不同交易方式的关键特征及其运转的内在机制，在此基础上比较不同交易方式对交易双方在劳动过程中的互动的差异化影响。在交易匹配——包括包工头的招募行为和建筑农民工的求职行为——的达成过程中双方通过不同的关系纽带达成双向交易匹配。在这一过程中，具有不同特质的包工头和建筑农民工依据自身所处的情境采取恰当的策略以达成某种相互依赖的交易关系，并依赖不同交易关系中的不同关系性内容与机制来维系相应交易方式的运转。为了更加全面地理解劳动力市场中交易双方的具体匹配过程及其运作机制，本研究将在批判与吸收既有研究成果的基础上，着力建立一个用于分析市场形成过程的理论模型，使其能够有效地呈现不同交易方式和市场结构形成的具体而微的过程。以交易作为市场形成的基本分析单位，也就意味着研究关注的重点不在于制度环境对劳动力市场形成的塑造[①]，而是致力于为宏观劳动力市场的形成奠定微观关系基础，从而为微观交易到宏观市场建构的联结提供一个研究例证。

二　理论脉络：市场社会学的三种路径

1985 年，格兰诺维特发表《经济行动和社会结构：嵌入性问题》（以

---

① 当然，这并不意味着制度环境在本书劳动力市场形成的分析中不重要。正如主体部分将要展现的，包工头和建筑农民工的交易匹配模式在很大程度上受到双方嵌入的制度环境的影响。

下简称《经济行动和社会结构》）的纲领性论文，新经济社会学由此肇兴。格兰诺维特在文中提出的"那些具有目的性的行动企图都嵌入具体的、正在运行的社会关系系统"（Granovetter，1985）的观点成为经济社会学研究经济行动的理论导向，嵌入性概念自此成为经济社会学研究中的支配性范式。嵌入性取向能够成为经济社会学的主导范式是因为它挑战了新古典经济学对拥有完美信息、稳定偏好、独立决策的理性行动者假设，将外生给定的人际关系网络作为行动者理性行动的约束条件，使得经济社会学者能够以社会学的变量和视角进入经济交易、价格、公司治理、产权和市场等经济学的自留地。在格氏《经济行动与社会结构》的经典论文中，他反对经济学和社会学中对行动者"低度社会化"和"过度社会化"的原子化行为决策假设，并通过阐述个人关系结构（网络）对市场交易中信任生成和避免欺诈的作用来挑战新制度经济学对经济制度功能主义的解释，尤其是关系网络结构如何能够成为企业在市场和等级制形式之外的新的交易与治理结构（Granovetter，1985）。后来，格氏进一步将嵌入性理念融入经济制度的社会建构分析，强调它们是行动者通过社会网络动员资源而形成的（Granovetter，1985，1990，1992；Granovetter & McGuire，1998），突出经济制度的"动力学分析"（汪和建，2009）。当然，经济行动嵌入社会关系网络命题能成为经济社会学的主导范式也取决于网络概念的可操作性，学者们可以借助数学语言和形式化模型等工具来呈现关系网络特征对经济行动与市场表现的实际影响（White，1981）。自格兰诺维特的纲领性论文伊始，嵌入性就成为市场形成分析的核心范式。在他的启发下，新经济社会学者发展出对市场建构性特征的三种不同视角，包括网络视角、制度视角和文化视角（甄志宏，2009），它们共同挑战新古典经济学有关纯粹效率逻辑和理性人假设。虽然分析的出发点不同，但三种视角都反对将市场简单等同于供需曲线和价格机制约束下的一般均衡状态，而是认为其受到社会关系网络、制度规范和文化等因素的塑造，具有深厚的社会性基础。下面将分别介绍经济社会学中市场建构的这三种视角。

（一）网络视角

网络视角将市场理解为市场参与者（个人和企业）间的关系网络结构

及其对经济安排与经济绩效的影响（White，1981；Baker，1984；Burt，1983）。在网络视角下，学者们关注行动者之间关系网络特征（强弱、中心性、密度、平衡性）对市场形成过程及其结果的影响。因此，在嵌入性理论命题和网络方法的影响下，大量关系网络与市场建构、交易信息流通、资源动员与获取和公司绩效的研究涌现，其中怀特、贝克、博特、乌兹和波多尼的工作最具代表性。在格兰诺维特《经济行动和社会结构》的经典论文发表前，怀特、贝克和博特的工作已经有着市场运作的网络嵌入性特征，只是未明确提出嵌入性这一概念。怀特既是经济社会学的先驱，也是从网络视角对新古典主义经济学的市场观念发起反击的第一人。在怀特的论文——《市场从哪里来》中，他旗帜鲜明地回答了市场从哪里来这一问题。他认为从网络中来。在论文中，怀特通过与经济学理论对话，利用数学模型来阐释生产市场的运转过程，提出了作为"自我再生产的角色结构"的市场观念。在怀特的分析假设中，他认为厂商只能从有限数量的其他生产商那里获取有关市场业绩的信息，因此生产市场的形成来源于厂商之间的彼此观察，每一个厂商依据对其他厂商的观察而做出生产决策，汇聚成一个不断再生且作为一种特定社会结构的市场，在该市场中各厂商彼此依赖并演化为各自不同的角色（White，1981；王晓璐，2007）。怀特的"自我再生产的角色结构"的市场观念反映了不同生产商之间的相互依赖和彼此协商，并在识别他人的角色和身份的过程中定位自身的市场身份，从而不断地持续自我再生产出符合自身角色结构的市场位置。

在贝克对美国证券市场的社会结构的研究中，他从经济行动者的行为预设（有限理性和机会主义）出发，区分了两种不同类型的行动者市场网络：规模小的限制性微观网络和规模大的宏观网络，并在实际市场运作中分析了由限制性微观网络发展而来的分化或未分化的宏观网络对价格波动的影响。贝克研究发现，规模小的限制性微观网络能够促进群体内部的信息沟通，从而抑制价格的波动；相反规模大且分化的宏观网络阻碍信息的流动从而导致价格的剧烈波动（Baker，1984）。贝克的研究挑战了微观经济学"市场行动者参与规模越大，竞争越强，价格越趋于稳定"的命题。后来，贝克在对公司与投资银行的关系研究中进一步论证了市场关系的结构化特征，并认为公司的市场关系（组织间关系）是公司为降低依赖性和获取地位优势而竭力营造的结果，论证了公司采取长久关系和短期市场交易的混合策略是最佳选择（Baker，1990）。

博特的研究一直关注行动者在市场结构中的网络位置并分析其如何影响企业竞争优势的获取。在早期对美国制造业投入产出表的分析中，博特提出了"结构自主性"概念并用其来描述市场行动者的自主性地位与程度。他认为对一个公司来说，它在市场中的自主性程度取决于其与竞争者、供应商和消费者三者的关系。在一个市场中，当公司没有或者只有很少的竞争者，而有着规模小且数量庞大的供应商和消费者时，公司有着较高程度的自主性，能获取的利润程度也较高（Burt，1982，1983）。1992年，博特进一步提出了"结构洞理论"，通过将经济行动者置于关系网络之中并分析它的网络位置来阐述市场竞争的过程。他还分析了经济行动者如何通过占据最有利的网络位置来获取竞争优势，这是网络功利性和能动性思路的体现。"结构洞"是指两个接触者之间的非重复性关系，这样的结构性中介位置将为第三者带来信息和控制的优势（Burt，1992）。也就是说，占据"结构洞"位置的经济行动者在市场竞争中有着更高程度的结构自主性，有着更高的投资回报率和工作升迁等收益。

格兰诺维特的学生乌兹致力于将嵌入性概念运用到实证研究中，操作化分析社会关系网络是如何具体塑造公司绩效的。在早期对纽约服装行业的研究中，他将嵌入性理解为一种与市场相对应的交换系统和逻辑，区分了公司的高嵌入性和低嵌入性两种状态。高嵌入性指的是公司之间长久稳定且相互信任的关系（embedded ties），而低嵌入性指的是即时性（类似一次性）交易的市场关系（arm's-length ties）。乌兹证明，有着高嵌入性的公司在市场中有更多的生存机会，能够促进公司的组织学习、风险共担和快速入市。但到达一定门槛后，这种高嵌入性的积极效应会为公司带来负面影响，因此对公司来说最好的策略是嵌入性和市场关系的混合使用（Uzzi，1996）。后来，乌兹将嵌入性的这种操作化路径应用到对公司向银行借贷融资的研究中，发现当公司将它们与银行的交易关系嵌入在稳定社会关联中时，公司能够以更低的利率获得贷款。全国性数据显示，那些在网络中混合了嵌入性关系和市场关系的公司更能获得贷款和较低利率，因为当市场的公开信息和关系中的资源相结合时，其对公司是最为有利的（Uzzi，1999）。

波多尼的研究是从经济行动者的地位信号角度出发来阐述市场竞争的过程,拓宽了经济社会学对网络和市场结果之间关系的理解,因为经济行动者在市场中的地位是"被他人感知到的、向其流动的社会网络关系的一种结果"(波多尼,2011)。波多尼的研究承继了怀特关于"自我再生产的角色结构"的市场观念,认为经济行动者能够通过观察其他行动者的地位来判断产品质量、是否进入某个市场参与竞争等,从而起到降低市场不确定性的功能。在波多尼那里,地位能够作为质量判断的核心信号,因为质量本身是很难被观察到的,而产品质量的过往表现往往和生产商目前的地位是紧密关联的,所以行动者能够从其他经济行动者的地位中推测其产品质量。对波多尼来说,这种地位恰恰是由经济行动者之间的社会网络关联决定的。波多尼基于地位的市场竞争观点被运用到投资银行业、葡萄酒业、半导体业和远洋运输行业等不同市场背景,代表了市场运作网络视角的另一个典范。

市场社会学中网络视角的另外一个取向与威廉姆森的交易成本经济学中的治理机制相关。在威廉姆森那里,在经济行动者有限理性和机会主义的前提下,为了降低交易成本,厂商可以依据交易的不同属性匹配相应的交易保障措施,并形成不同的治理结构与机制,而这种治理结构和机制表现为厂商之间的不同社会关系的网络结构,表现为从市场制到统一所有权(层级制)间的不同变体(Williamson,1975,1985)。治理结构揭示了行动者之间关系的不同组织结构,这样的组织结构会随着市场交易环境的变化而发生转换(符平,2013)。

在市场社会学的网络视角下,经济行动者之间形成的关系网络等同于市场结构——网络即市场成为其基本观点。在网络结构即为市场观点中,研究者关注的重点在于关系网络的具体特征与市场行动的关系,并分析不同网络特征对经济后果的影响。在贝克、博特、乌兹和波多尼等一大批学者的努力下,格氏"经济行动嵌入关系网络"命题的相关研究不断得到深化。但是,学者们也认识到将嵌入性集中在关系网络具有局限性,因而发展出一种扩展嵌入性的路径,将政治、文化和制度等元素纳入对经济行动和经济现象的解释,强调塑造经济行动和市场结构的宏观先决条件,由此构成了市场社会学的制度视角和文化视角。

（二） 制度视角

制度视角指的是将制度规范、社会合法性逻辑、共享观念、政治秩序原则和认知框架作为解释经济活动和市场秩序的核心变量（Fligstein，1990；Dobbin，1994；Nee，2005）。简而言之，制度视角关注的是经济行动者与制度环境的关系并探究后者在何种层次上以何种方式来塑造行动者的行为选择和市场秩序的形成。这里的制度环境是既包括正式制度（法律、规章、政策），尤其是国家、各级政府机关和立法司法机关体现的官僚管理功能和制度执行特征，也包括非正式制度（包括传统、习俗、禁忌和行为准则）的综合构成（Williamson，2000）。

市场社会学的制度视角很大程度上也受到组织社会学新制度主义的影响，着重从制度环境的合法性逻辑和行动者的认知框架来论述组织面对市场环境的行为选择。迈耶和罗恩在 1977 年的开创性论文《制度化组织：作为神话与仪式的正式结构》中解释了不同组织间的同构现象。他们指出，组织（包括市场组织）不仅仅满足技术要求，而且是制度环境（法律制度、文化期待、社会规范和观念制度）的产物。因此，为了应对制度环境的合法性压力，组织不得不采取与组织效率无关的正式结构，以增强组织的生存能力（Meyer & Rowan，1977）。后来，迪马奇奥和鲍威尔进一步指出有三种机制——强制趋同、模仿趋同和规范趋同——导致了组织结构和行为的趋同性，而这些机制都难以简单地从经济效率中得到解释（DiMaggio & Powell，1983）。因此，新制度主义视角下的市场社会学揭示了经济行动和市场不仅嵌入社会网络结构，而且嵌入广泛社会制度。新制度主义的经济社会学家重视共享观念、规范和社会关系等非正式制度对行动者追求经济利益的限制与激励，尤其是关注宏观的正式制度（公司运作过程中的国家与市场等制度环境）与微观的非正式规范（往往嵌入紧密联结的关系网络）是如何塑造特定经济后果的（Nee，2005）。

市场社会学制度视角的典型实证研究包括弗雷格斯坦和弗兰克·道宾的研究。在弗雷格斯坦"市场作为政治"的隐喻中，他提出了市场形成、运转和变迁的政治－文化解释框架（Fligstein，1996）。弗雷格斯坦认为，对公司来说最重要的是通过控制竞争来确保企业在市场中的生存，而市场制度的构建是企业控制竞争与确保生存最为重要的前提。弗雷格斯坦认为这些市场制度主要包括四种主要类型：产权关系（规定公司利润归属权的一套社会关系）、治理结构（一个社会中定义竞争、合作和特定市场如何组织的一般准则，包括法律和非正式制度实践）、控制观（有助于经济行动者理解周边环境以控制竞争的一套市场如何运作的集体观念，是被市场行动者共享的地方性知识）和交换规则（规定谁与谁可以展开交易并规定交易实施的具体条件）。

在这样的制度前提下，弗雷格斯坦通过提出一系列的研究假设来系统阐述他的政治－文化模型，以说明制度形成和运作的过程如何影响到市场秩序的形成、稳定、危机和转型的过程，体现为市场构建的两个政治性过程。第一，他提出市场形成是国家建构的一部分，国家是市场建构得以形成的先决条件，因为它提供了公司如何组织、竞争、合作和交换的稳定且可信赖的规则，产权关系、治理结构和交换规则的形成和它们对市场运转的影响都不离开国家与经济行动者（尤其是其中的大型企业）的政治性互动过程。例如，他提出国家行动者总是关注特定市场危机的形式，因为市场总是在稳定与不稳定之间起伏不定，而公司会不断游说国家对市场进行干预以确保既有市场秩序的稳定（符合大型企业利益的市场秩序）。第二，市场的形成、稳定和危机过程离不开企业行动者对所处社会结构的理解以及他们为了稳定市场秩序而采取的策略行动。也就是说，企业内部围绕控制市场竞争、确保企业生存和经济利益的政治斗争对整个市场秩序的形成和稳定同样重要。为了论证公司内部的政治斗争过程与市场秩序的形成、稳定和转变之间的关系，弗雷格斯坦将市场中的企业行动者分为两种类型——当权者和挑战者。前者往往是大型公司，控制着更多的资源，后者一般是小公司且往往以前者为参照来采取行动，它们共同构成了市场中公司的地位等级关系。因此，市场秩序的稳定依赖于作为当权者的大公司通过向市场传递关于市场如何组织（竞争如何开展、经济交易规则如何展开）的观念来控制竞争与市场运转，当这种控制观念成为其他公司共同遵守的规则时，它就能够像文化模板一样发挥作用，从而来塑造整个市场中经济行动者的策略行动；而作为当权者的大公司也能够不断再生产它们在既有市场秩序中的优势地位。例如，弗雷格斯坦提出在稳定的市场环境中，当权者公司继续使用现存的市场控制观念来控制竞争，即使面对市场外来者的入侵或发生一般性经济危机时也是如此。因此，弗雷格斯坦的视角揭示了政治和文化是如何共同作用来塑造市场秩序形成、稳定和转型的一般性过程的。

道宾在《打造产业政策：铁路时代的美国、英国和法国》一书中追溯了现代产业政策的起源。他认为美国、英国和法国早期铁路产业政策的不同来源于不同国家的政治传统，即通过"提供对社会秩序和工具理性的集体理解来实现的"（道宾，2008）。道宾在书中尝试回答的问题是：为什么塑造美国产业政策发展的权威是市场，法国则是将技术官僚作为政策塑造的权威主体，而英国则是将个体公司作为政策权威分配的主体。道宾反思了以往从利益集团竞争、理性选择、发展阶段和组织结构惯性等不同角度解释产业政策的理论观点，指出不同国家的产业政策差异根源于对政治制度的文化信仰与认知，提供了一个解释产业政策发展的政治文化理论（道宾，2008；李国武，2019）。

道宾对产业政策差异的政治文化解释同样反映了组织社会学新制度主义中的制度趋同性思想。制度趋同性阐述当组织所处的环境被制度化以后，制度环境就会获得一种合法性力量并使不同组织表现出类似的结构与行为。从道宾对美英法产业政策的解释中同样可以看到政治与经济领域的同构性，他发现三个国家组织政治秩序的传统与原则同样被三个国家运用到经济生活的组织逻辑之中，从而塑造各自国家的产业政策。

在中国的市场转型时期，以国家和各级政府为主体形成的制度环境在市场运转和市场秩序的塑造中发挥了不可或缺的作用。以符平的《市场体制与产业优势——农业产业化地区差异形成的社会学研究》一文为例，在该文中，他尝试解释为什么在同一产业领域，虽面临着类似的宏观制度环境、产业组织方式和相似的自然资源禀赋，但产业发展水平和结果迥然不同。他提出了"市场政体"概念，尤其是区分了"引领型市场政体"和"自发型市场政体"的概念，并用此来解释不同地域地方政府与其他市场行动者之间的不同关系属性，认为不同的市场产业发展理念和相应的策略行为导致了不同的产业发展水平（符平，2018）。同样，杨典对上市公司多元化战略的解释也是市场社会学制度视角的研究范例，他在论文中提出这种策略是由国家、资本市场、大公司、学术界和媒体共同塑造的结果，经济行动者的理性是被外在制度环境塑造的（杨典，2011）。因此，行动者的市场实践是"制度"得以建立和维系的过程，市场社会学的制度视角在中国的市场转型时期将有更广阔的研究空间。

一方面，市场社会学的制度视角①揭示了市场形成和运转的宏观制度环境，表现为市场不是凭空产生的，需要制度所提供的基础性前提条件，包括市场组织、市场竞争和交易开展的一系列规则；另一方面，制度视角也向我们展示了制度如何约束经济行动者在市场中的策略选择，行动者经济交易行为的达成同样有赖于行动者对环境的理解（制度塑造行动者的认知模式）及依照这一线索完成经济行动，从而在促进市场秩序的运转与稳定的同时不断再生产出特定制度的合法性。

（三） 文化视角

文化视角强调价值观念、传统道德、文化资源和策略等因素对经济交易和市场形成的塑造（Chan，2009；Zelizer，2011；泽利泽，2008；符平，2011；符平，2016；陈纯菁，2020）。与政治嵌入相对，以泽利泽为代表的文化嵌入视角突出经济交易和市场建构背后的文化根基，探究价值观念和道德规范等文化因素如何形塑市场特征和建构路径。她认为只有当产品和交易的商品逻辑与消费者的道德感和意义赋予相契合时，市场才能形成，这集中体现在她对人寿保险和儿童定价的研究中（Zelizer，1978；泽利泽，2008）。泽利泽在对美国人寿保险市场兴起和发展的研究中，呈现了商品属性与生命的道德和文化意义相互匹配之间的张力。当消费者从文化和道德上抵制人寿保险（拒绝将生命的神圣与货币价值等同）时，人寿保险市场将无法发展起来；而当大众观念开始转变时，人寿保险转化为一种仪式（强调对家庭的责任），由此世俗的商品转化为一种神圣不朽，从而促进了人寿保险市场在美国的蓬勃发展（Zelizer，1978）。泽利泽后来在儿童保险市场、金钱的社会意义和亲密关系经济及照料经济等方面的研究都

---

① 政治经济学文献中探讨国家与经济制度关系的研究与市场社会学的制度视角有着较高程度的相关性。这些文献讨论了什么样的经济制度影响国家经济的兴衰以及这些经济制度的形成如何受到国家制度结构与国家能力的塑造。关于经济制度与国家关系的文献回顾可以参考 Hillmann（2013）的相关作品。

延续了文化对市场活动塑造的观念。她的这些思想集中体现在她 2011 年出版的《经济生活：文化是如何塑造经济》的这本文集之中（Zelizer，2011）。

与泽利泽的人寿保险研究相呼应，陈纯菁对中国人寿保险市场形成的研究同样是文化与市场建构的典范。她的著作《生老病死的生意：文化与中国人寿保险市场的形成》尝试回答这样一个问题：当中国文化中的"死亡禁忌"（death taboo）成为人寿保险市场中的阻碍力量时，人寿保险市场是如何于 20 世纪 90 年代在中国兴起的。陈纯菁结合韦伯作为规范的文化观和司威德作为工具箱的文化观，发展出一个市场形成的多重互动过程模型来解释人寿保险市场的形成。当面临文化抵制时，本土人寿保险公司能够利用文化工具箱元素（人情礼仪、"孩子本位"生活方式、储蓄习惯、股市热）来绕过"死亡禁忌"的文化障碍，促进人寿保险市场的兴起，并使中国人寿保险市场呈现不同于西方人寿保险市场的特征（理财管理为主、风险管理为辅）（陈纯菁，2020）。泽利泽和陈纯菁关于美国与中国人寿保险市场的研究是市场社会学文化视角的典范，向我们展现了文化如何作为一种相对独立的变量对经济交易的完成和市场秩序的运转所发挥的作用。

从相关研究，特别是从泽利泽一系列文化与经济关系的研究中，我们可以看到市场社会学的文化视角有着两种基本的取向——市场即文化和市场受到文化影响（Levin，2008）。在前一种取向中，市场本身是需要解释的客体，也就是说构成市场活动的主客体（交易参与行动者和产品）本身就需要经过文化解释的过程来使其适合成为参与市场交易活动的对象，如泽利泽对生命定价的研究以及维尔苏斯对艺术品市场的研究（Velthuis，2005）。后者是将文化作为一个独立自变量来考察文化对交易行为和市场表现的影响。也就是说，在这后一种取向下，参与市场交易活动的主客体都是稳定的，研究关注的是文化的经济效应，文化是外生于市场过程而发挥作用的。

相比于网络视角和制度视角，市场社会学文化视角的实证研究更少[①]，

---

① 另外一个与文化视角相关联的市场社会学取向是新近发端于欧洲的述行学派，它关注科学知识，特别是关注经济理论，认为经济理论并不仅仅是经济世界如何运作的反映，还关注经济理论本身对市场经济的建构功能及其发挥作用的机制。也就是说，经济理论和其他知识性工具塑造着市场的形成过程，市场是理论塑造的结果。述行学派在金融市场有着广泛的运用。述行学派的经典文献有：Callon，1998；Mackenzie & Millo，2003；Mackentie, Muniesa, & Siu，2007。

但前景广阔，尤其是在处于市场转型期的中国。中国作为一个有着厚重历史与文化传统的国家，其前现代的传统文化、社会主义观念和现代市场经济理念深刻地塑造着行动者的认知和市场行为，并塑造着整体市场的结构与秩序。

三　关系运作视角：市场建构的微观基础

无论是市场社会学的网络视角、制度视角还是文化视角，在很大程度上都分别将网络、制度和文化作为影响市场行为和结构的外生变量，都是在嵌入性范式影响下的研究路径（可以概括为嵌入性的网络路径与扩展路径）。在嵌入性范式影响下，中国经济社会学发展迅速，涌现出一大批优秀成果。然而，其特征又与西方有所不同，由于缺乏系统数据资料，经济行动和市场建构分析的网络路径在中国经济社会学研究中并不十分突出；相反，以政治、文化和制度为核心变量的扩展嵌入性路径则硕果累累（李林艳，2008；符平，2013；艾云、周雪光，2013；杨典，2013；符平，2015；符平、杨典，2020）。诚然，虽然嵌入性是研究经济行动和市场秩序形成的主导范式，但由于嵌入性取向固有的前提假设，经济社会学中的一些基本理论问题和经验研究中被悬置的问题并没有得到令人满意的回答。下面将简要阐述学界对嵌入性取向的批评并在此基础上介绍关系运作视角如何在弥补嵌入性缺憾的同时成为分析市场形成的替代路径。

（一）对嵌入性路径的批评

围绕嵌入性范式在经济社会学中的影响，学界对此展开了相应的批评，主要体现在以下三个方面。第一，指出嵌入性概念的抽象和模糊性，认为其操作性研究策略的路向是不清晰的（刘世定，1999），以至于格兰诺维特本人也因为嵌入性概念指涉过于宽泛而很少再使用它（Krippner et. al，2004）。虽然学者们不断努力澄清嵌入性概念的不同维度并扩展其分析性策略（Zukin & DiMaggio，1990；刘世定，1999，2015），但嵌入性对经济行动和宏观经济的理解更接近于现象学意义的概括，具有理论启发性，其本身并没有提供一个涵括意图和策略的行动理论（Beckert，2003）。

在经济社会学中，嵌入性已经成为我们认识经济行为和市场建构的认知前提，不同取向的实证研究只是从不同维度论证了经济的嵌入性事实（经济的永恒嵌入作为一种事实）。因此，嵌入性对推动经济社会学的新转向，尤其是通过推动与经济学的对话和竞争来推进学科发展起到了非常重要的作用，但嵌入性本身作为一个具有分析延展性的概念来说遭遇了不少困境。经济社会学的发展需要我们在嵌入性范式的基本认知下，围绕市场社会学的各种议题发展出丰富多样的分析性概念、命题与中层理论。

第二，嵌入性的网络路径具有强烈的结构主义限定，倾向于在行动者的关系网络结构与经济决策和效果间建立直接联系。其聚焦于关系网络的结构性特征既忽视了蕴藏于不同关系纽带中的社会内容（Krippner, 2001），也忽略了行动者在追求利益过程中的能动性和可能的策略性选择。在结构主义限定下，我们既无法得知促进或约束行动者的关系网络结构从何而来，也不清楚行动者是如何在与社会关系的互动过程中追求其利益的，分析整体上是偏静态的。

在回顾市场社会学的网络路径时，我们可以看到研究整体上关注的是网络结构性特征（网络的密度、网络构成方式、网络位置）对经济行为的影响（通过形式化的网络模型来推断关系网络对经济绩效的贡献程度）。因此，我们看到的是一个市场社会学的社会结构理论，但是如果我们承认市场交易活动是交易双方彼此关联展开互动并在诸交易事项达成一致的社会过程，那么市场社会学的结构性理论就无法就这一社会过程是如何可能的给出满意的回答。嵌入性路径缺少一种社会过程的理论。

第三，嵌入性取向蕴含着经济与社会两者之间的对立。无论是网络路径代表的近因分析还是扩展路径背后的远因解释，嵌入性都倾向于将关系网络结构、国家、文化和制度环境作为塑造经济行动和市场的外生变量。也就是说，市场建构与运行虽受到社会诸因素的影响，但仍有着社会难以进入的"硬核"，预设着经济与社会的对立与隔离（Krippner, 2001），是一种形式嵌入的逻辑（符平，2009）。

当我们假设经济与社会相互对立时，其实也意味着我们接受这样一种观点：参与市场交易活动的主体与客体保持稳定且本身不受到社会性因素的建构（市场有社会不可进入的部分）。然而，从交易匹配角度来看，交易双方通过特定媒介就交易对象达成一致并不是天然的，而是需要一系列说明过程（什么是可交易的、什么人是合适的交易对象以及什么交易媒介是恰当的）。也就是说，构成交易的那些因素并不天然是市场性的或者具备可交易性，而是需要一个社会互动的过程才能够最终促成交易行为的完成。因此，任何交易行动首先是一种社会行动，经济与社会本身不是天然对立的。

众所周知，嵌入性概念是波兰尼首次在《大转型：我们时代的政治与经济起源》一书中提出的，指的是人类历史上的经济行为（资源或者服务流动的方式）是嵌入在社会结构与模式之中的，强调经济永恒嵌入社会的事实。格兰诺维特在不同于波兰尼的意义上使用这一概念并使其在经济社会学和其他社会科学领域发扬光大。波兰尼使用嵌入性概念的原初用意正是消除不同学科的固有界限，将社会过程理解为经济因素和非经济因素相混合的结果（Krippner & Alvarez，2007）。从发展经济行为社会过程理论的角度出发，泽利泽在对亲密关系和经济行动的研究中发展出的关系运作（relational work）视角在一定程度上正是对波兰尼这一原初意义的回应，代表了一种补充与革新嵌入性主导范式的努力。

（二）　关系运作视角

以关系运作视角为代表的"关系性"取向从人际关系类型与经济交易匹配角度出发理解经济行动和市场秩序，成为经济社会学一个新的发展方向，在扩展经济社会学研究边界的同时弥补了嵌入性取向中的缺憾。在社会科学研究中，不同学术取向和范式发生更迭的重要原因之一是，不同范式的解释逻辑有着不同的解释力差异（冯仕政，2008）。虽然"关系性"取向并未构成对嵌入性范式的替代，但两者在经济的本体认知、行动者假设、研究议题和方法上都有差异。下面我们将具体介绍泽利泽的关系运作视角并阐明关系运作视角如何能够成为分析市场形成过程的微观基础。

在《亲密关系的购买》一书中，泽利泽（Zelizer，2005）认为行动者通过对多种多样社会关系纽带的区分来建立和维持一个内在连贯的社会世界，并以独特的象征符号、实践和交易方式来标记不同的关系纽带，秉持的是一种以社会关系为联结点的实践观念（connected lives）。泽利泽反对将经济交易与私人亲密关系割裂对立起来的观点，也反对将混合了私人关系的经济交易简单还原为经济理性、文化和政治因素的观点，而是着力探究具体条件下经济交易和个体关系尤其是亲密关系是如何相互结合、渗透和支撑的（Zelizer，2005）。泽利泽在《亲密关系的购买》的中文版序言中说道："我认为，世界并没有划分为亲密关系和经济这两个相互隔离的领域。我们所有人在日常生活中都将我们最亲密的关系与经济活动混合在一起。事实上，我们都有来自我们子女、配偶、父母的经济支持，常常还有来自我们朋友的经济支持。如果没有定期的经济投入，没有任何一个充满爱的家庭能够持续存在。可见，各个领域的分隔是一个迷思。"（泽利泽，2022）

在泽利泽那里，人们的经济交易活动是在关系的区分、营造与维系的过程中完成的，关系并不仅仅如网络路径中那样对经济交易发挥约束或者促进作用，尤其人际关系的形成与运作本身就与经济交易的完成密切联系在一起。也正是在这样的观念下，泽利泽发展出关系运作的概念工具来分析经济交易的完成过程。

泽利泽将"关系运作"定义为这样一个过程："在所有经济行动中，行动者都必须参与辨别不同社会关系纽带的过程。对每种特定的社会关系类型来说，行动者设立界限，用特定的名称和行动来标明界限，并发展出一系列适合在关系界限内运作的实践与意义理解，指明与关系类型相匹配的经济交易，禁止不合时宜的经济交易并通过采用特定的交易媒介来识别和促进关系内的经济交易。"（Zelizer，2005；Zelizer，2012）

2012年，泽利泽在阐述关系运作概念历史演进的文章中提到，为了超越嵌入性的纲领范式，研究焦点应集中在构成所有经济行动的个体交易关系上，因为她认为经济行动本质上是一种社会互动行为，而行动者对不同意义的社会关系的创建、维持、协商、区分和转变是分析这一社会互动过程的起点（Zelizer，2005；Bandelj，2020）。为了将关系运作应用到对经济行动的研究中，泽利泽（Zelizer，2012）提出了内在于所有经济行动的四个元素：（1）独特的社会纽带，指的是个体或群体之间在经济行动过程中形成的关系联结；（2）经济交易，指的是商品和服务完成过程中涉及的互动与社会实践，比如赔偿、礼物交换、贷款、贿赂、投资和雇用等；（3）经济交易达成的媒介，指的是以具体形式呈现且能够代表对商品或服务的所有权，它能够以实体或虚拟等多种方式而存在，包括政府发行的法定货币或电子货币，以及具有限制使用条件的代金券等；（4）意义，指的是行动者对关系纽带、经济交易和交换媒介的意义理解与道德评价，而且强调行动者依据关系情境而对这些意义不断争辩、协商与修正。在研究中，学者们应检视不同情境中关系纽带、经济交易、交易媒介和意义间多种多样的匹配方式，以理解经济行动在不同关系情境中的特质和行动者是如何通过对关系的营造和区分等实践来促成特定经济交易的达成。

关系运作视角提出后，在理论和经验上都激发了大量的讨论与后续研究（Bandelj，2020），尤其是 2010 年布洛克在加州大学戴维斯分校组织的"市场经济中的'关系运作'"专题研讨会，2012 年《政治与社会》以特刊形式刊出了主题研讨会上的七篇专题文章，极大地扩展了关系运作概念在经济社会学中的影响力。

在理论上，泽利泽的学生班德吉认为关系运作是蕴含意图与策略的行动概念，和通常的"社会性""社会化"概念是不同的，并且阐述了关系运作概念的互惠性、情感性、认知性和行为性四个方面的维度（Bandelj，2012）。泽利泽的另一个学生威利注重从拟剧理论和文化的角度来扩展关系运作视角。在 2012 年《政治与社会》的专题论文中，他以拟剧理论来理解市场行动，运用了"巡回表演"的概念来强化行动者在经济交易中对自我角色、与观众（交易对象）情感联系的认知与意义理解；认为市场是一个舞台，强调行动者在不同市场互动中由于表演差异而导致截然不同的市场结果（Wherry，2012）。在此基础上，威利从文化角度阐发了"关系账户"的概念。"关系账户"指的是个体或家庭组织、追踪、评价和合理化其金融活动的社会和文化过程。威利分别从影响行动的上游、中游和下游三个角度将社会表演角度纳入金融活动与关系匹配的研究（Wherry，2016）。罗斯曼专注于关系运作视角在道德禁忌交易中的角色，识别了三类模糊性关系运作策略并用之来冲破神圣与凡俗的界限，组成了可规避禁忌的交易结构——混合捆绑（单一禁忌交易分解为两个合理交易）、中介（借助第三方责任完成交易）和礼物交换（互惠延迟和友情的展现），并分析了它们与特定禁忌交易的亲和性（Rossman，2014）。陈康宁将"关系运作"扩展到组织层次，在西蒙有限理性和关系运作基础上发展了"有限关系性"（bounded relationality）概念，并用之来阐释中介组织是如何促成保险交易的（Chen，2020）。

在经验研究中，关系运作视角被运用到不同的经济研究领域。在泽利泽那里，关系运作概念衍生于非正式经济交易，包括配对关系交易（朋友、邻居、合作伙伴、同事）、照料经济和家庭经济（Zelizer，2005）。关系运作视角与道德禁忌交易（disreputable exchange）紧密相关。学者们探讨行动者如何通过关系策略来处理各种道德、情感和金钱相互交织的经济交换场景，比如生殖中心为了避免对女性捐赠行为的市场化处理而将其概念为一种礼物赠予行为（Haylett，2012）。在大学与公司的合作中，研究人员通过关系运作的实践使其在保持与产业公司高度合作的同时能够保持学术的"去利益化"与研究自主性（Biscotti et al.，2012）。在照料工作领域，特瑞斯讨论了母乳喂养和产妇工作者是如何通过性别化的"关系运作"策略来将自身的工作专业化，并找到合适的方式来将金钱与亲密性两者结合起来，以提高照料劳动者的工资收入（Torres，2015）。在对中国病患给医生送红包现象的研究中，陈纯菁和姚泽麟讨论了医患不信任情境下，中国式关系中的特殊主义和人情法则如何被动员起来促成交易并且区分了医患不同关系类型中交易的差异性（Chan & Yao，2018）。

除了被运用于非正规经济领域，关系运作视角也被运用到新经济社会学所关注的核心领域。惠特福德考察了美国制造业中公司与供应商之间的关系运作过程，强调由于公司面临的多重逻辑可能随情境变化，公司倾向于采取混合的关系策略来处理竞争与合作的问题，并且他主张将嵌入性和关系运作结合起来运用（Whitford，2012）。金佰利·黄用关系运作视角分析了越南房地产投资市场的形成，论证了来自欧美、亚洲和本地的投资者与政府的关系远近是如何塑造了不同关系策略的使用，并呈现了罗斯曼混合捆绑、中介和礼物交换的模糊策略依据关系差别而具体展现的过程（Hoang，2018）。米尔斯将关系运作和劳动过程分析结合起来，论证了劳动剩余价值的关系性生产过程。她以 VIP 夜间俱乐部的女性工作者为例，论证了组织者在招募、动员、现场表现和控制四个过程中施展的关系策略以及劳动者划定界限的活动如何共同塑造了免费劳动的现实，并分析了关系不匹配（relational mismatch）带来的冲突（Mears，2015）。从理论和经验研究两方面出发，关系运作视角由于抓住了交易行为与人际关系匹配的同构性，建构了一种经济交易何以可能的社会过程理论，为我们建立市场形成的理论框架提供了借鉴。

（三） 关系运作与市场建构

综观既有关系运作的研究，分析的落脚点主要是个体间经济交易与关系类型的匹配，将其运用到组织层次的分析还是少数（Whitford，2012；King & Bearman，2017；Lainer-Vos，2014）。在中文文献中，虽有个别研究开始运用这一视角（段君，2020；郭巍蓉，2018），但目前关系运作视角在经济社会学中并未得到相应的重视，鲜有对这一视角的介绍、反思和运用。再次对比嵌入性（网络视角、制度视角和文化视角）和关系性（关系运作）两种经济社会学取向，可以发现在嵌入性范式下，市场秩序的生成有着强烈的结构主义设定，或者是将市场直接等同于网络与制度，而市场是如何形成的具体过程并未成为关注重点。相反，虽然关系运作视角多运用到各种非正式经济活动中，但它强调市场活动的关系基础，将经济活动与社会互动联结起来，认为任何经济交易的完成都依赖于与特定关系类型的匹配，也就为市场形成分析提供了一个微观基础。

为了说明关系运作运用到市场建构中的恰当性，我们可以进一步对比嵌入性与关系运作的不同，以区别本研究的市场形成路径与嵌入性范式下的相同与不同之处。下面我们将从本体论、关系与经济行动关系、行动者假设、研究议题和方法取向五个方面对两种学术取向予以比较。

第一，嵌入性和关系性取向对经济是什么这一本体论问题的回答是不同的。正如其批评者指出的，在嵌入性取向下，经济是需要被社会嵌入的实体。也就是说，社会世界被划分为泾渭分明的不同领域，经济有属于其自身独立自主的运行空间与逻辑，是社会因素难以进入的，经济与社会是相互对立的。在关系性取向下，泽利泽表明经济行动本质上是一种社会行动，社会因素内在于所有经济行动中。也正因如此，任何经济交易促成的背后都是以人际关系纽带的建立和维持为基础的，对经济行动的分析将着重于交易双方关系形成的社会过程，经济与社会是一种相互构建的关系。

第二，毫无疑问，嵌入性和关系性取向都关注人际关系网络在经济行动或交易中的角色，但人际关系网络在其解释路径中的地位是不同的。嵌入性取向考察的是关系网络如何促进或限制经济行动。社会关系网络是外生给定的，学者们探究的往往是关系网络的特征、结构以及行动者在网络中的结构位置对经济行动及其结果的影响。然而，在关系性取向下，人际关系是内在于经济分析过程的，核心关注点是经济交易关系的建立、维系、转变或终止的具体过程，是行动者对关系纽带、经济交易和交易媒介赋予意义的过程。与嵌入性下外生给定的关系相比，"关系运作"视角下的关系是构成式和发生式的，它将嵌入性下被当作理所当然存在的关系网络予以问题化和过程化，探究具体关系纽带和网络的形成过程，从而实现从嵌入性下的关系结构主义向关系过程主义的转变。

第三，嵌入性和关系性取向对行动者的假设是不同的。新古典经济学强调个体在目标效用函数下根据最大化原则做出行为选择，并将这一原则概括为理性；而格兰诺维特的嵌入性命题则致力于为个体追求利益的行为增加人际关系网络的外在约束条件。也就是说，嵌入性接受新古典经济学的理性行动者假设，只是为理性行动者增加了关系网络的外生变量。然而，关系性取向中的行动者更接近于实用主义者，这种实用主义倾向突出行动者的能动性和在经济交易关系建立与维系过程中的策略选择。实用主义者从解决行动者在特定经济情境中面临的实际问题出发，分析情境逻辑与行动者"关系运作"活动在不同维度上的互动关系。因此，理性并不是指导经济行动者的唯一规范，因为可以观察到在特定情境中，行动者对关系维系本身的重视程度超过了经济利益的获得，而"关系运作"视角能够揭示出行动者如何创造性地促成经济交易的过程。

第四，嵌入性和关系性取向在研究议题的偏向上存在一定差异。众所周知，以嵌入性为代表的新经济社会学以关系网络的理论和方法工具来涉足正统经济学的核心研究领地。因此，我们看到在嵌入性视域下，市场建构、价格形成、竞争与合作网络、网络与公司绩效表现、公司治理结构和产权安排等主题不断地出现在新经济社会学的文献中。泽利泽的"关系运作"视角脱胎于对非正规经济，包括照料经济和家庭经济活动的研究。由此出发，关系性取向的大部分研究集中在道德禁忌交易、借贷关系、性产业、亲密关系的购买、礼物交换等场景中。但是，关系性取向同样适用于诸如市场建构这样的核心研究领域，因此研究主题界限的消除将是一个趋势。

第五，研究方法的差异。嵌入性在经济社会学获得支配性地位的重要原因之一是网络分析方法的发展。以网络分析为主的定量研究方法极大地扩展了经济社会学研究的边界，增强了与经济学的学科对话。关系性取向的经济社会学研究则主要与定性的民族志方法联系在一起，研究者往往进入到行动者的经济场景中，通过参与观察和深度访谈的方法理解经济行动者如何建立与维续交易关系的实践和他们对关系纽带、交易和媒介的意义赋予（包括态度、认知、情感和权力斗争等）过程。

基于嵌入性范式与关系运作视角的对比，关系运作视角能够为市场建构活动提供微观基础主要是因为该概念蕴含的以下几个方面的内容。（1）经济交易是关系运作关注的基本活动单元。关系运作将视野投向交易双方关系达成的过程，双方交易仍是其基本的分析单位。正因如此，作为市场创建活动的基本单位——交易才能成为我们分析市场形成的出发点。（2）经济交易活动的完成落脚于关系纽带的匹配。与纯粹市场交易相比，关系运作视角下的经济交易是与独特的关系纽带、交易媒介和意义赋予相匹配而实现的，尤其是关系纽带对经济交易活动具有基础性和决定性作用。在关系运作视角看来，脱离关系纽带来讨论经济交易类似于无源之水。因此，从这一点来说，关系运作为我们分析交易活动提供了一个微观切入点。（3）关系运作为经济行动者在市场中的能动性提供了广阔空间。市场的创建过程依赖于经济行动者从事的各种市场交易活动以及不同行动者之间彼此互动而凝结成的特定的市场结构和秩序。因此，行动者的能动性和策略性活动成为关键。关系运作视角强调行动者在关系纽带和经济交易的匹配过程中恰当运用各种策略来调节不同关系边界并使之与恰当的经济交易相契合。综上，关系运作视角能够被运用于对市场建构活动的分析。

虽然泽利泽关系运作的视角关注不同社会关系纽带、经济交易、交换媒介和意义理解间的相互匹配，强调经济交易与社会关系相互构建的特征，但是关系运作视角对经济交易双方是如何相互匹配以及维系交易关系运转的内在机制并未提供可供分析的概念工具。也就是说，泽利泽提供了用于分析市场建构的基本元素，但是她并未就这些元素如何相互关联提供一个恰当的分析框架或理论模型，即关系运作只能作为一种视角而难以直接成为分析市场形成的模型架构。鉴于关系运作视角并未就关系纽带与经济交易的匹配提供具体分析框架，妨碍了我们对市场交易过程的理解，下面我们将结合嵌入性中的网络路径、关系运作视角和社会学中的交换研究传统，建立一个用于分析市场形成的一般理论模型。

四 市场形成的理论模型

经济学家索洛在谈到经济学家所做的工作应该满足的条件时，提到了三条原则：保持简单（去掉不重要的部分）、使其正确（逻辑清晰）和让其合理（基于事实）（Solow，2001）。为了使建构的理论模型靠近索洛三原则，在参考威廉姆森交易属性与治理结构相匹配模型的基础上，本研究尝试构建的理论模型分为三个部分：（1）区分关系纽带的不同属性（如何从理论上区分关系的不同类型及其相应特征属性）；（2）描述经济交易方式的不同形态（如何从理论上阐述经济交易可能存在的不同形态及其属性特征）；（3）第一部分和第二部分即关系纽带和经济交易方式的有效匹配（不同关系属性与不同经济交易相互匹配形成的特定交易方式与类型）。基于此，在综合嵌入性和关系运作视角，引入社会学交换研究传统的基础上，本研究尝试建构一个用于说明建筑业劳动力市场形成的分析框架（魏海涛，2022b）。

理论模型中的第一部分，即区分关系纽带的不同属性，指的是从理论上将联结交易双方的关系纽带进行操作化和维度化。关系运作视角虽然强调了不同关系纽带和经济交易相互匹配的基本观点，但是泽利泽并未就关系纽带的性质和类型予以维度化说明，而只是强调了特定的经济交易应该发生在特定的关系纽带中。因此，理论模型的第一部分将借鉴嵌入性的网络路径对不同关系纽带性质的说明内容将关系纽带这一变量进行维度化。理论模型的第二部分是描述经济交易方式的不同形态及其特征。在泽利泽关系运作那里，她之所以未能提供一套操作化的分析工具，主要原因是她将关系纽带和经济交易混合在一起，或者是将关系纽带类型直接等同于经济交易（实践上是同步完成的，但在分析上没有将它们分开）。与第一部分的关系纽带类型化类似，该理论模型也在交易方式部分进行维度化，我们将吸收社会学家布劳霍曼斯开创的交换研究传统的观点来描述不同类型的交易方式具有的形态和相应交易特征。该理论模型的第三部分强调不同关系纽带与不同交易方式之间的匹配而形成的不同交易理想类型，匹配部分是该理论模型的关键，这些交易理想类型也只是观念和逻辑上的存在，它们在多大程度上与经验事实相符需要事实来检验。下面我们将分别阐述这三部分内容。

乌兹认为格兰诺维特的嵌入性概念虽然在关系网络和经济行为之间建立起联结关系，但并未就关系纽带如何影响经济行动提供具体可供验证的假设与命题阐述。基于此，乌兹区分了两种关系纽带——嵌入纽带（embeddedties）和臂距纽带（arm's-length ties），并探究它们对公司绩效的影响（Uzzi，1996，1997）。在嵌入纽带中，经济交易往往以个体信任为基本特征，一般不需要借助明确的合约条款予以约束；嵌入关系纽带的双方在经济交易发生前已经有着私人化的交往，在嵌入关系纽带中隐含的信任等元素有助于降低交易的不确定性，促进交易成本的降低和双方交易行为的完成。在臂距纽带中，经济行动者往往依据利润最大化原则展开行动，它体现的往往是一次性和非私人化的交易特征，在经济交易发生前双方一般不存在私人化的交往，保证己方的最大利益是交易双方主要的动机，因此往往需要发展出各种治理性机制来防范可能发生的违约行为以确保经济交易的顺利完成。在本研究中，嵌入纽带指的是行动者在市场上从事交易活动时不是独自一人，而是嵌入在特定的关系网络中；关系网络一般是某种小群体网络，内含其中的可能是不同的关系联结类型（先赋型和自致型关系纽带都有）。反之，臂距纽带则更接近于纯粹市场交易中买卖双方的联结类型，也就是说在达成交易意向前，交易双方没有任何的互动历史，也并不共享任何重合或者部分重合的关系网络。但在乌兹的论述中，他并未明确提出两种关系纽带属性与不同交易方式间的匹配；或者说在他那里，关系纽带类型与交易方式是完全等同的，当关系纽带确定时，交易方式也就随之确定了。为了明确嵌入纽带和臂距纽带下可能存在的交易方式，我们引入社会学的交换研究传统来描述经济交易方式不同形态的集合。

社会学中的交换研究传统起源于将人类行动作为一种社会交换的基本假设，该假设认为行动者的行为动机来源于与他人相互交换中获得的报酬，因此所有的交换都发生在双方依赖关系中，行动者彼此依赖来获得期望中的奖赏（Emerson，1976；侯钧生，2001）。经典交换研究传统是以霍曼斯和布劳为代表的社会交换论，区别于经济交换，他们认为在社会交换中，报酬获得是社会交换的核心，而互惠规范是社会互动中普遍有效的社会规则，详细的讨价还价并不是社会交换的特征（Blau，1964）。霍曼斯受到斯金纳行为主义心理学和经济学理性概念的影响，认为一切社会行为的解释都能够找到心理学的根源，人们所有的行为都是为了获得报酬和避免惩罚，所以霍曼斯的理论也被称为行为主义交换论（Homans，1961）。布劳交换理论的重点不在于人际关系互动，而在于社会结构。他致力于阐释个体之间的交换行为如何扩展到群体和社会组织，并最终凝结为社会结构和社会制度。他的交换理论命题可以概括为吸引—竞争—分化—整合，人们首先因为相互吸引而发生交换关系，这种交换关系很容易发生竞争以证明自己能够提供更多的报酬，从而一方形成对另一方的权力，社会分层系统得以形成，并在此基础上整合为一个具有合法性基础的社会结构与社会制度（布劳，1987）。20世纪70年代，艾默生和库克等将实验研究方法引入到交换研究传统中，探讨了交换网络中的权力问题（Cook & Emerson，1978；Cook et al.，1983）。

20世纪90年代以来，以实验为标准方法，学者们探讨了不同的交换形式和结构对交换结果、关系性质、情感纽带和团结的效应，并显示出不一致的效果（Lawler，2001；Lawler，Thye，& Yoon，2008；Kuwabara，2011；Molm，2003；Molm，Collett，& Schaefer，2007）。比如部分学者认为双方交易（bilateral exchange）比单方交易（unilateral exchanges）更有利于促进交易双方团结纽带和凝聚力的形成，因为在双方交易中双方的高度依赖性要求彼此共同付出来完成交易，因此每一个人的付出和贡献都难以分割开来，从而有利于促进更大程度的共享责任和积极情感，进而巩固彼此的关系纽带（Lawler，2001；Lawler，Thye，& Yoon，2008；Kuwabara，2011；Molm，2003；Molm，Collett，& Schaefer，2007）。与此相对，另一部分学者则认为类似于直接讨价还价的双方交易比单方交易更可能阻碍双方团结和信任关系的发展，因为他们认为共同行动强化了交易中的冲突，一方更多的获取总是以另一方更多的损失为代价（Molm，Collett，& Schaefer，

2007）。相对于双方交易和单方交易的划分，在两人直接交易关系的情境中，一对概念往往作为比较对象而同时出现在众多的交换研究中，如互惠型交易（reciprocal exchange）和协商型交易（negotiated exchange）①。

互惠型交易指的是在两方交易中，行动者一方独自提供交易标的物，而他并不知道另一方是否、何时会提供何种程度的对应物。也就是说，在互惠型交易中，收益的流动是单向的，原初行动者提供有益于另一方标的物的决定是独立的，因此面临着"不回馈"的风险，双方交易的平等性程度难以在一次独立交易行动中体现出来，而是要在一定时间长度内由另一方回馈的频率和价值来决定（Molm，2003；Molm，Collett，& Schaefer，2007；Molm，Whitham，& Melamecl，2012）。互惠型交易的典型模式是 $A_t \rightarrow B_{t+1} \rightarrow A_{t+2} \rightarrow B_{t+3} \rightarrow ...$，A 和 B 指的是参与双方交易的行动者（Lawler，2001），t 是交易发生的时间点。在互惠型交易中，不能仅仅从单一时间点完成的交易来判断交易的性质，而是要在一段较长的时间内来判断交易属性、交易双方关系和交易的平等程度。在互惠型交易中，交易双方很少围绕交易内容展开细致的讨价还价，而往往是交易的其中一方首先主动地提供商品或服务而交易的另一方在未来恰当的时刻回馈对方以维系互惠型交易。

协商型交易则指的是在双方交易中，交易双方彼此间共同决定，通过讨价还价的方式来达成合意，交易双方往往被有约束力的协议所保障。在协商型交易中，讨价还价和沟通协商是其基本特征。在达成交易之前，双方行动者知道付出所能获得的收益，且双方能够依照达成的协议获得相应的收益。因此，协商型交易中的收益流动是双向的，每一个行动者的收益都依赖于双方行动者的共同行动，交易结果的平等性程度随着每一个独立交易结束而显现出来（Molm，2003；Molm，Collett，& Schaefer，2007；Molm，Whitham，& Melamed，2012）。协商型交易的典型模式是 $[A_t \leftrightarrow B_t] \rightarrow [A_{t+1} \leftrightarrow$

---

① 本研究对交易方式不同形态的描述采用的是互惠型交易和协商型交易这样一对概念，而没有采用前文提及的双方交易和单方交易的概念，主要是因为我们关注的劳动力市场是雇主包工头和建筑工人的双方直接交易关系（direct exchange），所以更加适用于直接交易中的互惠型交易和协商型交易的区分。此外，双方交易和单方交易的区分不仅适用于直接交易，也同样适用于间接交易（indirect exchange）。例如被学者们广泛关注的一般化交易（generalized exchange）就属于多人参与的间接交易，但同时也属于单方交易类型。基于此，本研究采用的是直接交易情境中的互惠型交易与协商型交易。

$B_{t+1}] \rightarrow [A_{t+2} \leftrightarrow B_{t+2}] \rightarrow ...$，A 和 B 指的是参与双方交易的行动者，$t$ 是交易发生的时间点（Lawler，2001）。协商型交易强调交易双方回报的即时性，交易双方每个不同时间点发生的交易是相对独立的且都是为了获得交易回报的最大化。在协商型交易中，交易双方为了获得最大收益，将尽可能在交易过程中设置可信承诺保障，以保障交易双方的合约能够得到恰当的履行。[①]

自此，我们得到理论模型的第一部分和第二部分。第一，借用乌兹提出的嵌入纽带和臂距纽带来区分行动者关系纽带的不同属性。嵌入纽带指的是劳动力市场的供需双方共同嵌入某个小群体网络，双方有着信任的关系性基础；而臂距纽带指的是供需双方过往没有关系互动的历史，体现的是非私人化的关系特征。第二，借用交换研究中直接交易关系（direct exchange relation）的一对对称概念——互惠型交易和协商型交易——来描述劳动力市场中供需双方可能存在的交易方式集合及其不同特征。将第一部分和第二部分联结匹配起来，构成理论模型的第三部分——关系纽带与经济交易方式的有效匹配（见表 1 - 1）。

表 1 - 1　市场建构的理论模型

	互惠型交易	协商型交易
嵌入纽带	（1）嵌入 - 互惠型交易	（2）嵌入 - 协商型交易
臂距纽带	（3）臂距—互惠型交易	（4）臂距—协商型交易

在表 1 - 1 提供的分析框架中，嵌入 - 互惠型交易指的是交易发生前，交易双方共同处于某类小群体网络中（先赋或后天形成）；在此类交易中，行动者一方在不知道另一方互惠信息（是否回馈、何时回馈和回馈程度）的前提下独自提供有益于对方的产品或服务。嵌入 - 互惠型交易的激发往往来源于交易一方的求助行为与交易另一方做出帮助的回应行为的社会过程，而且决定做出帮助主要不是出于利益计算而是出于情感或道德规范压

[①] 在协商型交易中，当交易双方出现无法协调的冲突（如交易任意一方不履行合约或者存在欺诈行为）时，交易另一方往往会采取诉诸法律的手段来保证合约的强制执行，而这种诉诸法庭的手段在互惠型交易中则比较少见。

力。例如，亲密朋友之间发生的借贷关系。当朋友发出借贷请求时，答应借款的另一方往往并不去要求对方签订字据和还款日期，而接受帮助的一方理应在未来恰当的时刻归还欠款；同样，接受帮助的一方在未来接到另一方的求助行为时，理应按照同样方式提供帮助。需要澄清的是，虽然嵌入－互惠型交易发生的主要动机是满足情感与道德伦理的需求或应对这一压力，但并不能否定利益同样是此类交易中的一部分，只是强调利益实现在时间上的非对称性；如果这种非对称性的利益没有得到满足，那么嵌入－互惠型交易方式也就难以得到维持。

嵌入－协商型交易指的是交易发生前，交易双方虽然共享某种交叉重合性网络，但在此类交易类型中，交易双方会就交易内容彼此协商与讨价还价，并在此基础上达成共同认可的协议。在嵌入－协商型交易中，达成交易的双方彼此相识（双方均嵌入在特定的关系网络中），但是交易双方并不避讳就交易内容和价格进行协商，交易中存在讨价还价环节与相互妥协，但是这种协商过程受到交易双方共同嵌入的关系网络特征（关系纽带类型及其属性）的塑造，从而使嵌入－协商型交易呈现不同于纯粹市场协商交易的特征。比如发生在家庭内部的家务分工和照料责任的划分。夫妻双方属于非常紧密的关系联结，但双方可以就家务和照料责任如何具体划分展开协商与讨价还价。而且这种分工的界限并不分明，可能存在较多的模糊地带，可以依据特定情景而做出灵活的调整。这种模糊性正是此类交易类型的关键特征之一。对嵌入－协商型交易来说，利益计算与嵌入式关系网络相互交织，需要交易双方在利益与情感（责任义务）之间维持恰当的平衡。嵌入－协商型交易既允许利益的公开协商与讨论又约束了协商的方式与边界。

臂距－互惠型交易指的是交易发生前，交易双方彼此并不熟识且双方没有长期互动的历史（潜在交易双方并不共享任何重叠性的关系网络），但是在没有可置信承诺的前提条件下，交易一方冒着"不回馈"的风险来为另一方提供产品或服务。臂距－互惠型交易一般出现在交易双方权利地位不对等的情境下，处于优势的一方可能迫使处于劣势的一方率先做出提供产品或服务的行为（或者处于劣势的一方为了从处于优势的一方获取某种他认为可实现的收益而首先做出提供产品或服务的举动），但他并不知道对方是否、何时以及在多大程度上会对他提供产品或服务的行为做出回馈。臂距－互惠型交易的典型例证包括贿赂关系或者寻租关系。在贿赂关系中，当贿赂者和潜在受贿者事先并不存在紧密关系时，贿赂者可能率先为对方提供产品或服务（金钱或者其他形式的服务）。在寻租关系中，掌握权力者同样可能迫使潜在交易对象首先为自己提供产品或服务。但贿赂者和被寻租者并不确定另一方是否会提供相应的回馈。一般来说，臂距－互惠型交易并不是现代市场经济中的常态，是在权利系统影响下的一种非常态交易关系，因为正常情况下臂距纽带无法支撑交易一方在无任何保障的情况下率先向另一方提供报酬。

臂距－协商型交易趋近于纯市场交易，交易双方在彼此不熟悉的情况下针对某种交易标的物达成某种双方共同认可的协议，常常伴随着双方的沟通协商与讨价还价。在臂距－协商型交易中，交易双方需要尽可能搜寻对方的信息以为可能达成的交易提供可信承诺保障，这样的保障既可以来源于私人秩序安排，也可以是公共的法律秩序。交易双方只有在确信对方会履行交易合约的情况下才会与对方达成交易关系。比如日常生活中常见的一手交钱一手交货的交易行为或者公司之间普遍存在的合约关系。臂距－协商型交易关系在达成过程中，一方面强调交易双方围绕交易事项展开协商与讨价还价的过程，另一方面突出交易双方通过确立一系列社会性安排与机制来确保交易合约能够得到履行，以减少交易的不确定性和防范交易的违约风险。

当交易成为分析市场形成的基本分析单位且关系纽带成为交易形成的基础时，就形成了一个关系纽带—交易方式—交易类型与市场结构的分析框架。我们将以表1－1的框架模型来探究中国建筑行业劳动力市场的形成，尤其是探究劳动力市场形成的关系性基础，分析该案例研究在何种程度上与理论模型相互匹配并探究不同劳动力市场交易类型的运转机制和对交易双方可能造成的结果。

五 转型期中国的建筑业劳动力市场

过去四十多年的中国历史，见证了计划经济向市场经济的转型，市场在资源配置中逐渐发挥基础性作用；其中产业组织管理模式和劳动力市场的组织都发生了巨大变迁（孙立平，2005；陈那波，2006）。建筑行业和其相应的劳动力市场也概莫能外。[①] 但是在中国市场转型过程中，统一开放且竞争性劳动力市场的形成不是一蹴而就的，它仍然受到行业特征、制度安排、传统文化观念和人际关系网络等多重因素的影响，从而使得劳动力市场的形成与运转仍然有着深厚的社会性印记。结合建筑行业演变的关键特征，本书聚焦的是建筑行业劳动力市场形成与运作的关系网络基础。

在计划经济下，建筑工人都是国家或集体企业的劳动者。换句话说，工人的工作安全和社会福利都有国家的保证（Pun & Lu，2010）；同时，劳务分包制度被废除，建筑工程的组织和管理被纳入国家统一规划，建筑企业失去自主性。在计划经济时期，建筑行业基本不存在开放的劳动力市场，国家依据经济发展的需要控制着建筑劳动者在该行业的进入与退出。在市场经济转型过程中，建筑行业是城市改革的先锋；劳动分包体制被重新引入建筑业，建筑企业不再直接招募工人，而是依赖包工头来雇用农村廉价劳动力来组织工作团队，完成建筑工程任务，包工头由此成为分包体制的核心（潘毅、卢晖临、张慧鹏，2012；赵炜，2012）。

与此同时，农村户籍制度改革同步推进，农村的剩余劳动力能够进入城市的不同行业部门，由此成为建筑业劳动力市场上劳动力的最主要来源。然而，由于社会转型时期劳动力市场制度的不完善，建筑农民工往往依靠非正式关系进入该行业并与雇主包工头发生联系。根据中国社会科学院和清华大学在 2006 年对全国建筑农民工的抽样调查，78% 的工人是通过亲戚、老乡和他们的老板来找到工作，15% 的工人是通过朋友找到工作的（亓昕，2011）。非正式关系网络成为建筑农民工和雇主包工头产生联结的主要凭借，是劳动力市场供需匹配的核心渠道（Swider，2015；沈原，2007）。值得一提的是苏之慧对中国建筑业劳动力市场的研究，她发现非正式关系在农民工进入劳动力市场中具有重要意义且因为其扮演的不同角色而呈现不同的雇佣形态——协调式雇用（包工头关系为主）、嵌入式雇用（城中

[①] 关于中国建筑行业的市场转型以及庞大建筑工人的形成我们将在下一章进行详细介绍。在此我们仅仅突出中国建筑业劳动力市场的主要特征以强调使用关系纽带—交易方式—关系类型与市场结构的理论模型来分析建筑业劳动力市场的形成过程是恰当的。

村紧密关系）和个体式雇用（农民工的市场关系），并考察了不同的雇佣关系形态背后与国家的不同关系和带来的不同经济政治后果（Swider，2015）。从既有对建筑工人劳动力市场的研究来看，非正式关系成为劳动力市场得以形成的一个基本条件，因此本研究建构的关系纽带—交易方式—关系类型与市场结构的理论模型能够恰当地运用到对中国建筑业劳动力市场形成的分析之中。

六　田野进入与资料收集

本研究致力于探究建筑业劳动力市场中建筑工人和雇主包工头的交易匹配过程以及塑造整个建筑业劳动力市场的基本结构与秩序的内在机制。研究问题的类型决定了采用何种研究方法是恰当的。由于聚焦于细致的交易匹配过程，交易双方的联结与互动过程成为研究的重点，因此注重事件展开与过程机制揭示的民族志成为了解建筑农民工进入劳动力市场方式并和雇主包工头发生交易匹配过程的理想调查方法。民族志作为资料收集方法，通过对农民工以及管理者和农民工的互动过程进行细致的关注，能够充分抓住案例最本质和动态变化的部分（陈纯菁，2020）。

（一）调查地点的选择与进入

为了探究建筑业劳动力市场的形成及其内在运作机制，从2015年到2022年较长的一段时间内，我在五个不同地方间断式展开民族志调查。研究的前期调查是2015年7月至8月在T市展开的。然后在2016年3月至7月，我在江西N市和T市展开了5个月的田野调查，并在2017年5月到6月中旬在广东Z市和2017年7月中旬在广东S市展开两次短期调查。后来为了进一步验证研究结论的有效性，2022年3月我在W市一个建筑工地做了一些补充调查，我之所以选择在五个不同城市的六个建筑工地现场展开实地调查研究主要是出于理论和实践两方面的考虑。

从理论上讲，在扎根理论原则的指导下，我在不同地域选择不同的工作现场是为了发现工作现场雇佣关系（雇主包工头和建筑农民工的联结方式）的相似之处。选择不同地域的案例是为了增加雇佣关系模式多样性的可能并且增强研究结论和分析的一般性和可推广程度。在建筑行业，由于行业组织模式的特殊性（大规模机器生产无法在建筑行业推广，建筑行业由不同种类的工序与工作团队组成），不同工序工种可能产生不同的雇佣关系模式。另外，不同地域的工人可能面临不同的劳动力流动率（季节性工人和常年工人的区别）。因此，我在不同地域开展调查是为了寻找不同地域之间的共性与不同工作团队雇佣模式的多样性，以增强研究结论的可信程度和可推广程度。从实践层面讲，我主要依赖个人关系（家庭成员、朋友和亲戚）而进入到不同的工作现场（下文将有田野进入的详细介绍）。因此，尽管我是有意选择不同的地域，但田野调查工作能够开展的具体工作现场却取决于能够获得的进入程度（个人关系的可及性程度）。

　　本书的研究数据主要有两个来源。民族志调查是主要的数据收集方法，具体的方法包括参与观察、深入访谈和田野过程中的焦点工作小组。第二个来源是统计年报、政府调查报告和其他通过网络获得的数据也在研究过程中被使用。

　　鉴于民族志调查主要集中在建筑农民工的劳动力市场进入过程、劳动过程的动力机制和工人对劳动过程的体验等方面，数据收集主要集中在微观层面。因此，我选择田野调查地点的具体策略是在保证进入的前提下能够包括尽可能多的工作种类。我一共进入到五个城市的六个建筑工地中。通过这种方式，我能够调查不同工作种类中的劳动力市场构成（雇主包工头和建筑农民工是通过何种方式联结在一起的）、相应的劳动过程以及不同雇佣关系模式下包工头和建筑农民工的关系认知和行动能力，而且能够比较不同城市中建筑工作团队的构成模式和劳动过程。表1-2展示了五个调查地点的基本信息。

表1-2　五个城市六个建筑工地

田野调查地点	建筑工地	访谈数量	工人主要工作种类
T市	海区的2个建筑工地	11个管理方人员，47个工人	幕墙、地砖和木工
N市	新区建筑工地	3个管理方人员，11个工人	木匠、脚手架个人、泥瓦工、钢筋工

续表

田野调查地点	建筑工地	访谈数量	工人主要工作种类
Z 市	星区建筑工地	3 个管理方人员，11 个工人	幕墙、消防安装和地砖
S 市	单县建筑工地	3 个管理方人员	钢筋工、脚手架工人
W 市	红区建筑工地	8 个包工头和 6 个工人	钢筋工、装修工

得益于与建筑行业从业人员的私人关系，我能够进入到不同城市地区的不同建筑工作现场。李志①为包工头刘北方带班已有五六年光景，在他的介绍下我得以在 2015 年 7 月至 8 月进入到 T 市开展我的前期调查，并将 T 市作为后续主要的田野调查地点。在 T 市海区，包工头刘北方承包了两个建筑工地的幕墙安装工作。在李志的帮助下，我能够进入到农民工的工作现场和他们的生活社区之中。② 对幕墙安装以外的其他工种的建筑工人，我主要通过方便取样的方式来接触，也就是说当我待在工地现场的时候可以时常与其他工种的工人初步交谈，如果可能的话就将他们发展为访谈对象，作为访谈对象的工人主要来自四川、山东、河南、云南和江西等地方。N 市建筑工地现场的进入也是通过一个我的私人关系。陈东（作者的朋友）曾经是一家建筑总包公司的技术人员，他把我介绍给 N 市一个建筑工程的项目经理。在这个项目经理的允许下，我能够在工地现场随意走动并随意和工人交谈，在 N 市的工地主要接触的对象是来自江西本地的木工工人和泥瓦工人（这两个工种是建筑行业在混凝土主体建设阶段中主要使用的工种）。

在完成 T 市和 N 市的田野调查后，我决定在南方寻找一些建筑工地。我再次和李志取得联系，在他的帮助下我得知李志在 Z 市的星区也承包了幕墙安装的项目。在李志介绍下，我成功进入到 Z 市的建筑工地并且在那里待了半个月（工人主要来自四川、河南和江西）。在 2017 年 7 月中旬，我和一个高中同学取得联系，他在 S 市一个县区的建筑工地上担任管理人员。我抓住这个机会去观察建筑工作现场是如何在县域运转的，尤其是建

---

① 本书中所有的人名、地名均已匿名。
② 在我调查的工地现场不远处，有一个老旧小区，那里居住着上千名建筑农民工，是附近十几个工地建筑工人共同生活的场所。

筑工人与雇主包工头之间的匹配过程。我在那里待了几天，和建筑项目的经理，带班管理人员和建筑农民工进行了正式与非正式的访谈（建筑工人主要来自四川和湖南两个地区）。为了完成本书的写作和进一步验证本书提出的观点，我于2022年3月在武汉市一个建筑工地现场断断续续（我工作单位附近）展开了一个月的调查，和包工头与建筑工人展开了一些非正式访谈，访谈对象主要来自四川、湖北和湖南。在田野调查期间，我大部分时间都在建筑农民工的工作现场和生活区域中度过。在整个调查期间，我始终都保持公开身份并告知研究对象我展开调查的目的，但是我并没有详细地解释我的研究计划。①

（二）　资料收集

资料收集主要分为四个部分。一是参与观察提高了我对建筑行业的劳动力组织、工作过程和工人互动过程等方面的熟悉程度。二是深度访谈的主要目的在于了解工人进入建筑行业的经历和他们对自身与国家、资本和雇佣者之间关系的认知。三是焦点小组主要为了暴露工人内部之间存在的地位与认知差异。四是从图书馆和网络获得的数据能够帮助梳理中国建筑行业的发展历程以及与之相关的国家政策和法律法规。

参与观察是研究者沉浸到田野环境中的重要工具，能够使研究者与建筑工人建立起熟悉关系，并为下一步的深度访谈做好准备。我在建筑工地现场参与观察的焦点主要是工人劳动过程是如何完成的，并且通过在工人生活区域开展的观察来了解建筑工人内部的互动。② 通常来说，我会参加建筑工作团队的早会和晚会并观察带班领导是如何指挥与管理工人的。我同样会陪着工人一起去他们的工作地点并且观察他们的劳作过程。③在参与观察的过程中，我也和工人们展开非正式交谈以了解更多关于他们工作的

---

① 在调查现场，当我和工人交谈以后，我发现当我将研究项目讲的越正式和越抽象的时候，就越难获得工人的信任。一般来讲，我会告诉工人为了完成工作任务，需要一份田野的调查报告而不会详细地介绍研究的理论关联性。

② 在S市，我并没有花费太多的时间在参与观察上。因为在S市的调查只持续了几天时间，因此，我绝大部分的时间是在与目标人员访谈。

③ 在田野调查的开始阶段，我在建筑团队中尝试以一个业余建筑工人的身份参与劳动过程，但最后我还是放弃了，因为我发现自己根本没有能力去从事那些工作。当我站在一边的时候，我尽力不去打扰工人们的工作节奏而是选择在他们休息的时候和他们交谈。

细节。通过参与观察，我看到了更多管理者与工人的互动过程（管理与冲突关系）。结合深度访谈资料，我明晰了管理者与工人互动模式的差异与劳动力市场组成方式之间的关系。

鉴于建筑农民工的生活经历，和他们进行严肃正式的访谈并不是一件容易的事情。为了减少工人们的担心和获得他们的信任，我会尽量使整个访谈显得不那么正式，很多访谈以聊天的形式展开。① 在五个城市的六个建筑工地，我一共与103个访谈对象做了面对面访谈，其中包括19个带班管理人员或者包工头②，9个来自分包和总包公司的工作人员以及75个来自不同工作种类的建筑工人。这些访谈对象的年龄在25～69岁。除了4个女性工人，其他的访谈对象都是男性。绝大部分的访谈都在半个小时到一个半小时之间。对一些重要的被访对象，我做了两次访谈。绝大部分的访谈都是在建筑工地现场、工人的宿舍、分包公司或总包公司的现场办公室里完成的。对带班管理人员的访谈主要集中在他们的管理策略和他们是如何处理工作现场的冲突方面。对建筑农民工的访谈主要集中在他们的迁移与工作经验，他们在城市建筑行业和其他行业的劳动力市场的经历，尤其关注他们是如何进入到建筑业劳动力市场并与雇主包工头发生联结的，他们与带班管理人员和包工头的关系以及他们的抗争经历。

在T市，我接触到的建筑工人主要是地砖安装工、泥瓦工和木工，并且会询问他们是否愿意与我交谈。对带班管理人员、包工头和分包公司工作人员的访谈往往需要李志的帮助。在T市的建筑工地上，访谈对象主要来自北方的省份。在N市，建筑工程的项目规模要比T市的小很多，当我进入到工地现场的时候，工程项目处于主体建设阶段。工人们的生活和工作区域都被整合在一个共同的空间里面，所以很多的访谈是在工人宿舍里进行的。③这个建筑工地上的工人主要来自N市以及其他县市区。在Z市的

---

① 通常的策略包括记笔记而不是录音、在谈话前递香烟给农民工、在对话的一开始不问严肃的问题等。

② 如果一个包工头同时承包多个建筑工程项目，他会雇佣带班管理人员来监督农民工在工地上的工作，这个时候带班管理人员往往深受包工头的信任。如果这个包工头只有一个承包项目，那么包工头就是现场的带班管理人员。

③ 在很多情况下，工人们都是在宿舍休息，如坏天气，工人受伤、生病和工地上没分派任务等都可能成为工人不工作而在宿舍休息的原因。

建筑工地，建筑工人主要来自南方或西南的省份。在李志的帮助下，我很容易就进入到幕墙安装工人的工作与生活中，而且我也像往常一样接近其他工种的工人并争取获得访谈的机会。在 S 市，建筑工地是一个坐落在 S 市离中心城区 70 公里以外的县城。通过另外一个熟知的介绍人，我得以成功访谈到一些带班管理人员和包工头，但是由于逗留时间较短，访谈数量有限。在 W 市的工地现场，我前期通过多次拜访并建立了较为熟悉的关系后才开始较为正式的访谈，访谈的包工头和建筑工人主要来自暖通、水电和小工（工地清扫），他们主要来自四川、湖南和湖北等省份。由于 W 市是后续补充调查，因此访谈的问题主要集中在建筑工人与包工头的匹配过程以及不同匹配过程对双方产生的影响。

除了参与观察和面对面访谈，我也在农民工群体中间开展了四次焦点小组。产生做焦点小组的想法是因为当我在工人宿舍做访谈时，访谈可能会被其他工人打断，他们会时不时针对我提出的问题表达他们的想法（他们并非我当时的访谈对象）。因此，我将一些工人组织成一个群体，他们彼此之间可以自由交谈。焦点小组的一般程序是，我会在一开始问几个我比较关心的问题然后让参与焦点小组的工人分享他们的想法。主要的问题还是围绕工人与雇主包工头的关系，工人怎么看待"关系"的重要性和工人的欠薪以及抗争意识和事件。我做了四个焦点小组，其中，在 T 市的建筑工地做了两个焦点小组，另外两个焦点小组是在 Z 市开展的。两个曾经被单独访问的工人被包括在 T 市的一个焦点小组里面，四个单独被访问的工人加入 Z 市的两个焦点小组的讨论中。每个焦点小组包括 3~5 个工人，持续时间大概是一小时。在焦点小组期间，我会首先介绍一个主题让农民工探讨并鼓励他们对这个主题展开讨论。如果谈话一开始出现偏离的话，我会问一些相关的问题，从而将讨论主题拉回来。通过对焦点小组互动过程的观察，我可以很清楚地看到在建筑团队中处于不同位置的工人在对待同一个议题时表现出来的差异性。这个研究的第四个数据来源为图书馆和网络，它包括中国建筑行业的年度统计报告、政府关于农民工的调查监测报告、法律法规、政策以及相关网络报道。上述所有资料共同组成了研究发现的经验来源，能够帮助本研究在更广泛的情境中理解建筑工人的境遇，也为回答本研究关注的劳动力市场形成过程和它对工人与雇主产生的影响提供第一手经验材料。

（三） 在流动人群中开展民族志调查的特殊性

建筑农民工是一个高度流动性的群体，他们在不同城市的不同建筑工地之间来回流动。很多工人表示他们随着自己包工头工地工期的变化而随时流转，并没有较为固定的工作安排。与此同时，农民工在工作现场也处于一个流动分散的状态，工人们依据他们的角色被分派在建筑工地现场的不同位置。因此，与在有着固定组织边界的空间内开展民族志调查不同，在有着高度流动性的建筑农民工群体中开展民族志调查面临以下几个挑战并要求研究者采取相应的策略予以处理。

第一，当民族志调查是在流动人群中开展的时候，饱和度的要求会更难达到。与在稳定的人群中开展民族志调查相比，在流动人群中，调查者需要花费更长的时间才能意识到什么时候他们的数据才达到饱和状态。在建筑农民工的案例中，我对这一问题的处理策略是尽可能与来自不同工作团队和地域的人相遇及交谈。一直到田野调查的中期，我才意识到在建筑工地现场存在着不同种类的雇主包工头与建筑农民工的不同关系联结模式和劳动关系模式，于是我在不同地域的不同工作团队中去验证这些模式的有效性。

至于如何处理流动人群民族志调查过程中的饱和度问题，我发现，了解人群的生命史，特别是他们的流动历史很有帮助。由于他们总是在不同的地区流动，这样的历史能够给民族志调查提供充分的数据，调查者可依此决定一个模式在不同地区和时段的有效性。对一些我遇到的建筑农民工来说，我会特意关注他们的生命史，尤其是关注他们在不同城市跟随不同包工头工作的经验。这是民族志调查者处理流动人群饱和度问题的一种有效方式。

第二，流动人群调查中的田野政治问题会比正式组织中（有着清晰边界和人员构成的场景）的调查显得更加隐蔽和微妙。在正式的组织中，权力和权威关系是一目了然而且组织内部每一个人都依照他们的角色来展开行动。在流动人群中，稳定的权力关系往往是很难一下就发现的，这就使得民族志调查者很难将他们在情境中的地位清晰地定义出来。由于建筑行业并不是以科层制的方式来组织的，权力关系因为工人技能、人情关系和多层组织而变得复杂。为了让调查者更好地在这样的情境中找准定位，最好的策略就是在与每一方都建立良好关系的同时调查者要注重保持中立态度。为了更好地理解建筑工地现场的权力关系，焦点小组是一个有效工具，能够帮助调查者发掘更深层次议题。在焦点小组的帮助下，民族志调查者能够抓住机会观察参与者之间潜藏的紧张关系，从而能够更好地在田野中找好自己的位置。

第三，在流动人群中间开展民族志调查和资料收集需要调查者对地方风俗文化、特定的饮食习惯和当地生活习惯等有广泛的知识。当我在建筑工地现场的时候，我意识到具备这样的知识背景对顺畅地与农民工展开对话沟通是非常重要的，尤其是在农民工来自不同地域的情境下。比如，当我提及农民工家乡的某个名人的时候，农民工往往感到惊讶并且会开始和我交谈。因此，对民族志调查者来说，知晓流动人员所来自地域的本土知识对开展调查是非常有帮助的一个策略。

七　本书篇章结构

在本章导论部分，我们分别呈现了研究问题、市场社会学的三种研究路径、作为市场交易关系基础的关系运作视角、关系纽带—交易方式—交易类型与市场结构的市场形成理论模型、中国社会转型期建筑业劳动力市场的特殊性以及本研究的田野进入和资料收集方法等内容，从而在整体上为本研究提供了相应的问题意识、理论脉络和方法论基础。在本章的结尾处我将依次简要介绍接下来每一章节的大致内容。

第二章将为建筑业劳动力市场形成提供一个行业发展和工人群体的画像。我们将回顾中国建筑农民工群体的形成过程，尤其是其在市场转型和国家制度改革背景下是如何形成的，并介绍该工人群体具有的一般特征。另外，该章还将关注中国建筑行业的历史转型及其在中国表现出的行业特点，尤其是介绍劳务分包制，并阐述中国式关系在建筑工人找工作中的重要性。

第三章将呈现建筑行业的嵌入－互惠型交易为主的内部劳动力市场。

该章将首先通过呈现该交易类型中包工头面对的市场条件来说明为什么他们选择在自我的关系网络中招募工人，呈现类似的差序格局模式在建筑劳动力市场的再生。接下来将会介绍嵌入－互惠型交易中主要交易特征和维系该交易的核心机制，并在此基础上阐述该类型的交易市场结构对建筑工人所带来的经济与政治后果，包括其劳动过程特征和抗争意识。

第四章将呈现建筑业劳动力市场中的嵌入－协商型交易类型。首先阐述该交易类型赖以依存的关系网络结构，尤其是技能约束与关系网络如何共同为该交易类型奠定了结构基础。接着介绍该交易类型的交易特征和维系该交易的核心机制。然后介绍该劳动力市场组织下雇主和工人在劳动过程中的互动及其特征，并简述这个交易类型下工人的集体团结与谈判能力。

第五章将呈现最后一种建筑业劳动力市场中存在的交易类型——臂距－协商型交易，这也是建筑行业中最为普遍的一种类型。本章将首先介绍该交易类型下的雇主包工头和建筑农民工的市场特征以及他们是如何依赖中介关系而发生联结的。这样一种联结关系隶属于臂距纽带。在此基础上讨论该交易类型的主要交易特征和维系该交易的核心机制。同样，我们也讨论了此类交易类型下工人的劳动过程组织和工人抗争实践等内容。

第六章是全书的总结与讨论。在该章，我们将首先总结本研究的基本发现，尤其是不同关系纽带与交易方式的匹配在建筑业劳动力市场形成中的结果，揭示出市场结构的多样性起源和不同交易类型的潜在经济政治后果。其次，我们将讨论中国式"关系"在中国市场转型期的角色和地位，试图探究市场兴起、发展与转型的关系性基础，并讨论它在何种程度上不同于西方的市场社会学研究路径。第六章的第三节和第四节将以劳动力市场组织作为核心自变量，探讨其是如何影响建筑农民工劳动过程的，并且探讨劳动过程的动力特征和工人的政治主体性。最后章节将讨论本研究发展的市场形成的"关系纽带—交易方式—市场结构"理论模型的适应性与扩展性。

第二章　中国建筑工人与建筑行业

中国在 1978 年开启了改革开放的进程，这一进程极大地塑造和改变了当代中国的经济结构。计划经济时期盛行的阶级斗争话语转而被经济发展与改革话语所取代。伴随着经济转型的开始，国有集体企业垄断性地位被打破，市场开始在资源配置中发挥作用，外来资本的引进促成了资本市场的繁荣以及其他多种多样所有制类型企业的建立。与此同时，工人阶级的组成、身份地位、社会福利和工作经验都被深刻地转变。这样一种转型路径对劳动力市场产生了两方面相互关联的结果。一方面，国家逐渐从企业的全能控制中撤出来并且授予工厂经理自主权来雇用或解雇工人，而这些功能以前都是由官僚机构代表去完成的（Lee，1999；Yang，2007；田毅鹏，2021）。另一方面，市场开始在经济活动中扮演越来越重要的角色，外来资本开始进入中国并建立企业来开展市场经营活动。与此同时，严格被区隔的城乡劳动力市场也开始松动，尽管它没有彻底消除城乡差别，但最终推动了大量农民进城务工的社会过程（Solinger，1999；Meng，2012；李强，1999；王春光，2005）。简而言之，这种双重过程奠定了中国工人生活和工作经历转型的基础。

本章我们将在中国经济转型的大背景下介绍中国建筑工人与建筑行业，回顾庞大建筑农民工得以产生的制度与政策背景，并结合田野调查资料总结建筑农民工群体的基本特征。然后我们将介绍中国建筑行业的转型与发展，重点介绍建筑行业的劳务分包体制以及该体制对包工头和建筑农民工的影响。最后将介绍非正式关系对包工头和建筑农民工的重要性。

一 经济转型与新工人群体的形成

在过去四十多年间，世界见证了中国令人震惊的经济发展奇迹。1978～2015 年中国的国内生产总值以年均 9.7% 的速度增长（Lin, Wan & Morgan, 2016）。经济增长得益于以国家对经济活动和人们生活进行管理与垄断为特征的计划经济模式向社会主义市场经济的转变；在市场经济时期，国家开始突破原有的制度限制并放松对市场的控制来刺激经济发展。学界对中国经济缘何成功有着诸多解释，尤其强调经济政策、制度发展和地方政府在经济发展中的积极角色（赵鼎新，2016）。在塑造中国经济成功的诸多要素中，不可忽视的是庞大的新工人群体在经济奇迹中扮演的角色。在经济转型的背景下，农业改革与转型带来的剩余劳动力进入城市制造业、建筑业和服务行业，开始经历着职业身份和社会身份的多重转变，并造就了人类历史上最大规模的人口迁移和被称为"农民工"的新工人群体。本章节将从政策角度阐述中国经济转型期农民工群体的形成过程。

大规模农民工群体的产生与改革开放时期一系列的制度和政策变革紧密相关。改革首先在农村地区开始，政府开始将土地重新分配给农户家庭来取代计划经济时期"一大二公"的人民公社制度，这一举措增加了农民在土地发展、粮食种植和其他农业生产资源分配中的自主权，并提高了他们的积极性。中央政府自 1982 年开始在全国推行家庭联产承包责任制，[①]农户家庭重新成为农业生产和农村生活的基本活动单位，农民开始能够依据家庭劳动力规模和家庭农业发展的需求自主地安排劳动力（非农产业的就业安排开始成为可能），因此农业劳动力很大程度上被从土地上释放出

---

① 家庭联产承包责任制可以理解为土地所有权和经营权之间的分离。它指的是土地的所有权仍归集体所有但是经营权在固定期限内承包给农户家庭（后来进一步出现了承包权与经营权的区分）。与此同时，农户家庭可以自主决定土地管理和生产发展。家庭联产承包责任制取代以集中管理和统一分配为特征的人民公社制度。这一制度降低了农民对集体的依赖度并提高了农村地区和农业生产的效率。举例来说，在 1982 年到 1984 年，粮食生产每年以 7.8% 的速度增长并且在 1984 年达到创纪录的 4 亿吨（胡伟略，1989）。

来，成为农村剩余劳动力。[①] 在城市地区，国有企业长期存在着政企不分的弊端，形成企业的"预算软约束"，导致企业效率低下、自生能力低下以及冗员状况严重等问题（林毅夫、刘培林，2001；渠敬东、傅春晖、闻翔，2015）。中央政府改变国有企业僵化体制的关键是扩大企业的自主权，包括生产和人力资源使用上的自由权。例如，在 1992 年 7 月，国务院颁布了《全民所有制工业企业转换经营机制条例》，规定企业可以在 14 个项目上享有独立自主权。与此同时，政府逐渐开放资本市场并将外来资本引进来，将民间自有资本集聚起来建立各类所有制企业来刺激经济发展，不同所有权企业成为吸纳农村剩余劳动力的主要力量。[②] 在所有这些改革举措中，与农民工群体的形成最为相关的制度改革是户籍制度改革。

（一）户籍制度与农民工

随着农村土地改革的推进，农民投入到土地上的精力和时间减少了，农村产生了大量剩余劳动力；农民对于他们的生产生活安排有着更多的自主权，使得他们有精力去从事非农业产业类型的经济活动。在 20 世纪 80 年代初期的中国农村，有 30% ~40% 的剩余劳动力（Cai，2012）。与此同时，城市经济改革的拉力效应形成对农村剩余劳动力的发展需求。一方面，国有企业的改革扩大了企业管理层对雇用或解雇工人的自主权（Lee，1999）并且给管理层级提供"自主"招募工人的激励。另一方面，在这段时间内多种所有权类型企业建立起来，他们有着强烈的兴趣去招募市场中的大量劳动力来获取利润。正是在这样的情境下，户籍制度改革提上议事日程并在创造新工人群体中发挥了重要作用。在不同的历史时期和经济发展背景下，中央和各级地方政府针对户籍制度进行改革，不断松动农民进城务工的制度与政策限制，并为农民工不断融入城市提供制度上的保障，整个改革体现出渐进式的特征。

---

① 在城市企业改革还未全面展开而农村出现剩余劳动力的背景下，农村乡镇企业的蓬勃发展在吸纳从农村土地中释放出来的剩余劳动力方面发挥了重要作用，在乡镇企业发展的高潮过去之后，农民工才开始大规模进入城市的不同行业。

② 城市改革远比这里描绘的更复杂。它不仅仅是国有企业的改革，更是一个系统的、周期性和全面的改革工程。它涉及的改革包括税收政策、货币政策、资本市场、银行系统和劳动力市场。

户籍制度指的是"国家依法收集、确认、登记公民人口基本信息的法律制度"（宋扬，2019）。中国特色的户籍制度来源于 1958 年 1 月全国人民代表大会常务委员会第 91 次会议通过的《中华人民共和国户口登记条例》。这一条例的颁布和实施标志着城乡二元户籍制度的正式确立。中国二元户籍制度的形成有着新中国成立初期特殊的历史背景：经济基础薄弱，生产力落后，粮食供不应求。为了保证城市公共物品优先供给和优先发展重工业，国家凭借垄断性权力控制人口的自由流动和迁移，控制城市用工人群规模（王峰，2018）。因此，中国的户籍制度给城乡分割提供了空间和制度条件，也联结着城乡人群不同的社会地位和社会福利，包括土地使用权、住房、子女教育和社会保障等方面（宋扬，2019）。户籍制度将整个人口划分为农村居民（农业户口）和城市居民（非农业户口），在粮食配给、教育资源、医疗保障和其他再分配资源方面二元户籍制度给予城市居民更大的优先权。因此，为了经济发展的需要，户籍制度很大程度上被用来控制人口的自由流动（Cheng & Selden，1994）。在很长的一段时间里，向城市迁移、个人职业与身份的转变都被国家规范和控制着。和其他国家的人口登记制度不同，我国通过这种方式，使户籍成为国家制度工程的一部分并发挥着规范人口流动、维护社会秩序和促进经济发展的功能（Chan & Zhang，1999）。然而，随着市场经济改革的启动，计划经济时期户籍制度的行政管理功能已经难以适应经济发展的需要，国家需要对劳动力难以自由流动的限制做出制度与政策上的回应。为了适应改革时期的新情况，国家从 20 世纪 80 年代开始调整与改革户籍制度。

从 20 世纪 80 年代起，户籍制度经历了三次比较明显的改革。第一轮改革以 1984 年中央文件允许务工经商的农民到集镇落户为标志，并一直持续到 20 世纪 90 年代中期（邹一南，2019）。例如，对户籍制度松动的第一次尝试是 1983 年武汉市下发《关于非本地居民"暂住"的确认和发放的通知》，随后在 1985 年向全国推广（Chan & Zhang，1999：818 - 855）。这个政策允许农民在城市找工作。根据有关部门的统计，约有 4400 万人被登记为暂住居民（Chan & Zhang，1999：833）。与户籍制度松绑的其他改革举措包括从农业户籍到非农业户籍的政策转变或者部分地区发放"蓝印"户口本的城市户籍政策。① 20 世纪 80 年代针对户籍制度的改革政策使得成千上万的农民进入城市来找工作,他们构成流动人口的很大一部分。

从 2000 年开始,中央政府顺应经济发展需要继续放松城乡流动的人口限制并提高城市流动人口在就业、居住、教育和其他方面的社会保障,具体的改革举措包括:(1)取消"农业户口"和"非农业户口"的区分,统一为"居民户口";(2)进一步放宽落户条件,虽然大部分地区仍采取准入条件式来控制人口规模,但各方面条件已经放宽(王美艳、蔡昉,2008)。户籍制度改革继续集中在给城乡区别松绑,并且开始更多地承认农民工享受与城市居民一样的地位与权利。第三轮户籍制度改革于 2014 年开启。2014 年 7 月 30 日,国务院印发《关于进一步推动户籍制度改革的意见》(国发〔2014〕25 号),拉开了新一轮户籍制度改革的序幕。这一轮户籍改革很大程度上是为更好地推进新型城市化建设而展开的,尤其是为更好地推进农业转移人口的市民化而做出的制度与政策安排(邹一南,2019)。因此,户籍制度改革的不断推进为农民进入城市提供了制度上的便利,为农民工的市民化提供了一定程度的保障,也为全国统一劳动力市场的建立提供了一定程度上的制度保障。

当然,即使国家在改革时期对户籍制度采取较为开明的态度,但其城乡区别的本质在改革时期并未发生根本改变(Chan & Buckingham,2008)。农民工由此成为一个在城乡间来回摇摆的群体,他们的未来更加不确定。因此,虽然户籍制度改革便利了农民进入城市劳动力市场并开启了市民化和职业化的发展进程,但很大程度上也正是受到户籍制度和其他关联政策的约束,城市农民工群体同样面临着一系列的生存与发展困境。

随着对户籍制度的不断松绑,越来越多的农民工选择在城市定居,他们与城市居民、雇主和地方政府进行互动并争取他们的身份认同、工作预期和社会保障权益。根据国家统计局的数据,在过去十年间,超过 2 亿农民工进入城市,主要分布在包括制造业、建筑业与批发和零售业等在内的第二、第三产业中。根据 2021 年农民工监测调查报告,2021 年全国农民

① "蓝印"户口本主要是发给那些为本地发展做出重要贡献的人员,包括投资、有特殊技能和多年在本地接受教育的人。在很大程度上,这个户籍政策是由地方政府设计和实施的,并成为地方政府税收和发展地方经济的一个来源。

工总量为 29251 万人，其中外出农民工 17172 万人，本地农民工 12079 万人。[①] 图 2－1 展示了 2011～2021 年农民工群体的规模变化情况，可以看出农民工群体已经接近 3 亿人，成为城市用工群体的重要组成部分。下面我们将结合既有研究，描述中国农民工群体的一般特征。

农民工本身不是一个严谨的学术概念，往往与"非农业人口"、"流动人口"或者"外来人口"等混合使用，既表现为一种制度，也是一种广泛存在的群体身份（陈映芳，2005）。刘范一（2012）从职业特征、身份特征、地域特征、务工时间和劳动关系五个方面来界定农民工群体。从职业特征来看，农民工群体主要从事的是非农产业活动，他们已经不再主要从事农业生产活动，而是靠在城镇务工来作为个人和家庭的主要收入来源。从身份特征来看，虽然农民工主要从事非农经济活动，但是他们的户籍身份仍然是农业户口，属于农民。从地域特征来看，农民工主要来自农村地区，他们一般在城市和乡村地区间流动。从务工时间来看，农民工在城市务工需要半年以上。从劳动关系来看，农民工是被雇佣者，他们被个体户、私营企业主、外企老板、乡镇企业、国有和集体单位雇用来从事非农活动。农民工是与中国市场经济转型伴生而出现的工人群体，中国特有的政治经济环境塑造着该群体的形成和群体特征，尤其是他们在来源、劳动力市场、劳动力再生产、劳动过程、劳动关系、社会保障等方面都呈现与计划经济时期工人群体相比的不同特征，体现出农民工群体独特的时代境遇与命运轨迹。

第一，在来源上，计划经济时期工人依据阶级身份而获得工人身份，是国家阶级意识形态创造的产物；农民工群体（农村剩余劳动力在农业生产活动回报低的推力与城市非农经济活动回报高的拉力下向城市的迁移）则是在国家政策引导下，由农民自主决定而出现的，是国家、市场和农民工共同塑造的产物。第二，在劳动力市场中，在计划经济时期并不存在公开的外部劳动力市场，国家控制着工人进入、退出、调动、提拔与降职等过程，工人并不享有任何在劳动力市场中的主动权；农民工则需要独自面对外部劳动力市场，农民工可以在不同产业或者同一产业的不同部门进行

---

① 《2021 年农民工监测调查报告》，参见 http://www.stats.gov.cn/tjsj/zxfb/2022 04/t20220429_1830126.htm，最后访问日期：2023 年 3 月 15 日。

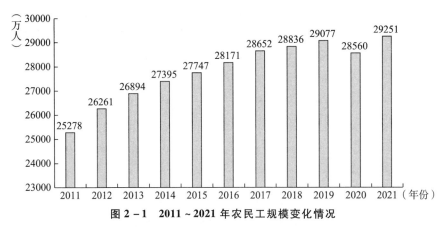

图 2-1 2011~2021 年农民工规模变化情况

数据来源：国家统计局 2011~2021 年《农民工监测调查报告》，参见 http://www.
stats. gov. cn/。

工作转换。第三，在劳动力再生产方面，在计划经济时期，工人的劳动过程和劳动力再生产是统一在生产过程中的，工人的工作和生活相互融合于单位制度之中；但是对农民工群体来说，农民工的劳动过程和劳动力再生产相区隔。工人的劳动过程是在城市工作现场完成，而农民工的劳动力再生产却因为城乡二元体制而只能在乡村地区完成（Lee，2007）。第四，在劳动过程方面，计划经济时期工人的劳动过程高度依赖于企业官僚管理阶层的支配性命令；但是对农民工群体来说，他们的劳动过程受到现代职业管理阶层的支配，表现为劳动力商品化程度的不断提高。第五，在劳动关系方面，计划经济时期工人的劳动关系是一种与国家签订的终身合约，一般来说工人在政治上、组织上和资源上高度依赖单位，并很少发生改变（Walder，1986）；但是农民工的劳动关系则表现为劳动对资本的从属性，资本对作为商品的农民工的劳动力有着绝对的支配权。第六，在社会保障方面，计划经济时期的工人在单位体制中能够享受到较全面的社会福利保障，包括住房、子女教育、养老保险等方面，端的是名副其实的"铁饭碗"。然而对农民工来说，他们的社会保障状况不太理想，很多农民工没有签订劳动合同，且大部分农民工享受不到"五险一金"的社会保障政策，农民工更多被当作一种非正式或不稳定用工群体而存在。

从农民工群体的行为模式出发，该群体的主要特点包括以下几个。

第一，从农民工的迁移模式来看，迁移的基本趋向是由农村到城市，地理空间流动遵循着从中西部内陆地区到东部沿海地区，尤其是外来资本集聚的珠三角地区。据估计在 2010 年大约有 5100 万农民工在珠三角地区工作（Gransow & Zhu，2016）。农民工的这种迁移模式主要受到迁入地的劳动力市场机会多和较高的工资回报吸引。

第二，农民工从事的大多是肮脏、危险或繁重的工作。与此同时，农民工农村户籍的身份和与之相关的社会福利的缺失使得他们容易遭受来自城市居民的歧视，从而进一步加剧了他们在工作中遭受不同对待的可能性（Chan，2010）。农民工的正常劳动权益往往无法得到有效保障（Chan，2001）。

第三，农民工在城市工作的过程中一般也伴随着农民工对一些管理行为的回应与抗争，为企业利润和社会稳定带来了重大挑战（Lee，2007；Chan，2010）。农民工的抗争行为受到外在制度环境和群体动员环境的影响，体现出频繁但分散、剧烈但难以持续的基本特征。随着新生代农民工在城市生活与工作的深入，他们的抗争行为表现出新的团结模式并发展出新的抗争策略，呈现新的动力机制（汪建华，2016）。

农村改革下的剩余劳动力和城市经济改革对廉价劳动力的需求共同改变了中国改革开放早期阶段的劳动力供需状况。在新的劳动力市场条件下，户籍制度改革变成了联结劳动力市场供需匹配的桥梁。因此，城乡经济改革和户籍制度的松绑在创造由农民工组成的新工人群体过程中扮演着重要角色。与计划经济时期的国家工人相比，在市场转型期产生的农民工群体面对着完全不同的制度环境，也形成截然不同的行为模式与群体认知。然而，在农民工群体内部，他们并不是完全均质的，因为他们在劳动力来源、工作条件、劳动关系和政治主体性等方面都有所不同。不同部门的农民工有着不同的特质。本研究关注的建筑农民工除了具备农民工群体的一般特征外，也有其自身的群体特征，在此专门予以介绍。

（二）建筑农民工的形成

据统计，在 2021 年，一共有 2.92 亿农民工，其中 19%（也就是 5548 万人）集中在建筑行业。[①] 建筑农民工分散在不同的工作种类中，并在不

[①] 《2021 年农民工监测调查报告》，http://www.stats.gov.cn/tjsj/zxfb/2022 04/t20220429_1830126.htm，最后访问日期：2023 年 3 月 15 日。

同的建筑工地中来回移动。我们将利用调查报告、研究论文、统计年鉴和田野笔记等资料来描绘建筑农民工的基本状况，包括他们的社会人口学特征、进入建筑行业的动机和参与劳动力市场的渠道等。

对于建筑农民工的社会人口学特征，建筑行业是一个以男性为主导的行业。清华大学和中国社会科学院 2006 年的联合调查显示，93.8% 的建筑工人都是男性，因为建筑工作需要大量的体力劳动，对女性的吸引力相对不足（亓昕，2011）。① 与部分制造业主要由年轻的未婚女性工人构成不同，建筑工人大都是已婚的中年男性。根据清华大学和中国社会科学院的调查，建筑工人的平均年龄是 35.1 岁且 80% 已婚，表明建筑工人年龄偏大且大都需要承担家庭责任。此外，根据这一调查，建筑农民工群体的受教育程度很低，初中以下者占到 41.2%，其中小学及以下者占 27%；从地域来看，跨省流动的建筑农民工多来自河南、四川和安徽（亓昕，2011）。

学界对农业劳动力迁移有着丰富的研究，形成了诸多解释模型和理论，包括刘易斯模型、拉尼斯－费景汉模型、托达罗模型和推拉理论（刘范一，2012）。这些模型和理论都着重于农业生产部门和工业生产部门劳动力市场回报的差异，反映出进城务工是劳动者的一种理性选择行为。关于建筑农民工从农村进入城市并加入建筑行业的动机，我的田野调查提供了一些线索。大部分受访的建筑工人都表示他们进城务工并选择成为建筑工人的主要原因是经济收入。在家务农和在城市务工对建筑工人的家庭收入来说，差距是明显的。进城务工是农民的一种理性选择。孙先生是一位木工，他对我说道：

> 现在如果你只是种地的话，家庭收入是很少的。种地是很不划算的，粮价太低了。如果你可以种几百亩地，情况可能会好一些。如果只是种几亩地基本没什么用。当空闲的时候待在家里是很不划算的。为什么不出去打工来增加家里收入呢？（访谈，2016 年 5 月，T 市）

---

① 在建筑工地上也能看到女性建筑工人，但大多数情况下女性跟随她们的丈夫进入工地，作为丈夫工作的助手。或者她们集中在一些特定的工作种类中，如清洁或者粉刷等对体力要求不高的工作种类。

农民工进入建筑行业的动机是由经济计算与劳动力市场限制条件共同塑造的。一般来说，建筑行业比制造业的平均工资会高一些。较高的工资回报对这些已婚的建筑工人来说是至关重要的，因为他们有照顾家庭的责任。李先生，一个来自江西省的幕墙安装工人，他说道："在工厂工作我连自己都很难养活，更别说我的家庭。包括加班，我在工厂一个月只能赚4000块钱。但是我在建筑工地上一个月能赚到6000块钱。"（访谈，2017年6月，深圳）另外，在劳动力市场，与那些年轻的未婚农民工相比，已婚农民工的竞争优势不是特别明显，进入建筑行业成为这些工人的替代选择。对于建筑工人是如何获得工作的，多方面证据显示社会关系网络在他们的劳动力市场中扮演着重要的角色。清华大学和中国社会科学院的调查数据显示，有78%的工人是通过亲戚、老乡和他们的老板来找到工作的，15%的工人是通过朋友找到工作的（亓昕，2011）。不管工人找谁帮忙来获得工作，包工头都是工作招募的守门人。建筑农民工在城市的生活和适应高度依赖于包工头，因此包工头与建筑农民工的关系对他们在建筑行业的生存和发展是至关重要的（Chuang，2014）。

根据调查，建筑农民工的工作具有以下几个方面的特征。第一，无劳动合同的建筑工人比例较高，研究显示，大部分建筑农民工都没有与雇主签订劳动合同。[①] 田野调查也显示，建筑农民工对签订劳动合同的意识并不强烈，雇主包工头也不会主动与工人签订劳动合同或者提供任何其他形式的合约保障。第二，建筑农民工往往暴露在不安全或者不健康的工作环境中，因此，建筑行业的工伤和死亡风险较高。更糟糕的情况是，当要求工伤或者死亡赔偿的时候，工人或者工人家属总是面临很多的障碍。第三，工资拖欠是建筑农民工最为担忧的问题，也是建筑行业和谐劳动关系建设面临的最严峻挑战。不像其他行业中的农民工通常是按月拿工资，建筑农民工一般只有在年底或者当项目工程完工以后才有可能拿到所有的工资。因此，建筑工人常常在工资发放的问题上与雇主包工头、分包和总包公司产生各种形式的冲突。

总结来看，建筑农民工在许多方面都与其他行业的农民工不同，如社

---

① 根据清华大学和中国社会科学院 2006 年的联合调查，53% 被调查的建筑农民工表示没有签订劳动合同（亓昕，2011：54）。

会人口学特征、劳动力市场条件、工作环境和劳动关系。这种特殊性部分来源于建筑行业本身的特殊性。下面我们将围绕中国建筑业的历史发展、市场转型和行业运作的基本特征展开叙述。

二　中国建筑业

既有农民工群体的研究，关注的重点是制造业和服务行业中的农民工群体，而对建筑行业中的农民工群体关注不多，这在很大程度上源于建筑行业的性质：它一般较为分散并且建筑生产过程按照不同阶段次第展开，建筑农民工也是以特定工作团队的方式来组织劳动过程，团队之间的界限较为分明，工人在空间上的聚集效应并不明显。

（一）建筑业：转型与发展

在新中国建立以前，中国的建筑业规模很小，大概相当于国家财政收入的1.14%（Chao，1968）。在1949年的时候，中国建筑业大概有从业人员20万人。1952年4月，国家成立建筑工程部并将8支解放军部队改组为国有建筑企业，使得1952年从事建筑行业的劳动力增加到将近100万人。中国建筑业在中国第一个五年计划时期得到快速扩张，截至1957年底，全国国营建筑企业总数增加到649家，职工总数增加到223.7万人（傅仁章，1985：91）。然而在接下来的二十年间，建筑活动被政治运动（"大跃进"和"文化大革命"）严重干扰。[①] 截至建筑行业改革前的1980年，全民所有制建筑施工企业职工481.8万人，全社会建筑业总产值767亿元，建筑业总产值占社会总产值的比重为9%（国家统计局固定资产投资统计司，1988：3-8）。

处于社会主义计划经济时期的中国建筑业，有几个特征值得提起。第一，根据苏联模式和社会主义平等主义原则，所有的建筑工人都是国家或

---

① 例如，1962年，在国民经济实行"调整、巩固、充实、提高"方针影响下，全民所有制建筑企业中的劳动力从557万人下降到193万人。在"文化大革命"期间，建筑活动的规划和管理是混乱的。建筑企业向军队学习并且使用军事方法来管理工程项目。更有甚者，有些企业的运转不考虑成本和预算的限制而只是实行全供应的办法，因此浪费了很多资源（傅仁章，1985：93-94）。

集体企业的劳动者。换句话说，这些工人的工作安全和社会福利都得到国家的保障。即使是那些农村集体企业中的工人，国家也会提供食物并付给他们较低但稳定的收入，而且他们的工作时间较为稳定（Pun & Lu，2010）。第二，在这一时期劳动分包制度被废除，没有分包和承包之间的区别，因为两者都被整合进国家计划之中。这样带来的结果就是建筑业失去了自主权并且成为国家计划和行政命令下的机械执行者。[①]第三，在这样的情境下，建筑企业的绩效与建筑从业人员的努力没有任何关系，从业者没有任何去创新工艺或技术的动力以促进企业的生产。因此，计划经济时期的建筑行业是作为国家生产计划的一部分而发展的，并因受到各种政治运动的冲击而发展缓慢，这一状况直到城市经济体制改革才开始改变。

在市场经济转型时，中国的建筑行业也悄然发生改变。建筑行业是全国城市经济体制改革中最先转变的部门。[②] 对建筑行业的改革包括重构行政管理体制、开放建筑市场、扩大国有建筑企业自主权、建立竞争性投标体制、采取专业的建筑管理制度和提高建筑管理技能（Mayo & Liu，1995）。简而言之，建筑行业的改革致力于打破国家对建筑活动的垄断并引进市场机制来提高生产率和国民收入。

针对建筑行业的行政管理改革，国家首先尝试实施"政企分离"的原则。国家在 1982 年通过创建"中国建筑集团"来替代原先的"国家建筑工程总局"。在 1984 年 5 月，全国人民代表大会确立建筑行业改革的关键是推行投资包干和中标承包制度。分包制度再次被引入建筑行业并成为支配性的运作方式。建筑工程项目的管理也被转化为经理负责制，强调企业自主权和企业在工作现场的代表权。20 世纪末至 21 世纪初这段时期，国家建立全面的法律、法规和政策来规范建筑企业和建筑行业经营活动，为

---

① 在 1966 年，国家在建筑行业实行"经常费"政策。这一政策要求建筑企业在开始项目之前就从总成本中扣除劳动和其他管理成本。国家会依据企业的实际需求来给建筑企业拨款。通过这种方式，企业活动完全被国家控制着（杨慎，1985：316）。

② 对城市建筑行业改革的最早记录可以追溯到 1979 年。在那个时候，沈阳建筑工程局将农村改革中"家庭联产承包责任制"的经验引进到建筑行业。他们尝试将工程的不同部分分包给不同的主体，让它们负责各自的部分（金秋、华文，1989）。

建筑行业的发展提供了一个较为完善的法律和市场环境。[①]

关于雇佣制度的转变，国家对建筑工人原有的保护主义消失。在 1984 年的《国务院关于改革建筑业和基本建设管理体制若干问题的暂行规定》，规定总包和分包公司不再直接雇用建筑工人（Pun & Lu，2010），鼓励建筑企业将固定工制度转化为固定工、合同工和临时工混合制度。通过劳务分包制度，总包公司不再直接雇用任何工人；相反，他们依赖劳务包工头来招募工人。在这样的情况下，农村地区许多的建筑工人变成了改革开放初期的劳务包工头并且利用这个分包制度不断地将农村老乡带进建筑业的不同工作团队中，从而使得农民工成为建筑业的主导性劳动力构成来源。

在经历市场化改革以后，建筑业在中国迎来了快速发展时期。自 2010 年以来，建筑业增加值占国内生产总值的比例始终保持在 6.6% 以上。2019 年达到 7.16% 的近十年最高点，成为国民经济的支柱产业。[②] 同样建筑行业吸纳了大量的就业人员，全国就业人数的 5% 左右聚集在建筑行业（王军辉、李德智、吴晓飞，2020）。建筑行业已经成为我国经济发展和吸纳劳动力就业的支柱型产业。总结起来，建筑行业的转型与发展是国家市场经济转型的一部分，它强调的是国家对企业活动和劳动力流动控制的放松。更进一步，建筑行业的转型与劳动力市场中大规模建筑农民工的出现（特别是劳务分包制度对劳动力市场的影响）息息相关。

（二）劳务分包体制

建筑行业作为我国经济的支柱产业，其发展规模和发展速度都极大助力了中国经济的整体发展，也为农村剩余劳动力提供了大量的就业岗位。在建筑行业改革中，建筑企业（总包与分包公司）的主要雇员是各类不同的管理人员和技术人员，大量的一线劳动用工则主要通过劳务包工头组建

---

① 这些法律法规和政策包括：《中华人民共和国建筑法》，1997 年 11 月 1 日通过，《中华人民共和国合同法》1999 年 3 月 15 日通过，《中华人民共和国招标投标法》1999 年 8 月 30 日通过，《建设工程质量管理条例》2000 年 1 月 30 日施行，《建设工程安全生产管理条例》2003 年 11 月 24 日发布。其他的部级法规包括 2007 年施行的《工程监理企业资质管理规定》和《关于建立和完善劳务分包制度发展建筑劳务企业的意见》（建市〔2005〕131 号）。

② 《中建协发布 2019 年建筑业发展统计分析报告》，http://shenyauq.creb.com.cn/jjjclm/115396.jhtml. 最后访问日期：2023 年 10 月 30 日。

的施工团队来完成。在建筑行业中，劳务分包制度是组织劳动过程最重要的制度设施，是将不同层级主体（总包公司、分包公司、劳务包工头和建筑工人）联结起来的关键。劳务分包制度是在市场转型时期建筑行业结束固定用工制度后逐渐向多种用工形式转变过程中产生的。例如 1984 年 10 月经国务院批准，劳动人事部和城乡建设环境保护部联合发布了《国营建筑企业招用农民工合同制工人和使用农村建筑队暂行办法》，建筑业不再招收固定工人，而主要招收农民合同制工人（高亚春，2016：18）。在 1987 年，城乡建设环境保护部推广"鲁布革经验"，建筑企业对项目工程实行承包—分包制度，开始招募农村建筑团队并将之作为用工主体，对一线作业实行劳务分包的方式，分包体制开始在建筑行业试行。2001 年建设部出台了《建筑企业资质管理规定》，规定将承包企业分为施工总承包、专业承包和劳务分包企业三个层次，劳务分包体制正式得以实行（高亚春，2016：19～20）。

在劳动过程组织方面，制造业和建筑行业有着很大的区别。一般来说，制造业是以机器大生产为主要特征，大量同一规格的产品在同一时间内被生产出来，整个生产过程高度标准化（Stinchcombe，1959）；然而建筑行业是完全不同的，因为它一次只能完成一件产品，而且整个生产过程被分为不同的阶段（工人的工艺在建筑行业的劳动过程组织中扮演着关键角色），机器大生产模式也无法在建筑行业中推广使用。在这种情况下，分包制成为建筑生产组织和运行的支配模式。学者们阐述了为什么分包制能够成为建筑行业通常的劳动组织模式（Silver，1986）。首先，一个工程项目一般是即时性的，很容易受到市场变动和不确定性的影响，对于投资者和总包公司来说，将部分生产责任转嫁给其他的分包公司和包工头在经济上是非常理性的选择。通过这种方式，上一层级的分包主体能够将风险转嫁给下一级的包工头，因为上一层级分包者能够避免支付项目所有的资金，并且可利用地位优势来逼迫分包公司和包工头提前垫支。其次，一个项目的完成涉及不同的工种、工序和相应的施工团队，每一个工种有着不同的技术要求。如果让总包公司负责所有工人的招募和管理或者提供所有的原材料和设备，则对它们来说是巨大的组织成本。将多种多样的工种和相应的施工团队集中在一个管理主体下协调工作是非常复杂和困难的（需付出巨大的协调成本），这也使得分包制度成为建筑行业生产组织一个更好的选择。简而言之，分包制度是对建筑行业的复杂性和多样性以及市场不确定性的一个组织回应（Eccles，1981）。

至于劳务分包制度下具体的生产过程组织，我将通过我的调查资料来说明。中国建筑行业中分包制度的基本结构可以划分为五个层级（见图 2-2），包括开发商，总包、分包公司，包工头和建筑农民工。[①]组织和完成一个工程项目一般有如下过程。（1）开发商负责建筑工程的土地收购和工程项目设计。作为工程项目的投资者，他们通过招投标的方式将整个项目发包给一个总包公司。在建筑行业中，开发商（也就是我们所称的甲方）是整个工程项目的发包方。为了促进整个工程项目的顺畅进行和保证工程质量，开发商一般会聘请监理公司负责在工地现场把控工程质量与进度。（2）总包公司直接与开发商签订合同，并负责整个工程项目的实际运行，需要向开发商负责。总包公司一般负责工程主体建设，工程的整体项目管理和基本设施的提供与维护（水电供应）。总包公司获得开发商合同以后会将项目分成不同的部分（消防工程、防水工程、内装和外装等部分）承包给不同的分包公司，由不同的分包公司负责项目的不同部分，分包公司则负责原材料供应和招募包工头。（3）分包公司并不直接雇用建筑工人。相反，他们依赖劳务包工头来将工人招募到相应的建筑施工团队，如粉刷、安装等不同工作队伍中。分包公司一般属于专业分包，它们在建筑的某个专业领域有着长期的经验，包括木工、砌筑、抹灰、石制作、油漆、钢筋、混凝土、脚手架、模板、焊接、钣金、架线、水电暖通安装等不同的分类。（4）在建筑工地现场，包工头一般依靠带班管理人员、带班人员（工地现场工人的实际管理者），他们是包工头的亲戚或者熟悉的朋友，负责组织日常的生产和管理工人，确保工人能够高效地完成工程项目（对劳务包工头来说，工人的生产效率决定了包工头的利润率）。（5）建筑工人通过包工头或者其他与包工头熟识的中间人进入建筑施工团队，他们一般以计件或计时方式开展工作（本书着重探讨的就是建筑农民工与包工头的联结匹

---

① 在其他情况下，分包制度可能存在超过五个层级的情况。比如，在分包公司和包工头之间可能存在中间人，包工头也可能雇用带班管理人员来现场管理建筑工人。对于劳务分包制度的详细描述可参见 Pun & Lu，2010。

配过程)。

　　分包制度最明显的后果是资本和劳动者的分离 (Pun & Lu, 2010)。在工厂情境中的劳动关系,劳动和资本的关系是相对可见的。然而在建筑行业,劳动力和资本是相互分离的,因为真正的劳资关系被分包制度掩盖了。通过这个分包制度,资本在建筑工地现场是隐形的。正是在这种被掩盖的劳资关系中,欠薪成为困扰中国建筑行业的经常性问题。

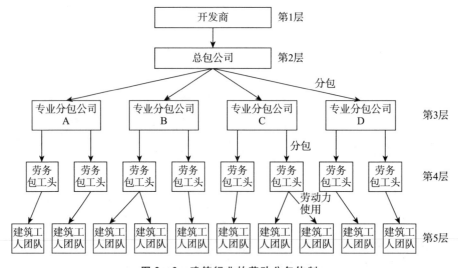

图 2 - 2　建筑行业的劳动分包体制

　　与其他行业相比,欠薪是建筑农民工面临的最严重的问题。根据可以获得的数据,2005 年建筑农民工欠薪的总额是 337 亿元 (徐义屏,2006:53)。在 2014 年,建筑农民工的欠薪比例是 1.4% (大概有 86 万建筑农民工遭遇欠薪),而制造业农民工的这一比例是 0.6% (大概是 51 万工人)[①]。国务院的相关报告也指出,建筑农民工特别容易遭遇欠薪的问题 (国务院研究室课题组,2006:182)。

　　劳务分包制度的推行掩盖了建筑行业真正的劳资关系。同样,欠薪问题的出现与建筑行业的劳务分包制度息息相关。具体来讲,除非合同中特定工期完成,否则开发商不会提前付钱给总包或分包公司。分包公司和包

[①]　《2014 全国农民工监测调查报告》,http://stats. gov. cn/sj/zxfb/202302/t20230203_1898768. html,最后访问日期:2023 年 10 月 30 日。

工头的关系也是如此。因此，包工头只有在得到分包公司的资金以后才有钱支付建筑农民工的工资。在分包制度下，分包公司和包工头会签订合同来约定彼此的权利与义务，其中最重要的条款是有关如何支付包工头工程款的规定，一般是根据工程进度来拨付。例如，分包公司会规定在完成工程进度的30%以后包工头可以获得多大比例的工程款。然而，现实情况是工程款很少按照合同来正常执行。在劳务分包制度下，低层级的主体在得到工程款前需要提前垫付资金已经成为惯例。因此，当所有的主体都被嵌入这个分包制度的时候，总包公司需为开发商垫付而包工头需要为分包公司垫付，这使得包工头没有剩余资金来支付工人的工资。结果就是，在这样的债务链条制度下（Chuang，2014），欠薪成为建筑工人不得不接受的风险。

小　结

本章的中心是介绍一个工人群体和一个产业，即建筑农民工与建筑行业。首先，本章介绍了在中国市场经济转型期，中央和地方政府的户籍制度改革为农民进城提供了制度上的保障，并对比了市场经济转型时期的农民工群体与计划经济时期的工人在来源、劳动力市场、劳动过程、劳动关系和社会保障等方面的差异。本章还特别介绍了建筑农民工在社会人口学特征、城市迁移动机和劳动力市场等方面的特征。本章也简要回顾了建筑行业的历史改革过程，如引入市场机制来改革建筑行业国有企业的固定用工模式，农村建筑工程队通过劳务分包体制而成为建筑行业的用工主体，来自农村的建筑农民工由此成为该行业主要的用工群体。通过对建筑农民工群体的形成过程和建筑行业基本特征的介绍，本章为探究建筑行业的劳动力市场形成提供了一个行业与群体背景。

由于劳务分包体制成为建筑行业招募劳务用工的主要渠道，加上分包体制中的开发商、总包公司和专业分包公司并不负责工人的直接招募，他们一般依赖劳务包工头来组织工人进入到工地现场。对建筑行业的劳务包工头来说，他们在该行业有着丰富的从业经验，大部分都是从工人做起并积累起了丰富的社会关系资源。对他们来说，人际关系网络是他们得以组织起规模大小不一的施工团队的最为重要的资源。这种人际关系网络既包括包工头出生地先天自带的关系网络（血缘地缘网络），也包括包工头进入城市以后新建立的关系网络（Becker，2012）。对于建筑农民工来说，当他们选择进入城市工作的时候，非正式关系网络就成为他们最为倚重的资源。正是因为农民工与建筑行业从业人员具有某种特定关系，人际关系网络才成为他们进入建筑行业的动力源泉。

由于中国建筑业劳动力市场的非正式特征，雇主包工头和建筑农民工的交易匹配高度依赖非正式关系的运作。当我决定探究建筑行业劳动力市场的形成过程与运作机制时，非正式关系的类型、性质和特征成为基础性因素。在接下来的章节，我将依次呈现不同关系纽带与不同交易方式匹配而成的不同交易类型，并探究每一种交易类型形成的结构性条件、交易互动特征、交易维系机制和相应交易类型的经济政治后果。正是不同交易类型凝结成了中国建筑行业特定的市场结构与市场秩序。

第三章　内部劳动力市场中的互惠型交易

　　本章呈现的是构成建筑业劳动力市场的第一种交易类型——嵌入－互惠型交易。在嵌入－互惠型交易的形成过程中，雇主包工头和建筑农民工共同嵌入以包工头为核心的小群体关系网络，与雇主共享"强关系"纽带的建筑农民工在包工头动员下加入他的施工团队，并最终与雇主包工头形成一种本书所概括的嵌入－互惠型交易。该交易的核心特征是建筑农民工与包工头之间形成一种默契式互助的关系形态，也就是工人在不知道雇主是否会对等回馈的情况下主动为雇主包工头提供劳务服务，双方共享的"强关系"网络为这样一种互惠型交易的发生奠定了结构基础。由于雇主包工头对工人的招募和工人的求职行为都发生在交易双方共享的"强关系"网络内，包工头和建筑农民工匹配联结而构成的互惠型交易形成了一种内部劳动力市场结构。这种内部劳动力市场有着清晰的边界，建筑农民工的流动与替换只来源于特定的关系网络，外人一般难以进入到此类内部劳动力市场中，而且该内部劳动力市场的交易遵循着特有的运作逻辑，很大程度上被包工头和建筑农民工的"强关系"纽带塑造，实现了互惠型交易逻辑与内部劳动力市场的同构。

　　在接下来的安排中，我们将首先介绍影响雇主招募策略的市场条件，并概括嵌入－互惠型交易所依赖的关系网络结构的形成及其基本特征。然后介绍嵌入－互惠型交易中交易双方的互动特征和维系该交易类型的核心机制。在此基础上将阐述这一交易类型对雇主和建筑农民工在劳动过程中互动的影响。最后是本章的小结。

一　市场条件与雇主招募

正如前文所述，非正式关系是包工头和建筑农民工在劳动力市场中最为倚重的资源，但是社会关系网络资源对每一个包工头和建筑农民工来说并不是均等化的，非正式关系在建筑业劳动力市场中的作用是有差异的。那么在具体阐述嵌入－互惠型交易的内容前，有必要就非正式关系影响包工头和建筑农民工发生交易匹配的市场条件做一下介绍，因为不同的市场条件对何种类型非正式关系将发挥何种作用起着限定作用。

（一）　非正式关系作用的市场条件

作为劳务分包体制的核心角色，包工头与建筑农民工发生联系的方式、性质和特征主要取决于三个因素：建筑工程任务的特殊性、包工头的个体特征和包工头自我中心网络的构成状况。第一个决定使用何种类型的非正式关系网络招募建筑工人的市场条件是建筑工程任务的特殊性。建筑工程任务的特殊性指的是包工头承揽的项目对建筑工人的技能要求。建筑工程项目往往名目繁多，由多个流程和多个工作类别组成。在建筑行业，建筑农民工一般可以划分为技术工人和非技术工人，两者在技术水平、工资待遇和在施工团队中的地位都有较大的差异。技术工人（在工地一般被称作"大工"）主要指的是概念和执行较为统一的工人（Braverman，1974），也就是，技术工人能够明白与理解工艺流程和原理（在工地现场最为直接的体现就是技术工人能够理解设计图纸）并且具备实际操作的能力。非技术工人在建筑工地现场又被称作为"力工"或者"小工"，主要从事体力劳动。在工作现场，非技术工人除了要受包工头或现场带班管理人员的支配外，一般还需要配合技术工人完成相应的工作任务（细分来看，非技术工人处于整个劳务分包体制中的最低位置）。承揽项目的技术要求决定了包工头在组建施工团队时技术工人与非技术工人的比例，从而间接影响了不同类型的非正式关系能够发挥作用的空间。

当包工头承揽的工程项目有着较高的技术门槛时，这也就意味着包工头在组织施工团队时必须以技术工人为主；而对于技术要求不高的一些项目，则主要使用非技术工人。例如，负责工程主体建设部分的木工施工团队基本都是由技术工人组成，而建筑外墙安装团队则主要是由非技术工人组成。正如在后文中将要提到的，当施工团队主要是由技术工人组成时，包工头只能求助于特定的关系网络并且技术限制了包工头自我关系网络中的其他行动者进入施工团队。因此，工程项目的技术约束对包工头利用何种类型的非正式关系有着重要影响。

第二个决定使用何种类型的非正式关系网络招募建筑工人的市场条件是包工头的个体特征差异。在建筑行业，包工头群体内部往往因进入市场的年限、资金能力、管理经验和技术水平而有所不同。包工头的个体特征指的是招募建筑工人时，包工头的资金能力是否充裕、是否有丰富的工人管理经验和是否技术工人出身等特征，决定着何种类型的非正式关系更容易被用来构成劳动力市场的交易匹配。当包工头进入市场年限较短、资金能力不足，非技术工人出身、工人管理经验匮乏时，这时候包工头往往更倾向于使用自身固有的紧密关系网络，也就是，包括亲属、亲密朋友和老乡的关系纽带。反之，当包工头具备较强资金实力，工人管理经验丰富、是技术工人出身时，他们往往会更多地使用在城市工作中培养出来的后天关系纽带。因此，包工头的个体特征差异同样能够塑造非正式关系在建筑行业劳动力市场中发挥作用的方式。

第三个决定使用何种类型的非正式关系网络招募建筑工人的市场条件是包工头自我中心网络的构成状况。它指的是当包工头获得项目合同并计划招募工人时，以他为中心的社会关系网络的成员情况，与他共享"强关系"纽带成员的婚姻家庭状况、工作状况和离乡意愿等。也就是说，当包工头尝试招募其关系网络中的"强关系"纽带成员时，如果成员有更好的工作机会、需要照顾家庭或者离乡意愿不强烈，包工头就只能转向外部劳动力市场来招募工人，进而构成不同种类的交易类型。

对建筑业劳动力市场来说，作为雇主的包工头与建筑农民工以何种方式联结、形成的关系类型及其性质以及围绕双方关系联结产生的协商和冲突受到以上三个因素的影响。可以发现，对建筑业劳动力市场的形成来说，包工头居于核心地位，包工头面临的市场条件决定了他采取的农民工招募策略，也决定了何种类型的关系纽带会被动员起来以联结包工头和建筑农民工，并与不同的交易方式匹配形成特定的交易类型，从而构成相应的劳动力市场结构。下文我们将首先介绍一个隶属于嵌入－互惠型交易类型的典型案例，并阐述包工头和建筑农民工的关系联结过程。

（二） 一个典型案例的呈现

2016 年 4 月到 7 月我在 T 市海区的一个建筑工地遇到来自湖北的老张的施工团队，该团队主要负责建筑工程外围景观的装饰（地砖安装和外围景观布置）。老张是一个 40 多岁的包工头和带班管理人员，他已经从事建筑行业超过 20 年。他以前是在混凝土的工作团队中工作，后来积累经验并经人介绍后成为负责景观装饰的包工头。他的施工团队大概有 20 个建筑工人。施工团队中的建筑工人都来自湖北的一个县，这里也是老张出生的地方。有些工人是老张的亲属（哥哥、叔叔、侄子和妹妹），一些是小时候和他同村的玩伴，还有一些是来自老张周边村庄的老乡。简单来说，老张和团队中的每个工人都很熟，团队中的每个成员彼此都共享着"强关系"纽带。

老张在 20 世纪 80 年代离开他的村庄，那个时候他 18 岁。他在当地县城建筑公司的混凝土施工团队中找到一份当学徒的工作。1992 年，他的师傅在决定离开建筑行业时，把一个小的工程项目介绍给了老张来负责。老张抓住这个机会开始了自己的事业，并把原来他师傅招来的工人留下来一起做工。在 2002 年以前，他的事业都局限在当地县城。2002 年，有一个当包工头的朋友介绍他去北京做事情，老张和一些朋友去了北京并从一个总包公司那里得到一个小项目的合同。[①] 在和那家公司合作过几次后，这家公司非常欣赏老张的团队并且给了他一个更大项目的合同。正是在这个阶段，老张开始扩张他的建筑团队，因为以前只是几个熟知的朋友。作为包工头，老张直接把他的亲戚和老乡都招募到他的团队中来。从那个时候开始，他就有了一支稳定且和他个人关系特别熟络的建筑施工团队。2005年，他得到一个机会后就将他的业务转移到景观装饰，在老张看来这个业务比混凝土更加安全和赚钱。

---

① 在大多数时候，总包公司负责建筑工程项目的主体部分建设，因此，老张能够直接从总包公司获得合同。

　　当然，有些时候，老张也会得到比较大的项目的合同。这个时候他会将合同中的部分分包给别的施工团队，而他本身并不参与其他施工团队的日常运作与管理。在绝大多数时候，老张都依靠那 20 个左右熟悉的工人来完成工程任务。他不无自豪地说：“这些工人就是我的先锋军，我从来不担心他们对我的忠心。当我有任务的时候，我总会第一时间想到他们。”（访谈，2016 年 5 月，T 市）在他的景观装饰团队内部，有 1/3 左右的工人是技术工人，剩下的都是非技术工人。他们可以按照计件或者计时的方式来工作并获得报酬（对老张来说有着不同的管理压力，但管理背后奉行的原则是类似的）。在工作的时候，工人被分成不同的小组，一般由一个技术工人带着两三个非技术工人一起，不同的小组负责不同的工作区域和相应的工作任务。老张会将他们分派到指定的工作区域，然后给这个技术工人充分的自主权，可由其来决定如何完成特定的工作任务。景观装饰是一个有着特定技术要求的工作，因为它涉及测量、抛光和地板的准确安装等技术流程。技术工人一般被视为整个劳动过程的组织者，而非技术工人则在技术工人的指挥下开展工作，紧密配合技术工人的工作。老张并不会花很多的时间来监管工人每天的工作进度，但他会关注工作完成的质量。老张建筑工作团队的核心成员保持稳定，他们在团队中差不多有 10 年的时间。

　　老张的施工团队更像是一个大家庭，他也将工人当作他的家庭成员来对待，工人们也将老张看作“大家长”，团队的运作很大程度上受到关系伦理的影响。他主要负责获得工程项目合同，招募工人，为工人提供在城市的食宿以及当工人有困难时提供帮助。在这种团队中，包工头既是工人的雇主，也是工人在城市的照顾者。

（三）　招募过程：求助者与施助者

　　从老张施工团队的形成过程来看，老张扮演着积极的核心角色。当他作为包工头刚刚承接工程项目时，他的资金实力有限，只能求助于他的自我中心网络中那些与他共享“强关系”纽带的成员，这个时候包工头扮演着一种求助者的角色，而建筑农民工则扮演着施助者的角色。因此，包工头的招募过程类似于中国人日常生活中在熟人之间相互帮忙的场景。

　　为什么老张会招募那些和他共享“强关系”纽带的建筑工人呢？正如

有关市场条件与雇用招募策略所叙述的一样，很大程度上，像包工头老张这样依赖亲属、亲戚、朋友和老乡等紧密关系来建立施工团队的，往往能够顺畅管理过程、节约生产成本并帮助自己扩展事业。因为当一个包工头第一次得到机会来承包工程项目时，他可能没有足够的人力和经济资本在公开劳动力市场上招募到足够多的工人。相反，包工头转而会寻找那些他熟悉的亲戚朋友和老乡来帮助他完成工程任务。这个时候包工头那些潜藏的紧密关系网络资源处于休眠状态。当包工头发出动员行为（求助行为）的时候，这些处于休眠状态的关系资源就会被激活，并被动员起来用于包工头的施工团队成员招募。老张在描述招募那些与他有着紧密关系的成员来组建建筑施工团队时说道：

> 那个时候你自己也不认识什么人，一下子到哪里去找那么多人，人家公司给的包工的机会得抓住，要不然就错过了。那个时候你也就只能找家里边的亲戚朋友帮忙，还有一些以前一起出来打工时认识的人，都是靠这样子才把项目做出来的。后来越做越好，公司也就会越来越信任你，就会把更多的项目给你做。我就是他们（亲戚、朋友、老乡）抬起来的。（访谈，2016年5月，T市）

同样，当处于包工头关系网络中的成员接收到包工头要求他们加入施工团队的求助信号时，他们必须要做出是否给予帮助的回应。对那些正好有外出务工需要的成员来说，欣然答应包工头的求助行为既能帮助包工头完成工程项目也能满足自身经济利益需求。而对那些一开始并没有进城务工需求的成员来说，他们很大程度上与包工头有着"强关系"纽带而使自己承受着不得不提供帮助的情感与道德压力，从而做出符合包工头期待的施助行为。黄金荣，一个来自江西的幕墙安装技术人员，告诉我，他曾经加入过他叔叔的施工团队。他讲到为什么会进入该团队时说道：

> 当年我家里叔叔拿到一个项目，让我去给他帮忙的时候，我就答应去了。那个时候在家里也没有什么事情做，而且都是一大家子，他让我们去肯定是有需要，作为家里人总不能不帮忙，要不然也说不过

去。（访谈，2017 年 7 月，Z 市）

因此，对这些建筑农民工来说，绝大部分加入包工头的施工团队并非仅仅出于经济利益的考虑，而是在双方"强关系"纽带约束下经济利益与情感道德共同塑造的结果。通过这样一种救助 - 施助的招募过程，包工头和建筑农民工得以联结起来并形成某种特定的关系网络结构，这种关系网络结构为交易双方的匹配以及互惠型交易的形成和运转奠定了一定的基础。

二　差序格局的市场再生

虽然上一节简述了包工头通过求助 - 施助的招募过程来形成包工头和建筑农民工的联结，但是并未呈现当包工头将与他共享"强关系"纽带的成员招募到施工团队时，他们整体上呈现何种类型的关系网络结构。本节主要介绍当包工头通过"强关系"纽带招募与他熟悉的农民工进入施工团队后，包工头与建筑农民工在劳动力市场中呈现的关系网络结构。例如，在老张的案例中，其施工团队中的个体成员（无论是包工头还是建筑工人）都是紧密联系在一起且彼此之间都非常熟悉的。下文将对这一关系网络结构的形成、维持及其基本特征做一般性介绍。

（一）　劳动力市场中差序格局的复制

苏之慧在她有关中国建筑行业雇佣模式的专著中探究了建筑工人的劳动力市场并揭示了工人在不同雇佣模式下工作条件、工资支付和城市融入方面的差异性。其中，在她提出的嵌入式雇佣关系（embedded employment）模式中，社会关系网络在组织工人劳动力市场和塑造工人劳动关系方面扮演了重要角色（Swider，2015）。然而，她并没有将主要注意力放在包工头与工人关系联结的层面以及这种关系联结如何影响工人在劳动力市场的状态，也并没有呈现包工头和建筑农民工不同联结模式所构成的关系网络结构形态及其对包工头和工人交易匹配方式的影响。在中国劳动力市场研究中，求职者往往依赖"强关系"纽带，因为"强关系"能够带来与获取工作相关的重要信息和影响力（Bian，1997）。然而正如其他学者所指出的，这样的发现是建立在求职者经验数据的基础上的，可能会模糊或者误导真正影响雇佣关系的因素（Guthrie，2002），雇主的视角很少被纳入对劳动力市场的研究。因此，在对建筑业劳动力市场的研究中，很有必要将工人和雇主对关系的认知考虑在内。

吴先生是一个负责钢筋安装的包工头，他在1998年离开四川的农村老家并最终在他哥哥的帮助下进入建筑行业的钢筋安装团队。后来，他逐渐成长为一名钢筋安装的包工头并且在这一领域有超过20年的从业经验。[①] 当我在G省S市碰到吴先生的带班管理人员吕先生（40多岁来自四川）的时候，他告诉了我吴先生创立建筑施工团队时的过程：

> 当老吴第一次当老板的时候（做包工头），他身边大概有20个左右的工人。大部分工人都是老吴在S市和G市的S省老乡。老吴从他的农村老家招募了一些，而其他一些是他当老板以前跟他一起做过事又玩得比较好的老乡。在老乡的帮助下，吴老板的生意才越做越大。（访谈，2017年7月，S市）

更进一步的，当一个包工头开始他事业的时候，他没有什么经验来组织和协调工地现场的工作过程以确保利润的获取。在缺乏管理经验的情况下，招募工人时必须要考虑的条件就是要保证工人的忠诚。包工头和工人之间必须彼此信任。吕先生反复提到老乡才是最可靠的。因此，包工头总是招募那些和他有着"强关系"纽带的人，宗亲关系、朋友关系和老乡关系成为建筑工作团队中的主导性关系纽带。[②]

对这些初创事业的包工头来说，他们倾向于直接招募他的亲属、亲戚、朋友和老乡来团队为他们工作。在这种情况下，包工头与每一个工人都保持着"强关系"纽带，并且包工头处于被招募工人的中心位置。当然，被招募进来的建筑农民工之间一开始并不是都非常熟悉的。举例来

---

① 当我2017年夏天碰到吕先生的时候，吴先生已经不是一个小包工头而是一个有着超过100个工人的施工团队并且同时承包了好几个建筑工程项目的大包工头。

② 这并不意味着所有包工头在开始他们事业的时候都总是招募那些和他有着"强关系"纽带的工人。在前述市场条件约束下，有些初创事业的包工头也会去外部劳动力市场招募工人并成功维持着团队的运转。

说，在老张的团队中，进入施工团队前，老张妻子的外甥从来就没有机会和老张小时候的玩伴接触并熟悉起来。然而，依据这样一个命题："如果 A 和 B 分别与 C 有着"强关系"纽带，那么有很大可能性 A 和 B 也会变得熟悉起来。"（Granovetter，1973）在这样的施工团队中，工人彼此之间很容易培养出亲密和熟悉的关系，因为包工头和每一个工人都是熟悉的。每个建筑农民工都来自包工头的核心关系网络，因此建筑农民工的自我中心网络都部分地与包工头的关系网络重合，从而决定了关系网络中的每一个人都相对容易培养出相互熟悉的关系，"强关系"由此成为该施工团队的支配性关系纽带。

虽然"强关系"是施工团队的支配性纽带，但是包工头与每一个建筑农民工关系的亲密程度和情感强度并不是一致的。田野调查发现，按照亲疏远近程度划分，包工头和建筑农民工的关系可以大致分为两个层次。以包工头为中心，处于关系第一层（靠近包工头的内层）的主要是血缘关系和包工头的亲密朋友（往往发展出虚拟亲属关系），主要是包工头的血缘亲属和亲密伙伴；处于关系网络第二层（外层）的是包工头的老乡关系，主要是包工头同村、同乡镇的关系且双方不具有任何血缘关系。因此，以包工头为核心的关系网络结构是一个两层关系结构，由中心向外，关系亲密程度虽然逐渐降低，但整个关系网络仍具有较高程度的信任（见图 3-1）。

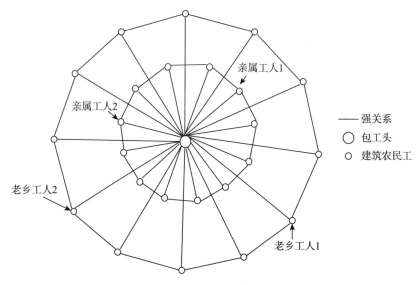

图 3-1　蛛网式关系网络结构

图 3 - 1 勾勒了这一两层关系网络结构的基本模式,本书称之为蛛网式关系网络结构。我们可以发现一种类似于"差序格局"的模式在建筑行业劳动力市场中的复制。费孝通在《乡土中国》中提出了差序格局概念,并用之来描述中国乡村社会人际关系的基本结构,以与西方的团体格局相对应。他在书中写道:

> 我们的格局不是一捆一捆扎清楚的柴,而是好像把一块石头丢在水面上所发生的一圈圈推出去的波纹。每个人都是他社会影响所推出去的圈子的中心。被圈子的波纹所推及的就发生联系。每个人在某一时间某一地点所动用的圈子是不一定相同的。(费孝通,2019:41~42)

在建筑业劳动力市场的这个"类差序格局"中,包工头处于核心地位,第一圈主要是亲属关系(如老张的侄子、妻子和外甥等关系人员),第二圈主要是地缘关系(如老张同村或者同乡镇的关系人员)。包工头以"己"为中心,将传统乡村社会中的基本关系格局复制到城市建筑业劳动力市场,这是传统乡村社会结构与包工头面临的市场条件彼此互动的结果与产物。这种差序格局模式的复制进一步形塑了包工头和建筑农民工在劳动力市场中的互动与交易匹配过程。

当然,我们可以看到这个建筑业劳动力市场中差序格局的复制并不完全是费孝通笔下的差序格局,它是一种在特定边界内的关系网络结构,并不是一个可以无限延伸的关系网络结构。它是一种限定在自我"强关系"纽带边界之内的差序格局的复制。这种在"强关系"边界内的复制主要是由于包工头抵御市场风险的能力较弱,更需要与潜在交易对象有着良好的信任关系,如此才能够保证建筑农民工在进入劳动过程以后保持积极的工作态度和对包工头忠诚,从而包工头可以获取项目利润和进一步扩展事业版图。在这样的情境下,包工头只能将招募限制在与其共享"强关系"纽带的成员身上,进而塑造了这样一种差序格局在市场环境中的复制与再生。

(二) 关系网络结构的基本特征

对差序格局的一般性特征,既有文献的讨论已经非常丰富(阎云翔,

2006；马戎，2007；翟学伟，2009）。在这里我们将结合建筑行业劳动力市场的一般情况来叙述蛛网式关系网络结构的特征。可以从以下三个维度来概括此类关系网络结构的特征：包工头与建筑农民工的关系、建筑农民工内部的关系和网络结构的整体特征。

第一，蛛网式关系网络结构是一种权威等级制结构，是以雇主为权威和核心的支配与服从关系。包工头占据网络结构的中心并被每一个建筑农民工围绕。建筑农民工直接服从于包工头的权威指令，包工头负责建筑农民工生产活动的协调以及建筑农民工冲突的调节与仲裁。[①] 建筑农民工顺从很大程度上是因为包工头是建筑农民工获取工作、日常补贴发放和工资发放的决定者，决定着建筑农民工经济利益的获取。正如阎云翔在其文中所述，差序格局不仅仅具有亲疏远近的横向且弹性的以自我为中心的"差"的特征，也具有纵向的刚性的等级化的"序"的特征（阎云翔，2006）。包工头和建筑农民工虽然嵌入在蛛网式这一"类差序格局"的关系网络结构中且被"强关系"纽带所塑造，但此类关系网络结构的塑造本身是以完成劳动力交易匹配为目标的，双方构成一种事实上的劳动雇佣关系，而从属性正是劳动雇佣关系的本质特征（常凯、郑小静，2019）。对处于蛛网式关系网络结构中的包工头和建筑农民工来说，他们之间除了有亲疏远近的关系，也存在着雇主－受雇者这样一种支配与被支配的权威等级关系。由此，我们看到传统关系纽带与市场关系在"类关系网络结构"中的混合，并将对交易双方的匹配产生不同于纯粹市场交易的影响。

第二，除了那些在进入建筑施工团队前就已经彼此熟悉的农民工（进入劳动力市场前通过某种"强关系"纽带联结起来，彼此之间有亲属或朋友关系），关系网络结构中不熟悉的成员在团队工作过程或者共同生活空间中很容易发展出紧密的关系。这有两方面的原因：一方面，他们中的每一个人都与包工头有着紧密的关系，在包工头日常中介与润滑作用下，他们很容易发展出熟悉的关系；另一方面，他们讲同一种方言，所属的地方

[①] 在蛛网式关系网络结构中，建筑农民工对包工头的服从并不是绝对的。相反，它因包工头和建筑农民工之间的宗亲、朋友和老乡关系而有所分化。按照传统人情运转法则，包工头不应该将其团队中的亲人当作陌生人或从一般市场中雇用的工人（下文将对此进行专门阐述）。

风俗文化相同和对食物有共同的偏好，这为熟悉关系发展提供了文化性条件。由于在蛛网式关系网络结构中仍然混杂着技术工人与非技术工人的地位差异，相比于非技术工人，技术工人在团队中往往有着更多的权利和自主权，但是他们在施工团队中不平等的位置差异被淹没在他们的"强关系"纽带之中。因此，技术工人与非技术工人的区分在关系网络中并不显著。与此同时，虽然关系网络中的农民工按照亲疏远近能够划分为两个层级，但是包工头在维系施工团队运作时，并不能有意地将两层关系网络中的成员做出区分，尤其是在后期工作任务分配中更不能厚此薄彼，而是应尽量做到一视同仁，不然关系网络结构可能面临解体的风险。

第三，正如在图3-1中看到的，蛛网式关系网络结构是一种封闭型网络，关系网络有着分明的内外之别。一般说来，那些和包工头或者工人没有任何"强关系"的外人是很难获得机会进入到施工团队中的。任何计划进入施工团队的成员都必须与包工头有某种重叠的网络。① 蛛网式关系网络结构严格按着"强关系"纽带的边界来运作。比如，在老张的案例中，他不会将他的亲密团队打散；相反，他会将其大项目中的一部分分包给另外一个小团队，而他只需要和小团队领导打交道即可。② 通过这种方式，网络结构的封闭性得以维持。当我们强调此类关系网络结构的封闭性特征时，它并不代表关系网络中的成员是完全不发生变化的，建筑农民工能够根据自身情况和市场条件的变化而变化。例如，个别农民工需要照顾家庭成员，他就可能离开施工团队。又或者根据工程任务需要，包工头也可能招募新的"强关系"成员加入关系网络。费孝通笔下的差序格局，是一个自由伸缩、弹性充分的自我关系网络结构；但是在建筑行业特定市场条件的约束下，这种在劳动力市场形成的"类差序格局"的自由伸缩性会受到

---

① 在一些案例中，如果团队工人和包工头有着非常紧密的关系（如亲兄弟），这个工人的背书推荐能够帮助其他人进入施工团队。然而，对那些通过这种方式进入施工团队的农民工来说，他们往往也来自包工头的关系圈子（比如老乡），而且包工头在其他场景中一般已经知道他的基本情况。

② 一般来说，这些工人来自和老张家乡不同的地域。当他将部分项目分包出去时，他虽没有必要自己管理和监督那些工人，但是他需要负责监管那个团队的领导（团队小包工头）以督促工程进度和保证工程任务的质量，因为老张需要向上级分包公司或者总包公司负责。

"强关系"纽带的限制。①

概括起来，蛛网式关系网络结构的基本特征是"强关系"成为联结包工头和农民工以及农民工成员内部的支配性关系纽带，创造出一种高度信任的网络。包工头和农民工的交易匹配、交易特征、劳动过程中工人的工作态度和包工头如何管理工人很大程度上都会受到这种关系网络结构以及"强关系"纽带背后的文化内容所影响（Chan，2009）。

特定市场条件下包工头和建筑农民工的联结匹配过程以及在这一过程中形成的以"强关系"为支配纽带的蛛网式关系网络结构，为接下来阐述双方交易过程中的互动特征以及维系相应交易方式的运转机制奠定了关系网络基础。下一节我们将介绍包工头和建筑农民工在交易过程中体现的互动特征。

三 交易特征：默契式互助

在导论部分我们区分了互惠型交易和协商型交易。与协商型交易强调交易双方沟通协商和针对交易条款的讨价还价过程相比，互惠型交易的核心特征在于义务在时间回馈上的非对称性（受助者回报的延时性），一般是由交易一方率先提供帮助或服务并期待另一方在未来以恰当的方式予以回馈。因此，互惠型交易排斥协商型交易中的讨价还价、锱铢必较和斤斤计较等行为特征。对以"强关系"纽带为主要联结的蛛网式关系网络结构来说，包工头和建筑农民工的交易匹配呈现一种互惠型交易的方式，而交易双方互惠型交易的核心特征可以概括为默契式互助。

在嵌入－互惠型交易中，雇主和工人共同嵌入的关系网络（"强关系"为支配纽带）约束了交易双方讨价还价的过程并驱使双方在交易过程中做出有益于双方的努力与投入水平，本书将该交易类型的关键互动特征概括为默契式互助。默契式互助指的是在交易过程中，交易双方并不会就利益得失做公开的协商与讨价还价，而是倾向于做出满足对方期待的回报行为，

---

① 当然，关系网络结构整体上也可能会发生转化。例如，随着包工头面对的市场条件发生变化，包工头的招募策略也可能发生变化，包工头和建筑农民工也将构成一个新的关系网络结构。关于不同关系网络结构之间的转化过程，我们将在结论部分做出讨论。

主要表现在无讨价还价的工资定价、超额劳动投入和工资结算的延时。

首先，需要表明的是，无论处于何种交易类型中的建筑农民工，他们都明确表达出进城打工的首要目的在于赚钱。但是，当包工头动员亲密关系成员为其工作时，双方并不会对工资定价进行反复的讨价还价，反而是由包工头直接口头报出接近市场一般定价水平的工资，而工人一般也会直接在此工资水平下与包工头形成雇佣关系。无讨价还价的工资定价过程得到了双方的确认，有助于交易双方迅速形成雇佣关系和促进双方共同利益的联结。受限于亲密关系纽带，包工头提供的工资一般不会低于市场定价，因为在市场一般工资水平信息对工人公开的情况下（工人进入城市打工后很容易获得这一信息），亏待亲密关系成员不仅有违情感道义，也不利于包工头的利润获取。同样，工人对包工头提供的价格通常也是直接接受，这是因为：一方面，关系纽带中的面子观约束了工人的讨价还价行为；另一方面，工人对自身利益获得恰当的回馈抱有信心，认为包工头并不会亏待自己。

前文典型案例中的老张在招募亲属老乡时并未提及具体的工资数目、结算方式和支付时间，只是强调不会亏待他们，因为他认为只要工人能够为他创造利润，那么他就一定会保证工人的利益。实质上，在嵌入－互惠型交易的工资议定中讨价还价的缺席恰恰是由双方关系的性质和关系纽带背后的文化内容所导致的。在这样的关系之中直接谈论金钱是令人尴尬的，且不符合双方对彼此关系的共同定义与期待。因此，被亲情、友情和乡情所约束的包工头和工人对彼此关系的认知与珍视约束了金钱利益的直白展示与斤斤计较，关系网络中高度的信任、强烈的情感和积极的义务使得赤裸裸的金钱谈判和议价成为一种禁忌，也就限制了这一议价过程出现在内部劳动力市场供需双方的匹配过程。在与老张施工团队的成员进行交谈过程中，能够发现其成员在进入老张施工团队时，双方并未就工资问题展开任何的讨价还价，其中一个成员说道：

> 当时老张喊我去给他干活的时候，大概知道干什么事情以后，老张只是说工程搞完了以后工资再发，只是说不会亏待我。我也就没有去细问，大家都是乡里乡亲的，他也不会做的特别过分。如果我要斤

斤计较的话，多丢面子呢，不合适。(访谈，2016年5月，T市)

在这个建筑农民工看来，在包工头和农民工的这种关系中对金钱讨价还价是一件有损面子的事情。也就是说，对双方的关系来说，对金钱的直白讨论是一件有损害的事情，不符合关系双方共同的互动期待，最终会损害双方关系的发展。对包工头来说，他也面临相同的伦理情境，就如老张多次提及的，在这么亲密的关系(原话是"都是乡里乡亲的")中谈钱不符合双方对彼此关系的认知，也不利于包工头后续的劳动过程管理。因此，正常情况下，围绕工资的讨价还价是包工头和农民工共同有意去避免的事情。

司马文是一位水泥工人，他谈到曾经为包工头兄长工作时的情形："反正自家兄弟不会算得那么清楚，有时候自己多做半个工，也不会特意记下来。有时候比较难做的事情，叫我去的话，肯定第一时间帮他做。"(访谈，2022年3月，W市)正如司马文提到的，工人们往往不会将工资水平和劳动投入完全等同起来，而是主动或被动地进入到超额劳动的投入中。对包工头来说，当雇用亲密关系成员时，他预期工人在劳动过程中会尽最大可能帮助自己(不会完全按照市场价格来计算自己的劳动投入量是否公平)。同样，对工人来说，当他们为包工头工作时，同样预期自己在合理范围内会尽力地增加包工头的利益并且期待包工头会在恰当的时刻回馈他们的付出。因此，在双方的共同期待下，工人合理范围内的超额投入也就内化于双方交易关系的匹配和日常的劳动过程中了。

交易关系中默契式互助的互动模式还体现在包工头和工人在工资结算时可能出现的延时互惠。在建筑行业，除了工人的日常开销外，工人工资一般是在年底或者工程完成后结算。在工资结算时，有两种情形能够体现包工头与工人之间的延时互惠关系。一是当利润可观时，包工头可能支付超过工人工资水平的价格，回馈工人前期超额付出的同时为连续的互惠型交易奠定信用基础。[1] 二是当包工头因资金周转而无法及时结清工人工资

---

[1] 包工头不会对所有工人都做出这一超额支付行为，而是视工人的努力水平、与其的关系距离和利润水平而有所选择。这样的行为通常是包工头的私下行为，不能对所有工人公开。当然，部分包工头即使是在利润可观情况下也可能不会做出任何超额支付的行为。

时，一次欠薪的发生也并不会影响到双方关系的维续和雇佣关系的延续，工人能够容忍一定期限的延期支付。幕墙工人姚天宝就曾经遭遇其作为包工头的侄子的工资延期支付情况，因为首次承担项目且需要垫付相应比例的资金，在年终时他侄子仍然无法支付工人全部工资。毫不意外的是，作为亲戚或朋友的工人表示了理解并在拿到路费后回到家里，并未给包工头惹任何麻烦。工人对关系的认知与期待使得他们相信工资可以拖欠，但不会缺席。

默契式互助彰显了当包工头和工人嵌入在亲密关系网络时交易双方的互惠特征。当然，这样一种互惠性是不平等的（包工头处于更加有利的地位，他们也从这种互惠型交易中获取了更多的经济利益）。但是对嵌入－互惠型交易来说，双方更为关切的是长期连续性交易的实现，期待在连续性交易中实现双方利益（经济利益获得与持续稳固的双方信任关系）。当这样一种共同期待与利益反馈被破坏时，长期交易就难以实现，嵌入－互惠型交易模式也就面临瓦解的风险。

与交易双方互动过程中的默契式互助特征相联系的另一个特征是包工头和建筑农民工实现交易匹配关系过程的去市场化。在协商型交易中交易双方接近一种纯粹的市场关系，也就是说，交易双方的关系是一种竞争对抗的状态，一方利益的获取是以另一方的损失为代价的。但是在嵌入－互惠型交易中，包工头与农民工匹配形成的是一种去市场化的关系状态。换句话说，包工头在很大程度上并没有将农民工作为市场意义上的受雇员工来对待，而农民工也并没有将包工头作为自身的雇主（纯粹劳动力购买者）来看待。交易双方是一种合作关系。我在T市建筑工地现场与油漆工邵兵的对话一定程度上能够反映嵌入－互惠型交易中双方匹配关系的去市场化性质。

　　我：你跟包工头是什么关系？怎么到他团队里来的？

　　邵：我跟他是一个村的，从小就在一起玩，我们这三五个都是这样的关系。

　　我：我看你在这里工作，包工头也没来管你，没来监督你工作呢？

　　邵：有什么好管的，每天干什么事情干多少事情心里都有数，毕竟是给老乡干活，你不可能干不出活来（每天要做到相应的工作量）。

我：反正他也不在，你少干一点应该也没关系吧？

邵：那肯定不能这样干，都是老乡，人家到外面来承包工地（工程），我们这些作为老乡的，不应该给人家使绊子，相反，应该把他抬起来，让他越做越好。

我：那你们这些工人和包工头有没有发生过什么冲突呢？

邵：你只要好好干活，没什么大的冲突。有一些小的矛盾的话，很快也就过去了，也不是什么很大的事情。（访谈，2016 年 5 月，T 市）

从和邵兵的对话中，可以看出建筑农民工从来没有将包工头放在自己的对立面。相反，农民工认为他们进入劳动力市场是为了给包工头提供帮助（保证工程项目的顺利完成）的同时获取经济收益。与此同时，当建筑农民工在城市务工中遭遇困难的时候，包工头也应该力所能及地为他们提供帮助。一般来说，在市场环境中，交易双方只需要关心交易内容的商定以及交易合约的正常履行，而无须关注交易对象其他与交易内容无关的需求。但是在嵌入－互惠型交易中，交易双方的关系不仅仅局限在劳动力的供给、购买和服务提供上，还延伸到日常生活，工作和生活领域，这并不是两种分立的领域和逻辑，而是内在地联系在一起的。对此，老张谈道：

把他们招到我这里来打工，就得为他们负责，要提供好吃住（条件）。有的时候有的工人家里面出了事情，比如急需用钱的时候，这个时候你还得想办法帮忙。要不然肯定说不过去，不然以后你叫得到谁。都要做到心里有数。（访谈，2016 年 5 月，T 市）

交易匹配关系的去市场化是双向的，是在包工头和建筑农民工双向认可（符合双方共同的认知与期待）的情况下才能够发生并得到维系。雇主不仅仅是劳动力的购买者，更是农民工在城市的保护者和照料者。这决定了包工头不能够以市场化的方式来对待关系网络中的成员。同样，对建筑农民工来说，他们不仅仅是出售劳动力的劳动者，更是为包工头提供帮助的施助者，不能够以完全市场化的思维与行动来处理与包工头的关系。

包工头与建筑农民工在交易互动过程中体现的默契式互助特征和交易匹配关系的双向去市场化反映了双方嵌入共享的关系网络结构对他们互动行为模式的塑造，使双方形成的嵌入－互惠型交易不同于纯粹市场交易中的讨价还价与不确定性风险，而是能够通过激发各种"强关系"纽带中潜藏的情感需求与道德责任来驱使雇主和工人不仅关注双方经济利益的获得，更注重双方长期关系的维系。下面我们将探讨维持嵌入－互惠型交易得以运转的核心机制。

四 人情与嵌入－互惠型交易的运作

前文对包工头和建筑农民工是如何匹配在一起的过程和基本特征做了介绍，但是我们仍然需要探究是什么机制在维持着这样一种交易关系的正常运转，或者说是什么让交易双方都认为他们的交易过程是符合他们认知和期待的并采取一系列行为模式来满足这样的共同期待。当包工头和建筑农民工共同嵌入以亲缘和地缘纽带为特征的紧密关系网络中时，劳动者处于一种内部劳动力市场的结构中，两者的联结、互动与交易匹配构成了嵌入－互惠型交易类型。具体来说，嵌入－互惠型交易强调经济利益与道德动机和义务的相互构成，经济利益的追逐与协商不是交易的唯一驱动力；该交易类型的达成与维系有赖于对双方关系的内在道德动机和义务的唤醒与动员，缺乏道德动机和道德阐释的支撑，经济交易将无法完成。当包工头尝试使用"强关系"纽带来组建施工团队以实现利润时，潜藏在"强关系"纽带中的道德内容被唤醒；而建筑农民工面对包工头的关系动员，也有强烈的道德动机去阐释他们的行为决策，从而使得建筑农民工依照他们对关系的道德阐述和认知模式去响应包工头的招募，完成关系双方的交易联结，从而形成最终的交易匹配关系。

道德动机是一个相对抽象的概念，无法为双方交易匹配关系的形成和维系提供一个具体的解释；而"人情"这一本土化概念恰恰为解释"嵌入关系纽带与互惠型交易是如何匹配的"这一问题提供了线索。"人情"本来的含义是人的自然情感，但是在与儒家伦理结合后成为指导人际关系的一种规范，学界对此多有阐述（杨美惠，2009；阎云翔，2016；周飞舟，

2015；翟学伟，2013）。费孝通在《乡土中国》中对人情在中国人日常生活中的作用有如下描述：

> 亲密的共同生活中各人互相依赖的地方是多方面和长期的，因之在授受之间无法一笔一笔地清算往回。亲密社群的团结性就依赖于各分子间都相互的拖欠着未了的人情。在我们社会里看得最清楚，朋友之间抢着回账，意思是要对方欠自己一笔人情，像是一笔投资。欠了别人的人情就得找一个机会加重一些去回个礼，加重一些就在使对方反欠了自己一笔人情。来来往往，维持着人和人之间的相互合作。亲密社群中既无法不互欠人情，也最怕"算账"。"算账""清算"等于绝交之谓，因为如果相互不欠人情，也就无需往来了。（费孝通，2019：119～120）

类似于费孝通笔下亲密社群的人情对维系人际关系往来的重要性，包工头和建筑农民工的联结所构成的关系网络结构就类似一种亲密社群，而人情对于维系交易双方的嵌入－互惠型交易发挥着根本性的作用。翟学伟将中国人的人情交换划分为三种类型：第一类是"感恩戴德型"，第二类是比较有目的的"人情投资型"（送人情），第三类是一般性的"礼尚往来型"（翟学伟，2013：206）。就包工头和农民工的交易情境来说，由于牵涉交易匹配问题，双方之间的人情交换更接近于第二类的"人情投资型"。那么这种"人情投资型"是如何促进包工头与建筑农民工的交易匹配关系的？

在嵌入－互惠型交易的达成过程中，包工头和建筑农民工都扮演着施恩者与受惠者的双重角色。作为施恩者的建筑工人，当包工头要求他们加入施工团队时，这个时候包工头做出的是一种求助行为。作为亲朋好友和老乡，他们有一定的道德义务去帮助他，他们不是仅仅为了增加工资收益，而是部分地受到亲情、友情和乡情伦理的驱动。作为受惠方的包工头，他理应牢记他们提供的恩情，不应将他们等同于市场化的雇佣劳动者，而且在今后他应该以某种形式回报亲朋好友和老乡的帮助。同样，作为施恩者的包工头，他为工人提供工作岗位和庇护他们在城市的生活，建筑农民工将包工头作为他们在陌生城市的保护者和照顾者。作为受惠者的工人提供的回报是，他们在工作中应自我管理、全身心投入和维护包工头的利益，而不会将注意力仅仅放在劳动报酬的索取上，因此工资的讨价还价或主动索取（除非发生特别紧急事件且需要经济支持的情况）是一种禁忌，以免对包工头造成压力。人情在包工头和建筑农民工间往复运作的关键不在于明晰谁欠谁的多，它往往潜藏在双方关系中，无须言明但彼此又心知肚明。处在人情约束中的交易双方，对关系本身的珍视超过了人情债的清晰偿还，反而期待债务循环，永无止境。因此，在嵌入－互惠型交易中，交易双方都嵌入在一种彼此关联却不会即时得到偿还的人情债的链条之中，并依靠这样一种人情债的循环往复促进交易的持续进行。

例如，在本章开头部分介绍的老张施工团队中，当老张首次创建施工团队来完成工程项目时，他选择动员与他有着"强关系"纽带的成员加入施工团队。当关系网络中的成员响应他的求助行为并加入他的施工团队来提供帮助时，老张就欠了关系网络成员一个人情。与此同时，当关系网络成员进入劳动力市场并在城市工作和生活时，包工头同样有义务照料施工团队成员，让他们适应在城市的生活和工作。尤其是当工人遇到紧急情况时，包工头须毫不犹豫地帮助其关系网络成员走出困境。这个时候，在包工头偿还前面人情的同时工人又欠下包工头一个人情。为了回馈包工头的人情（提供工作或者其他帮助的人情），农民工在工作中必须积极为包工头努力工作和创造利润；而包工头为了回馈人情，必须在项目完成或者年终的时候向农民工支付他们应得的工资。正是通过双方人情的往复与生生不息，双方的嵌入－互惠型交易才能够得到维系。因此，交易双方嵌入的关系网络结构事实上也是一种交织着各种人情往来的关系网，以包工头为核心，每个关系网络成员都通过与包工头形成人情债赊欠与偿还的循环来维系双方的交易匹配关系。①

在中国关系场景中，关系创建、维系和中止都离不开人情的具体运作，关系只有在人情施恩与回报（人情债的赊欠与偿还）的循环往复中才能不断得到维系和巩固。因此，施恩的首要目的不在于获得利益，而是希

---

① 人情作为维系嵌入－互惠型交易的关键机制，侧面显示了去市场化作为交易核心特征的应有之义，因为人情交换的基本运转排斥算账、清算等概念。

望受惠者牢记恩情并在将来某个时刻回报，施恩者与受惠者的关系不是一种对称性的平等资源交换关系，而是一种非对称性、非即时性的关系交换过程。所谓"人情的运作期待不是直接利益最大化，而是互惠最大化"（翟学伟，2013：203）就是这个道理。需要强调的是，嵌入－互惠型交易中人情逻辑的运作虽然以个人信任和情感为依归，但人情并不排斥经济利益，而是经济利益内在于人情运作中。施恩者的首要目的虽不在于利益的获得，但仍然期待他的付出在未来某一时刻得到报偿；道义上受惠者虽然无须即刻回报施恩者的恩惠，但仍有义务在未来或对方有需要时予以回报。经济利益的获得是嵌入在施恩者与受惠者的人情往来之中的，而经济利益与人情的交互、混合与平衡正是维系嵌入－互惠型交易的关键。正如一些案例所揭示的，当包工头拖欠工人工资的期限过长或者当工人在紧要时刻无法得到包工头的救助时，嵌入－互惠型交易关系也会终止，并对双方原有的关系质量造成影响。

人情对嵌入－互惠型交易的维系鲜明地体现在包工头与工人的"欠薪"实践中。工人虽然能够容忍包工头一定时间的延期支付，但是当包工头出现长期拖欠行为时（包工头将人情耗尽），处于嵌入－互惠型交易中的工人也会选择离开包工头的施工团队，从而结束与包工头的交易关系。黄金荣是幕墙安装工人，他在2007年左右的时候与家里亲戚一起为他叔叔工作，但是他叔叔后来出现经济困难且一年左右没有支付黄金荣工资；后来黄金荣和他亲戚离开了施工团队，并开始为不熟悉的包工头工作（访谈，2017年6月，Z市）。因此，当人情运作的机制被破坏，嵌入－互惠型交易就难以得到维系。

阎云翔在《礼物的流动：一个中国村庄中的互惠原则与社会网络》讲到人情伦理体系有三个结构性维度——理性计算、道德义务和情感联系，人情在行动中的复杂性体现为上述三个维度在不同情境中的变化组合（阎云翔，2016：158）。在嵌入－互惠型交易中，包工头和建筑农民工之间的人情交换呈现为以道德义务和情感联系为主而以理性计算为辅的行为组合状态，而决定这样一种行为状态的恰恰是包工头和建筑农民工之间的"强关系"纽带及其背后以高度信任、强烈道德义务和紧密情感联系为主要特征的文化内容。在人情机制作用下，当交易任意一方做出帮助他人的行为后，他期待他的付出在未来某一时刻得到报偿；经济利益的获得是嵌入在施恩者与受惠者的人情往来之中的。因此，嵌入－互惠型交易持续运作的基础在于交易双方长期且连续的联结匹配，并在这种长期关系中实现利益互惠。

包工头与建筑农民工形成的嵌入－互惠型交易及其稳定运作对交易双方在劳动过程中的互动同样造成了影响，形塑了包工头的控制管理策略和工人对相应策略的认知与反应。下面我们将叙述嵌入－互惠型交易带来的经济政治结果。

五　嵌入－互惠型交易的经济政治结果

当我们谈论嵌入－互惠型交易的经济政治结果时，我们将劳动力市场组织方式作为影响建筑农民工劳动过程的自变量，试图分析建筑农民工劳动力市场的不同组织方式如何塑造劳动过程特征，特别是关注包工头的控制管理策略和建筑农民工的政治主体性。马克思主义的劳动过程理论业已成为一个成熟的学术流派，国内对这一学派已经多有介绍（闻翔、周潇，2007；李洁，2005），而且相关的实证研究也浩如烟海。塑造劳动过程中劳资双方劳动关系性质的相关因素包括市场竞争、国家干预、劳动力再生产、劳动的技术过程、性别和公民权等方面（Burawoy，1985；谢富胜，2012）。不同于其他劳动过程的相关研究，我们在这里关注劳动者劳动力市场的不同组织方式（体现为不同交易类型的形成）对劳动过程动力机制的差异化影响。① 下面我们将分别阐述嵌入－互惠型交易下劳动过程组织和建筑农民工的政治主体性议题。

---

① 关于劳动力市场组织方式如何塑造劳动过程，经典研究应首推李静君对中国香港和深圳两个工厂政体的比较研究。在一定程度上，本研究是对李静君的研究的进一步推进。在李静君的研究中，区分劳动力市场不同组织方式的变量并不是同一个，在深圳关注的是地方关系网络，而在香港主要集中在家庭文化对当地女性工人劳动力组织的影响。在本研究中，我们将贯彻用非正式关系的不同类型（雇主与工人的不同联结方式）来区分劳动力市场的不同组织方式，并在此基础上阐述劳动过程的不同组织性特征和工人的政治主体性差异（Lee，1995）。

（一）　嵌入－互惠型交易模式与劳动过程组织

在描述包工头和建筑农民工联结而成的关系网络结构中，我们已经阐述交易双方共同嵌入的关系网络结构的特征，其中关键的结构性特征是"强关系"成为支配性关系纽带。双方共享的"强关系"纽带特征对劳动过程的生产组织产生了重要影响，尤其是对雇主如何组织、管理劳动者和工人在劳动过程中与包工头的互动等方面。

1. 劳动组织与工人的自我管理

尽管包工头和建筑农民工存在权威等级制关系，但是整个生产过程的组织并不建立在包工头对工人工作过程的严密监督与控制基础上。在蛛网式关系网络结构约束下的劳动过程最显著的特征体现为工人的自我管理。在这种关系网络中，工人在工作过程中能够自律自主地完成包工头指派的任务并且全身心地投入工作，并不需要包工头过多的干预和监督。在群体工作环境中，自我管理强调雇员对任务完成的责任来源于个体而不是外界对行为的控制（Luthans & Davis，1979；Uhl-Bien & Graen，1998）。在具体劳动过程中，工人是他们自己工作的组织者，他们能够自主安排工作与休息时间，决定工作的节奏以及他们与谁一起工作。在这些工人的认知中，包工头没有必要浪费时间来监督他们，因为他们会有意识地自动为他努力工作。

工人的自我管理暗含着包工头和建筑农民工之间存在的一种默会知识。这一默会知识指的是在劳动过程中包工头不会待在工人旁边，而工人也认为包工头没有必要监督他们的日常工作过程。在这一默会知识的影响下，包工头的角色一般局限在将特定工人或者工作小组分派到特定工作区域以完成特定的工作任务上，包工头只会偶尔来检查工作完成的质量。工人被赋予自主权来决定生产的组织和任务的安排，他们只需要在规定的时间内完成符合包工头期待的工作量。前文提到的包工头老张说道：

> 如果团队工人是我老家的，就像现在这个一样，我只要把工作安排下去就行。我不需要花很多时间去管他们怎么做。我非常地信任他们。他们干活一般也不会偷懒，没有担心的必要。他们已经跟我工作

好多年了。（访谈，2016 年 5 月，T 市）

老张之所以选择不花费很多时间来监督施工团队工人的工作，是因为他对建筑农民工有着很高程度的信任。这种默会知识部分创造了自我管理模式，包工头和工人间的信任有利于维持这样的自我管理。对工人忠诚的信任使得包工头相信工人会全身心地投入工作并按照包工头的期待来完成相应的工作额度。因此，对包工头组织生产过程来说，这种自我管理模式是一种节约成本和促进生产任务顺畅完成的有效安排。

除了包工头和工人间的默会知识，工人自我管理模式的运作依赖于特定生产过程的组织或工作任务按团队分工被完成的方式。为了说明这一点，首先有必要说明工人的构成情况。一般来说，嵌入－互惠型交易下的建筑施工团队由技术工人和非技术工人组成，大概 1/3 是技术工人，而剩下的则是非技术工人。[①] 类似布雷弗曼在 1974 年的著作中有关概念与执行是分离还是统一的论述（Braverman，1974），技术工人是那些能够将概念与执行统一起来的群体，而非技术工人往往只能执行包工头或者技术工人的指令。当来到特定工作区域的时候，一个技术工人知道该做什么和怎么做而非技术工人则可能会感到困惑。换句话说，技术工人对整个工作流程有清晰的概念和对工作任务如何开展有具体规划，非技术工人只能听从技术工人的安排。由于技术工人与非技术工人的区分，包工头[②]给技术工人足够的自主权来决定如何组织和安排非技术工人来完成工作任务。在这种情境下技术工人扮演着劳动组织者的角色。在田野的参与观察中，能够明显观察到在技术工人告诉非技术工人如何完成工作任务后，技术工人自身也加入工作过程。因此，工人自我管理的实现同样建立在工作任务完成过

[①] 对一些技术要求比较高的工作种类（如木匠或者室内地板安装）来说，他们的建筑施工团队主要由技术工人和一两个非技术工人组成。这一类型建筑施工团队的关系网络结构和蛛网式关系网络结构非常不同。该类型关系网络结构的定义和特征以及它的生产组织过程将会在第四章介绍。对其他一些工作种类（比如景观装饰、幕墙安装和混凝土）来说，建筑施工团队往往由个别技术工人和更多的非技术工人组成。在建筑行业，技术工人被叫作"大工"，非技术工人被叫作"小工"或者"力工"。在另外一些团队中，也有一些半技术工人，通常被称为"中工"。

[②] 在很多案例中，包工头自己知道工作该如何去做而且能够检查工人完成的任务是否满足质量要求。

程中技术工人与非技术工人的协调与合作基础上。

嵌入－互惠型交易方式下工人践行的自我管理模式之所以可能，是因为包工头和建筑农民工之间的"强关系"纽带中具有的高度信任感使得包工头赋予建筑农民工在工作现场完成工作任务的自主权。建筑农民工自主管理的模式有利于降低包工头的劳动过程中的组织成本，并进一步巩固双方嵌入－互惠型交易的有序运转。

2. 嵌入－互惠型交易下的工作伦理

嵌入－互惠型交易中出现的工人自我管理模式也是工人群体主体性表达的结果，因为它必须建立在工人同意的基础上。在此类建筑施工团队中，同意表现为一种积极、自律且努力工作的伦理，有助于工人主动服务于包工头的利润生产。事实上，工人积极努力的工作伦理有两个来源。首先，对那些与包工头共享宗亲关系的工人来说（蛛网式关系网络结构中的第一层成员），这种工作伦理很大程度上来源于包工头和建筑农民工之间的道德义务感。黄金荣是幕墙安装工人，他谈起在亲戚团队里面的经历时说道：

> 你的亲戚都是为你好的，但是如果你用外面的人而且管理又跟不上的话，你就要亏钱。老实说，如果是自家人，你没必要盯着他们工作。你不用去过多责备那些工人。他们自己会做好的。我以前帮我叔叔做事情的时候，肯定都是非常尽心尽力的。（访谈，2017年6月，深圳）

在黄金荣看来，当包工头和工人来自同一个大家庭的时候，共同的家庭成员身份会使工人相信他们有道德责任感来帮助包工头，特别是在包工头刚开始创业且各方面都较为困难的情况下。在中国的文化中，家庭成员有一种道德义务，即去帮助和支持彼此。这种道德义务与责任是超越特定情境的，要求无论是在什么样的情境中都应该互帮互助，而且这种帮助是不求任何即时回报的（Shenkar & Ronen, 1987）。在这样的家庭道德义务约束下，这群工人在劳动过程中持有一种积极的工作伦理也就是自然而然的了。对处于关系网络第一层的成员来说，这种积极的工作伦理是嵌入在家庭伦理中的，要求工人放弃一定程度的个体主义来为集体的家庭主义贡献。

另外，对那些和包工头只是有着同村或者其他同乡关系的工人来说（蛛网式关系网络结构中的第二层成员），他们积极工作的伦理来源于嵌入在共同生活社区中的人情交换所延伸出来的义务。我在 T 市建筑工地碰到的一个工人告诉我：

> 老板是我的老乡，你做事情的时候还是不能拖沓的，否则的话，老板下次就不会叫你了。还有，你拿人家老板的钱，你为什么不好好给人家做事呢？如果不好好做事情，人家下次有什么理由叫你呢？（访谈笔记，2016 年 5 月，T 市）

邵先生是一个油漆工人，他也提到为同村老乡工作时候的心态：

> 如果我给我的老乡工作，我会更加努力，因为我们是一个村的，是一起的。如果我没把工作做好，我和他都会有麻烦。他叫你来做事情你就不能给人家惹麻烦。（访谈，2016 年 5 月，T 市）

包工头雇用他的老乡加入建筑施工团队，对工人来说可能是欠了包工头一个人情。包工头和工人间的人情债对工人来说构成一种压力，工人能够偿还人情的方式就是为包工头努力工作，否则的话，包工头可能在将来不再雇用他，他会因而失去进入建筑业劳动力市场的机会。更进一步，如果一个工人消极懒散地工作，他会在道德上受到村落社区的压力，因为村庄公共舆论会将这个工人当作有人情不还的人。简言之，人情压力会迫使工人为包工头努力工作，并以此作为偿还人情的方式。人情伦理规定了如果别人帮了你，你总要在将来的某个时候偿还（Yang，1994）。

细致比较工人积极工作伦理的来源可以发现，驱动关系网络结构第一层成员的主要是一种情感和道德责任感，经济利益成分较少；驱动关系网络结构第二层成员的则更多是一种理性精神下的积极态度。当然，联结包工头和工人之间的人情，无论是来自宗亲关系还是老乡纽带，都能够激励工人努力工作，并且让建筑农民工在此类施工团队中保持积极的工作态度。

总结来看，这一部分考察了在蛛网式关系网络结构约束下，劳动过程中的工人自我管理模式以及这种模式是如何可能的。我们认为工人自我管理模式的形成是包工头和工人相互理解、技术工人和非技术工人合作协调及工人积极工作伦理共同塑造的结果。在工人自我管理模式下，工人能够自主地决定工程项目的流程，并且将他们自己努力工作作为包工头利润实现过程中的重要组成部分，形成了包工头和工人间的共同利益。

3. 包工头的软控制策略

在建筑施工团队劳动过程中践行工人自我管理模式并不意味着包工头对工人采取完全自由放任的管理措施。在特定工作情境中，包工头会倾向于采用一种软控制策略来协调自己与工人以及工人内部的紧张和冲突关系。蛛网式关系网络结构下包工头和工人之间的人情交换关系约束了包工头采取强制性和惩罚性的措施来控制工人。尽管劳动过程的组织主要是由技术工人和非技术工人共同协调来完成的，但作为工人雇主的包工头仍然有权利来随时干预劳动过程的组织。包工头和工人在工作现场的互动是以工具理性计算与柔性劝说相结合为特征的。下面是我和孙先生，一个来自室内装饰施工团队的非技术工人，在 T 市工地发生的一段对话：

> 我：包工头在工作的过程中会催你或者责骂工人吗？
>
> 孙：我们都是朋友和亲戚。基本上，不存在你说的这样的问题。
>
> 我：如果工人在做工的时候犯错了，包工头也不会责骂工人吗？
>
> 孙：不会。他只是会告诉你哪里做错了。但是你还是应该做好你自己本来的事情。你不能在这里玩。如果你只是不小心做错了，那重做一遍就好。
>
> 我：包工头不会因为这个生气吗？
>
> 孙：不会。每一个（包工头和工人）之间都是老乡，没必要去生气。如果你工作做得好又努力，他绝大多数时候都不会发脾气。如果没干好，他就会跟工人好好说。比如，一共有四个工人且两两一起工作，如果其中两个人完成了一天的量，而另外两个就完成得一般，老板看到了当然会不开心了。
>
> 我：但是因为你们是老乡，他不会因此扣工人工资或者开除（他们）吧？

孙：不会，这个很少发生。你只要把问题改正过来并且保证在工作过程中表现不会太差。事实上，老板和工人彼此之间非常的熟悉，而且都知道在工作时候不能表现得太过分。（访谈，2016 年 5 月，T 市）

从这段对话可以看出，一方面，包工头关注工人的工作表现，毕竟包工头承包工程项目的首要动机在于追逐利润。包工头会因为工人工作进度和工作态度方面的不恰当表现而随时干预工人的劳动过程并劝说工人。另一方面，这种干预是以包工头的柔性劝说为特征的。考虑到包工头和工人的"强关系"纽带，如果包工头严厉斥责工人，工人会感到丢面子；更有甚者，如果包工头开除工人的话，将会违反双方共同嵌入的关系网络中的人情规则。

由于处于蛛网式关系网络中的核心位置，包工头能够随时干预工人的劳动过程，但是工人如何被管理是受到关系网络中占支配性地位的"强关系"纽带所影响的。简言之，虽然包工头并不需要花费过多精力去管理和监管建筑施工团队，但是包工头仍然需要对工程质量负责，因为包工头需要应对来自分包公司的压力，否则他会被罚款或者失去将来获得工程合同的机会。袁南，一个 30 岁左右的带班管理人员，对我说道：

管理这些工人其实是非常容易的。我们彼此之间非常熟悉。这群人在一起工作已经五年多了，而且我们都是来自同一个地方。我只需要关注工作的完成质量就好。（访谈，2016 年 5 月，T 市）

另一个体现包工头对施工团队管理策略及其特征的地方是包工头对工人冲突的调节过程。虽然工人间的剧烈冲突在蛛网式关系网络结构中很少发生，但由于技术工人与非技术工人的分化和共同生活空间的相处而引起的小冲突还是会偶尔发生。比如，非技术工人可能对技术工人的工作任务安排或分工产生不满，从而拒绝工作或者在工作时磨洋工。在日常生活中，工人之间也可能因为口角或者开不适当的玩笑而陷入冲突。当这样的冲突发生时，包工头需要以恰当的身份介入并调节工人内部冲突以解决问题。以下用发生在老张的施工团队的一个实例来说明包工头是如何处理施工团队内部冲突的。

老张对他哥哥和堂弟（两个都是老张景观装饰施工团队的工人）冲突的介入显示了包工头是如何协调工人冲突的。2012 年的某一天，结束一天的工作后，一些工人聚在宿舍一起打牌。那个时候老张的堂弟对老张的哥哥开了一些不恰当的玩笑，老张哥哥就发脾气并侮辱性地咒骂了老张堂弟。气氛变得非常紧张而且两个人都特别生气，其他工人尝试劝说他们各自退让一步，小事化了，但是并没有起到作用。这个时候，其他工人把老张叫过来平息事件。当老张来的时候，老张的哥哥和堂弟不再向彼此大叫，老张没有非常生气地责骂他们。相反，他对他们说道："我不会拦着你们，你们两个只要不打架就一直接着吵。等你们吵完我再说。"在老张面前，他们没有再继续争吵。接着老张就跟他们谈心，并强调说他们都是他的亲戚，如果为了这种小事情吵架就是浪费时间。相反，他们应该努力工作，为在老家的家里人多存一些钱。（访谈，2016 年 5 月，T 市）

老张成功调节施工团队内部冲突的关键是使用"面子"这个概念。由于包工头在施工团队中有着最高权威，工人必须考虑他的面子。如果两个工人继续在老张面前争吵，包工头和其他工人就会认为他们不给包工头面子，这样就会使包工头陷入尴尬境地，从而降低包工头在团队中的威信。由于在此类关系网络中包工头有面子（面子最大）并且存在工人需要尊重这种面子的共识，包工头对工人冲突的介入往往是有效的。

因此，在蛛网式关系网络结构中，包工头劳动管理实践以软控制和劝说教育等柔性措施为主要特征，而不是惩罚性的控制与严密监督占据主导。包工头的软控制策略之所以可能，最为重要的因素是借用了关系网络中的面子观念，它在宗亲、朋友和老乡关系网络中普遍存在且被关系网络成员普遍认同。包工头在乎工人的面子，因此在工作当中太过严厉地责骂工人是不合适的。工人也应该在包工头介入他们的日常活动中给包工头面子。

从劳动过程的组织来看，由于包工头和建筑农民工通过"强关系"纽带来联结并形成交易匹配关系，劳动过程组织中的系列特征受到蛛网式关系网络的塑造。正因为在劳动力市场中双方形成互惠型交易，双方在劳动过程中的互动才呈现以自我管理模式、积极工作伦理和软性控制措施为主的特征。当然，最终决定这些劳动过程组织特点的因素是雇主和工人双方嵌入的关系网络以及他们彼此之间共享的"强关系"纽带。

（二） 嵌入－互惠型交易下的抗争缺席

绪论部分介绍了中国市场转型时期以农民工群体为主的新工人群体再造的过程。在有关农民工群体主体性展现的研究中，既有文献最多的是对工人抗争与集体行动的研究。学者们已经从不同角度探讨了农民工群体的抗争行为，对工人抗争何以可能的问题提供了多种答案（Chan & Ngai，2009；Lee，2007；游正林，2006）。那么对那些嵌入在蛛网式关系网络结构中且通过互惠型交易匹配而进入劳动力市场的建筑农民工来说，他们的抗争主体性如何呢？当怨恨（在建筑行业，突出表现为欠薪行为）发生时，他们又会如何回应呢？这一部分将通过欠薪案例来考察嵌入－互惠型交易类型下的工人的抗争状况。

建筑行业是一个资本密集型的产业部门，它的顺畅运转有赖于项目资金在劳务分包制度中各个主体之间的合理适时的流转。在分包体制下，处于分包层级的上层次主体（开发商和总包公司）能够轻易地转移他们的责任并依赖下层级的分包公司和包工头来提前垫支项目资金，从而降低了上层级主体的资金压力并允许它们同时兼顾多个工程项目。一般来说，根据合同规定，当总包公司完成工程项目的相应进度时，开发商应按合同规定支付特定比例的工程合同款给总包公司。同样，当包工头完成特定工程的项目进度时，总包或分包公司应支付给包工头特定工程项目款。包工头只有收到上级公司的工程款项后，才具备给工人发放工资的能力。

建筑农民工陷入欠薪困境一般有两种情况。一种情况是包工头在工程项目完成以后，没有从分包公司那里得到工程款，从而使得他们没有经济能力来支付工人工资。在这种情况下，包工头可能会动员和领导[1]农民工

---

[1]　在这种欠薪情况下，包工头在工人集体行动中扮演的角色和他对上级分包公司的项目依赖程度有关。如果包工头的工程合同高度依赖分包公司，则包工头可能不会动员工人参与讨薪，至少不会扮演非常积极的领导角色。

向上级分包公司讨要工程款。另外一种情况是包工头从分包公司那里拿到了工程款，但他不愿意或者不能够按时支付农民工工资。① 我们关注的是后一种导致包工头欠薪的状况。

正如本章开始所阐述的，当建筑农民工是被包工头直接招募并且这些工人是包工头的亲戚朋友和近邻老乡的时候，他们共同形成一个包工头占据中心位置的蛛网式关系网络结构。在这种关系网络结构中，包工头和工人以及工人彼此之间都非常熟悉，因为他们的社会圈子是高度重叠的，他们大多来自同一个地方或者一个大家族。田野调查资料显示，当欠薪问题发生时，在蛛网式关系网络结构中的建筑工人从来不会使用集体抗争的方式来处理欠薪问题。以往文献中突出强调的工人之间的"强关系"纽带并不能促进集体行动的产生，因为包工头和工人之间的"强关系"抑制了建筑工人集体行动的发生。这种"强关系"纽带使得工人在面对欠薪问题时保持沉默，不会发起任何针对包工头的集体行动。最差的情况也只是，工人选择离开工作团队而不是采取任何集体行动的方式来处理欠薪问题。

正如陈纯菁的研究所揭示的，"强关系"纽带的背后充满着信任、正向情感和非对称义务等关系特征与文化内容（Chan，2009）。当欠薪问题发生时，这些关系特征和文化内容抑制了工人对包工头发起抗争行为的动机与倾向。下面的故事来自老姚，一个幕墙安装工人，他在小姚（老姚的侄子）的施工团队工作过。他向我介绍了以下案例：

> 2013 年，我的侄子小姚刚开始当包工头来承包工程项目，他主要找他的亲戚和老乡来搞他的建筑队。那个时候，大概有 30 个人，我也是其中一个。我们所有人都是河南的。在 2013 年的时候，小姚承包了一个铁路建筑公司的项目。在 2014 年底的时候，当我们完成了部分工程项目，工人要回家过年的时候（理论上，包工头这个时候要向每一位工人支付工资），小姚发现自己没有那么多钱来支付工人工资。他欠每个工人差不多 30000 块钱，总共加起来差不多有 90 来万（元）。这是一笔不小的数目，而且工人过年都需要用钱。小姚告诉我们工人

---

① 这种情况是多样的，比如一些包工头可能同时承包了多个工程项目，他们把资金转移到其他工程项目或者他们把钱投资到其他领域去赚更多的钱。

说，他从分包公司那里拿到的钱很多都用于支付材料和生产工具的费用了，因为那个时候他才刚承包项目，自己手里没什么钱。他要求工人让他拖欠一段时间并承诺他会尽快把工资打给我们。小姚大概给了每个人 1000 块钱并让我们回家去了，包括我自己在内的工人都表示理解，没给他惹什么麻烦就都回家去了。（访谈，2016 年 5 月，T 市）

小姚欠每个工人的钱是一笔不小的数目，为什么工人们会默默离开而不采取任何抗争的方式来拿回工资呢？老姚对此解释道：

> 小姚刚开始承包项目，挺不容易的。我们都是一大家子的，如果我们不帮他，谁还会帮忙呢？工资晚一两年没什么事情。我相信他一有钱的话，就会把钱给我们。（访谈，2016 年 5 月，T 市）

老姚讲的案例说明了工人对包工头的信任如何妨碍了他们对欠薪发起任何形式的集体抗争。除了双方的高度信任，由"强关系"纽带联结起来的成员同时还受到道德义务和情感的束缚（Chan，2009a）。有些时候，建筑工人会自愿忍受短期欠薪来帮助包工头创立和发展他们的事业。

在建筑施工团队中，并不是所有工人都如老姚一样是包工头的亲戚，有部分工人是包工头的老乡。这些人都非常了解小姚的背景，因为他们认识他已经有很长的时间了，他们对小姚的过去有着非常可靠的信息。同样，小姚也要依靠他们来保持在老家的名声。因此，这种老乡间的熟悉感和亲密感给这些蛛网式关系网络结构的第二层成员提供了一种担保，使他们相信小姚会信守承诺。当问到他和其他老乡为什么会忍受小姚的欠薪时，杜先生说道：

> 我们都是老乡，也就是说，我知道他住在哪里，我知道他家的门朝哪里开。老话说得好"跑得了和尚跑不了庙"。我不担心他不给工资。而且我们是老乡，你不能把他逼得太狠。我肯定，他迟早会把钱给我们。（访谈，2016 年 5 月，T 市）

　　杜先生和其他老乡相信小姚是因为他们对小姚个人基本信息的掌握以及他们与小姚之间相互重叠的社会圈子。对这些工人来说，相信包工头会履行义务是理性的行为，因为他们认为包工头不敢冒毁掉名声的风险。否则，他以后再招募工人组成施工团队就会变得困难重重。与此同时，由于他们与包工头的熟悉关系，他们对包工头的同情也使得他们更能容忍他的欠薪行为。

　　由于"强关系"纽带中的信任、义务和情感，我发现包工头和工人之间的关系纽带越强，工人可以忍受的欠薪时限就越长，而且以抗争作为回应的可能性就越低。例如，小姚大概在不到一年的时间内付清了所有老乡的工资，但是差不多一年半以后他才付清他亲戚的工资。① 除了"强关系"纽带中的文化内容，中国的道德观和与之相关的忠诚仁义伦理观念同样起到了抑制农民工发起任何形式的集体行动来主动解决欠薪问题。

　　如果包工头将"强关系"纽带中的信任和情感等内容耗尽，也仍然未支付那些被拖欠的建筑农民工的工资，那么会发生什么事情呢？与发起集体行动的选择相反，我发现工人会选择离开包工头的施工团队而不是发起集体抗争去解决。考虑到工人给作为亲戚的包工头或者作为老乡的包工头工作的不好经历，他们可能会在其他类型的建筑团队中寻找工作。② 黄金荣，一个技术工人，分享了他的经历：

　　　　我叔叔做幕墙安装的包工头很多年了。我们很多亲戚和老乡都给他做事情。我大概是 2005 年左右开始给他做事情。两年以后，他资金周转遇到困难，一直欠着我们的工资。结果很多工人，包括我自己都离开并到别的包工头那里找事情做了。（访谈，2017 年 6 月，Z 市）

　　在这种情况下，包工头辜负了"强关系"纽带之中的信任和信用，直接导致施工团队的解体，包工头再也不能招募那些和他有"强关系"纽带的工人。当然，欠工资的这些包工头在他们有钱的时候还是会付清工人工

---

① 这样一种现象已经在蔡禾和贾文娟（2009）的论文中得到探讨。
② 其他类型建筑施工团队的特征会在接下来两章介绍，它们的关系网络特征不同于蛛网式关系网络结构。

资的，因为他们之间的道德义务规范着包工头的认知和行为。

总结来看，蛛网式关系网络结构中"强关系"纽带的"关系性内容"（信任、道德义务和情感）对工人集体行动起到一种缓冲作用，能够防止工人在遭遇欠薪的时候发起针对包工头的抗争行动。他们的集体行动潜能被"强关系"和它潜藏的关系性内容所限制。[①] 工人的抗争意识在充满着传统文化因素（关系纽带赋予）的雇佣关系中被隐藏了。

小　结

本章介绍了构成建筑行业劳动力市场的第一种交易类型——嵌入－互惠型交易。嵌入－互惠型交易的形成有赖于蛛网式关系网络结构在建筑业劳动力市场的形成（一种网络边界受限的差序格局模式在市场的复制与再生），这样一种关系网络结构的形成来源于特定市场条件下包工头的招募策略。由于包工头初次进入建筑行业、管理经验较少且资金实力有限，很多包工头会选择直接从他的宗亲成员、朋友和老乡网络（自我关系网络与包工头共享"强关系"纽带的成员）中招募工人，最终形成一个第一层以血缘亲属关系为主、第二层以同乡关系为主的蛛网式关系网络结构。"强关系"是此类关系网络结构中的支配性纽带，信任、道德义务、人情和面子等"关系性内容"很大程度上塑造了包工头和建筑农民工双方交易匹配的联结方式、交易方式、互动特征和维系交易日常运作的机制。

在蛛网式关系网络结构中形成的嵌入－互惠型交易突出了包工头与农民工的人情交换关系，工人在没有获知交易准确信息（工作内容、工作时间、工资支付方式与期限和社会保障）的情况下就与雇主达成交易匹配，从而进入劳动力市场。在这样的交易类型中，交易的核心特征是交易双方的默契式互助和交易匹配关系的去市场化，包工头和建筑农民工都有意避

---

① 考虑到蛛网式关系网络结构中工人之间的"强关系"纽带及其背后的集体团结本应有助于集体抗争行动的发生，包工头和农民工纵向的"强关系"纽带对集体抗争的抑制效应就更值得引起关注。因此，不同于既有文献关注横向"强关系"纽带对集体行动的积极促进作用，我发现在特定情境中纵向的"强关系"纽带也能够抑制集体行动的发生。

免对工资进行讨价还价并将交易双方的匹配关系予以去市场化处理。与此同时，这种交易双方的嵌入－互惠型交易得以维系的关键机制是人情在包工头和建筑农民工双方之间循环往复的流转，且双方期望这种人情债务的流转通过双方长时段的交易匹配而永不停歇。除探讨嵌入－互惠型交易的关系纽带基础、交易特征和维系机制，本章还以劳动力市场的组织方式为自变量讨论了该交易类型下劳动过程的组织特征以及建筑农民工在欠薪问题下呈现的抗争主体性。在劳动过程的组织方面，工人的自我管理模式成为支配性的工作模式且工人在工作过程中秉持一种积极的工作伦理。与此相映照，包工头倾向于采取软控制策略来管理工人的劳动过程以及调节施工团队中的工人内部冲突。在嵌入－互惠型交易类型下，当欠薪发生时，工人并不会选择任何形式的集体抗争手段来解决问题。

在嵌入－互惠型交易中，包工头和建筑农民工的交易嵌入在以包工头为核心的关系网络结构中，而他们共同嵌入的蛛网式关系网络结构的关键特征（"强关系"纽带的支配性）决定了互惠型交易成为包工头和建筑农民工双方的主导交易类型。在嵌入－互惠型交易中，交易双方的市场化关系和理性化计算被中国传统人伦关系中的人情所掩藏或约束，经济交易发生在"强关系"纽带的边界之内，其交易特征受到此类关系纽带和网络结构的塑造，并规定着交易双方所能采取的行为策略，使得双方都能够明白何种行为是恰当的或者不恰当的。在此类交易类型中，包工头表现的像一个大家庭的家长，一个同时能够使用家长制权威和履行家长制责任的家长；劳动者和管理者之间的关系充满着信任、道德义务和情感，因为包工头和建筑农民工之间的"强关系"纽带将团队紧密地联系在一起，使得包工头将工人当作他们的家庭成员，而工人也将包工头当作他们在城市的照料者，而不仅仅是劳动力的雇佣者。因此，对包工头来说，他通过将施工团队成员其他的社会身份带入到劳动力市场的交易过程中来，实现了市场关系与社会关系的混合。这种关系的混合不但没有对包工头的利益和劳动过程的管理造成约束与破坏，反而两种关系的混合交织促进了施工团队整体利益的实现。

此外，劳动力市场中的嵌入－互惠型交易的存在也从侧面印证了在中国市场转型期，非正式关系仍然在市场活动中发挥着重要作用，它并没有随着市场活动的推进而衰减。因此，在探究中国经济转型期特定市场的形成过程中，学者们应注重探究非正式关系与现代市场经济活动是如何相互交织并对经济活动和非正式关系的性质、运作和效果产生何种影响。

第四章　环形关系网络结构中的协商型交易

在第三章我们阐述了构成建筑业劳动力市场的第一种交易类型——嵌入 – 互惠型交易。然而，嵌入性关系网络与互惠型交易类型并非交易双方的唯一匹配方式，而且蛛网式关系网络结构也并非包工头和建筑农民工唯一归属的嵌入型关系网络。本章将介绍另外一种不同类型的关系网络结构的形成。该网络结构能够与协商型交易相互匹配来构成包工头与农民工的嵌入 – 协商型交易类型。这是中国建筑业劳动力市场的第二种交易类型。本章将介绍嵌入 – 协商型交易得以形成的关系网络结构、交易特征和维系该交易的核心机制，也将分析嵌入 – 协商型交易作为一种劳动力市场的组织方式如何塑造了建筑农民工的劳动过程及其主体性。

一　建筑行业的技能约束

与以机器大生产为主要特征的制造业不同（工人技能不断被技术替代和消解），在建筑行业，工人技能在劳动力市场的组织过程中仍然发挥着重要作用。本节将介绍建筑行业对工人技能的部分依赖以及这种建筑行业的技能要求对包工头招募农民工的影响。

（一）技能主义：建筑行业的工人技能

斯廷奇库姆在比较制造业和建筑业生产组织的差异时，强调与机器大生产中的科层化管理方式相比，建筑行业中的技能行政主义。建筑行业中的技能行政主义指的是建筑行业往往具有规模较小的行政管理人员、官僚管理层级在工作现场的去中心化以及体力劳动者的专业化训练等方面的特征（Stinchcombe，1959）。正如我们所熟知的，在工业资本主义兴起的早期，支配资本主义工厂生产与劳动过程组织的是有着专业技能的工匠（Swell，1986）；而后随着科学知识与新型技术不断被引入生产过程，工作任务不断被分解，工人技能在整个生产过程中也不断被分解和替代，工人成为管理层级命令下的机械执行者而无法主导劳动过程（Braverman，1974）。然而，虽然整个建筑行业生产过程的技术水平在不断提升（比如各种机械设备不断被引入建筑生产过程的组织），但不可否认的是工人技能在建筑行业的生产过程中仍扮演着不可或缺的角色，建筑行业一线工作任务的完成仍然高度依赖建筑工人的个人技能。例如，建筑工程主体部分需要两个技术施工团队和一个非技术施工团队才能够完成：需要木工技术团队负责完成模板的制作，钢筋安装技术团队完成钢筋的安装并与泥工团队（大部分是非技术工人）相互协调。结合田野调查资料，可以总结出工人技能在建筑行业中仍发挥着不可替代作用的原因，大概有以下两个。

第一，建筑工程项目的流程和工作任务的特殊性决定了它暂时很难被机械化和标准化替代，而是必须依赖工人的经验和技能来完成。工厂机器大生产的典型特征是流水线式的标准化批量生产，但是建筑行业中的两个基本特征使得该行业很难采用这种大规模的批量生产模式。首先，建筑工程项目的流动性、分散化和个性化的特征使得以机器使用为特征的标准化流程和批量化生产模式很难适用。建筑工程项目总是在不同的地域迁移，而且每个项目都有着独一无二的设计和技术要求，没有统一制式的标准；建筑工艺流程内部也是分阶段进行的。这些都使得在建筑行业中推广标准化批量生产模式变得困难重重。其次，从建筑项目流程的微观细节来看，很多项目的工作任务完成目前只能依赖工人技能。如当工程项目的完成与设计图有偏差的时候，如何在第一时间发现偏差并能够快速地纠正过来都依赖于技术工人在现场的判断和指挥。或者如我在 N 市工地现场参与观察的钢筋安装团队和木工安装团队。工人在对工作现场做出考察后，可能需要制式不一的钢筋结构，而且每一层每一个细小的区域都会存在数量和模式的差异，这时候只能依靠技术安装工人和钢筋制作工人进行一对一的沟通并在现场进行制作，而无法在工厂事先定做后在现场直接安装。在木工施工团队中，木工工人需要负责制作模板来为后续钢筋团队的安装和泥工团队的混凝土浇灌提供条件，但是由于建筑主体内部的不同区域具有不同的结构，木工工人只有根据现场情况才能够判断制作何种类型的模板。因此，从建筑行业工艺流程的一般特征和工作任务完成的细节来看，建筑工人的技能仍然发挥着重要作用。

第二，在生产过程中机器是否以及在多大程度上替代劳动者或者消解劳动者技能的一个关键因素是两者的成本比较。在不考虑其他因素的情况下，本研究认为当资本一方认为机器替代的成本远远低于人力成本的时候，资方将毫不犹豫地采取机器替代的方式来获取更高的利润。因此，对建筑行业的部分工艺流程来说，尽管生产技艺已经成熟，但是使用技术替代人工对建筑公司来说仍然是一件高成本的举措，而使用人力劳动者则更加节约成本，有利于建筑公司获取更高利润。建筑公司之所以在部分领域不使用机器替代人力和第二章介绍的劳动分包体制有很大关系，建筑公司因为不用直接招募工人而能够最大限度地保持灵活经营的策略。可以想象，大规模采用技术替代劳动力的方式将对建筑公司的运营带来更大的成本压力，因为负责劳动力招募和使用的劳务包工头不可能具备资金和技术实力来采用新技术（当然他们也没有动力实行技术创新，他们的利润来源于对人力的招募、使用和管理），而建筑公司如果实行技术替代就必须考虑技术替代背后可能涉及的各项成本（设备购买、维修、更新和与之相关的部门设计及相应的人员成本）。因此，在劳务分包体制下，建筑公司有着强烈的动机继续使用劳务分包制度，因为这有着更低的使用成本。例如，在我观察的幕墙安装团队中，在建筑项目（商业写字楼）的外墙安装中，建筑公司仍然使用工人团队配备简单的升降机来完成。事实上，建筑公司完全能够使用机器替代一些劳动者，但建筑公司未使用机器替代，部分原因正是成本考虑。这是它们在比较以后做出的理性选择。

工人技能对建筑行业的生产过程的组织发挥着关键性作用，因此，本章关注那些由于工程项目的技能约束而形成的技术施工团队，也就是说，此类施工团队主要由专长于某项建筑工艺技能的农民工组成。参照前文对市场条件与雇主招募的说明，此类建筑施工团队的形成主要是因为雇主所承揽的工程项目对工人有特殊的技能要求，这种情形下包工头具有丰富的工人调配和管理经验，且他一般也是技术工人出身。斯廷奇库姆主张技能行政主义是建筑行业中的主导工作模式，并且他认为技能行政主义代表着理性化管理的另一种方式。与此不同，本研究暂且不讨论将技能行政主义作为整个建筑行业的管理方式是否恰当，但认为至少斯廷奇库姆的技能行政主义模式在技能型施工团队中体现得更加明显。

与其他建筑施工团队高度依赖包工头的中心权威角色来完成生产与劳动过程的组织不同，技术型施工团队的第一个特征是去中心化的管理方式。也就是说，并没有一个中心人物来指挥调配工人应该如何完成具体事项，技术工人在工作任务的完成方面有着完全的自主权。对技术型施工团队来说，如何完成工作任务、具体需要什么工具和材料、如何来安排工作进度以及应该通过什么样的技术程序来完成任务都是由技术工人自主决定的，因为这些技术工人已经具备相应的技能来应对这些技术性的工程任务。我在 N 市建筑工地对木工团队的观察也印证了这一点。

> 对负责主体建设的木工团队来说，有几个程序：用钢管搭建脚手架平台，用工具建造木板模具以及混凝土干涸以后拆卸木板模具。在搭建脚手架平台时，至少需要两个工人相互合作来完成。而在后面的阶段，木工通常独立自主地来完成他们的工作任务。（田野笔记，2016 年 3 月，N 市）

从这个意义上说，技术型施工团队中的每一个工人都能成为劳动过程中的独立劳动个体，他能够将工作过程中的概念与执行能力统一起来以完成工作任务。例如，对木工团队来说，团队中的每一个工人都能理解设计图，合理地准备工具和材料，根据设计图来建造不同种类的模具以及在工作任务不符合标准时及时修正。接下来我们将介绍建筑行业的技能约束如何影响了工人的招募过程。

（二）技能约束与工人招募

建筑行业特殊的技能约束（对纯粹技术工人的依赖）能够影响建筑农民工进入劳动力市场的方式，塑造了建筑工人非正式关系建立的方式、路径以及最终形成的关系结构形态。包工头的招募过程和策略受到这些因素的影响。

由于建筑行业部分工艺流程对技能的要求，该行业必然存在着相应建筑工人的技能养成体系。由于整个建筑行业劳动力市场的非正式特征，建筑行业缺少正式、成熟且完善的外部技能培训体系，更多的是由一种师徒制的内部技能培养体系来完成建筑行业技能工人的培养（王星，2009）。建筑行业的师徒制具有以下几个方面的特征。

第一，与传统师徒制多诞生和演化于不同种类的行业协会相比（王星，2009），建筑行业中的师徒制往往与亲缘地缘关系结合在一起。建筑行业中的师徒关系往往是嵌入在以血缘和地缘为主要纽带的亲密关系网络之中。在建筑行业市场化改革前，在农村有着大量建筑技术工人，他们一般是通过传统乡村地域的师徒制来学习技能并在周边提供建筑劳务服务。在建筑业进行市场化改革以后，这些在农村具备建筑专业技能的工人开始进入城市成为建筑农民工，最早一批的包工头多出自这个群体。当他们进入建筑业劳动力市场并积累一定经验后，他们的亲属和地域关系网络中的人在自己或家人的请求下，成为他们的学徒来学习建筑行业的专业技能，双方由此形成紧密的关系纽带。例如，前文提到的景观装饰包工头老张，在他 18 岁刚离开村庄的时候，就是在县城跟随一位老师傅做混凝土的学徒工。对此，他回忆道：

> 我当时是在我们县一个建筑公司的混凝土施工团队跟我们村一位老师傅做学徒，也就是跟着他学习各种混凝土的技术和建筑行业里面的门道。大概是 1992 年的时候，他决定退休，不干了，就把他在那个建筑公司的一个小的工程项目拿给我来干。我就是那个时候抓住机会开始承包项目做包工头的，而且那个时候我师傅施工团队的工人也留下来跟我一起干了，现在有一些人还是那个时候留下来的。（访谈，2016 年 5 月，T 市）

当技能养成的师徒制与亲缘、地缘关系结合在一起的时候，我们会发现，师徒制有利于建筑工人嵌入式关系网络的发展。在成为学徒的过程中，学徒工人也将培养出属于自身的非正式关系网络，既包括乡村原生性关系，也包括在城市中新发展的关系。正如老张的经验所展示的，师傅的关系网络很大程度上也能够被学徒工人继承，并成为学徒工人技能发展和事业扩张的基础。

第二，作为一种建筑工人技能养成的制度，建筑行业中的师徒制同样重视技能文化。也就是说，通过师徒制培养起来的技能工人对建筑工艺有着严格的追求。建筑团队对于何种技能水平的工人能够进入到施工团队中有着严格的限制，只有那些技能水平得到团队其他成员认可的成员才有可能与其他成员组成施工团队。例如，我在 N 市对木工团队的田野调查发现，木工团队的规模一般比较小，大概有 10 个人，但是木工团队的工人都表示团队中工人的技术水平是差不多的，他们不可能招募那些技术水平与他们相差很大的工人进入到团队。因此，师徒制下培养的工人重视技能并影响到他们组建施工团队的努力。

在田野调查过程中，笔者发现技术型施工团队对"关系圈"特别重视，这是他们进入劳动力市场最为倚重的关系资源，而这种"关系圈"的形成一方面来源于原生地关系网络（亲缘和地缘），另一方面则得益于在城市工作过程中发展出来的新的关系纽带。因此，对技术工人来说，他们的"关系圈"既有来自血缘和地缘等具有先天关系纽带的成员，也包括在城市工作过程中发展起来的后天关系纽带。当技术工人有机会成为承揽项目的包工头时，他们前期发展出来的以技术工人为主要构成对象的"关系圈"将对他们招募工人的过程产生重要影响。这也因此塑造了技术型施工团队中的关系网络结构形态及其一般性特征。下文我们转向对此类关系网络结构的叙述。

二　环形关系网络的形成

由于建筑行业的工人技能约束和劳动力市场对非正式关系的依赖，包工头建立技术型施工团队就只能从他们的"关系圈"中招募成员，并在此基础上与技术工人发生联结来构成潜在的交易匹配关系。因此，构成建筑业劳动力市场的第二种交易类型同样嵌入在特定的关系网络结构中。为说明雇主和工人匹配构成的特定交易类型，我们需要先行阐述他们嵌入的关系网络结构的形成过程以及该网络结构特征对双方交易类型的影响。

（一）　一个典型的技术型施工团队

在 J 省 Y 市的一个乡镇，当地几百个农民工将木工作为他们赖以谋生的主要职业。每一年，他们都会成群结队地离开家乡去城市的建筑工地寻找工作。在绝大多数情况下，当一个包工头（技术工人）从总包或分包公司拿到一个项目时①，他会从自己的"关系圈"中招募他熟知且技术水平过硬的工人来组成一个 10 人左右规模的建筑施工团队（具体人数是随着项目大小而改变的）。老辛是一个来自 Y 市的木工。当我 2016 年 3 月在 N 市的工地遇到他时，他和他的木工团队正在忙于建设一家豪华宾馆的主体部分。他的团队大概由 15 个木工组成，他们都是来自 Y 市的一个乡镇。

除了 Y 市的木工团队，当时的建筑工地还有另外 6 支来自 J 省其他城市的木工施工团队参与主体建设。老辛所在的团队大概承包了 800 平方米的工程量。老辛团队成员的年龄是 45～50 岁，这些工人从事木工工作的时间都超过十年，而且他们大多是在 20 世纪 90 年代晚期或 21 世纪早期作为学徒并在建筑工地上学会了木工技能。比如，老辛是在 1998 年左右离开村庄并跟随他的木工老乡学习木工技能，最终成为一名技术工人。慢慢地，在他的家乡所在的乡镇，许多人都成为木工而且大家相互之间也逐渐熟悉起来。当技术工人有机会拿到承包合同时，技术工人的"关系圈"就提供了劳动力，为包工头组建他的施工团队提供了条件。

例如，老辛也有一个自己的关系圈子。在他的关系圈子中，工人彼此之间是相对熟悉的，因为在过去几年他们常常在一起工作。当他圈子中的一个工人拿到工程项目的合同时，老辛和其他工人就被招募进来加入施工团队。那个拿到合同的技术工人既是他的雇主，也是现场生产活动的协调者。与此同时，包工头自身也是技术工人出身，他一般也亲自参与劳动过程。在技术型施工团队中，团队中所有工人共同合作来完成工作任务和获

① 木工在很多不同类型的建筑施工团队中都是不可或缺的角色。例如，他们是建设工程主体的核心劳动力，主体建设一般是由总包公司来负责，总包公司组织多支木工团队（与钢筋和混凝土工人团队合作）来完成主体建设。木工在内饰装修团队中也是必需的，通常是由分包公司来组织。因此，木工工人能够从分包或者总包公司获得合同。

得工资报酬。

我通过在老辛团队中的非参与式观察和对老辛的访谈发现,老辛所属建筑施工团队的工作模式有其特殊性。在包工头拿到项目合同后,被招募的工人会一起参与讨论工作任务如何分配。在讨论过程中,工人们被分派到工地的不同区域而且他们要负责相应区域的工作任务。对负责工程主体建设的木工来说,有一些基本的建筑工艺流程:用钢管搭建脚手架,使用不同的工具来制造模板,混凝土晾干后拆卸模板。在搭建工作平台的脚手架时,至少需要两个工人共同完成任务;在工程任务完成的后期,工人们往往独立工作就能够完成任务。因此,在特定的工作区域,他们首先共同协作来完成脚手架平台的建设,然后独自制造模板并拆卸模板。

那个拿到承包合同的工人和其他工人一起工作。但与此同时,他也需要负责工人的签到以及和分包公司协商诸如钢管分配或项目进度等议题。[1]总包或分包公司的工作人员会不时来到工作区域检查工人的工作质量和工作进度。每一个工人都能够直接与分包公司的工作人员沟通协商,就项目技术要求或者工作质量等问题提出看法,因为所有工人相对独立地完成工作任务,也理应承担相应责任来保证工程质量与进度。由于工人采取的一般是计件工作模式,整个工作团队每天工作时间在 10 小时以上。他们越快完成工程项目,他们就越能更快地转移到其他项目上,也就越能获得更多的报酬。

(二) 雇主招募与环形关系网络结构的形成

当我在其他建筑工地再次碰到技术型施工团队的工人时,工人们反复提到关系圈子对他们在建筑业劳动力市场中获得工作的重要性,这也是包工头招募工人的主要关系资源。作为一种重要的关系现象,圈子是一个开放而灵活的自我中心网络,在其中有着核心和边缘成员的划分(罗家德,2012)。技术工人关系圈的形成与维持主要靠的是工人在城市共同工作的经历、日常的情感、工作联系和关键时刻互相帮助以提供工作机会等因素。姚多义是一个的 50 岁左右的地板安装工人,当我在 T 市工地遇到他的

---

① 在整个工作过程中,木工必须与钢筋工和泥工相互配合。只有当其他工作团队完成他们的工作任务时,木工才能进行下一阶段的工作。

时候，他和我分享了技术工人关系圈子形成的一般过程：

> 我们建筑施工团队中有一些来自同一个村庄。团队中的工人大部分都是来自我们村附近的。在我老家那里，很多人都是做这个地板安装的活。我做这个工作很多年了，我们老家每一个做这个活的人差不多都认识。当我在一个工地工作的时候，有一个人在第一层，我在第二层，这样就很容易认识。当我们一开始讲话的时候，就发现大家原来来自同一个地方，然后就会交换电话号码。如果他有了新的项目，他可能就会叫我；如果我有新项目，我也可能会叫他。（访谈，2016年5月，T市）

从上述话语中，我们看到技术工人关系圈的建立过程既包括他同村的工人，也包括在城市工作过程中发展起来的新的关系纽带。但是这种关系圈的建立与扩展是有门槛的。对一些工人来说，关系圈的建立和扩展通常都局限在老乡关系网络。这种同一个地域工人从事同一种行业的现象被称为同乡同业（吴重庆，2020），就如我们看到老辛所在乡镇中很大一部分外出务工人员都从事木工安装的工作一样。一个老乡关系网络可以包括不同层级的地域，包括村、镇、县、市或省。个体离家乡地域越近，老乡关系就越紧密，情感和心理上的距离就越短。因此，一个技术工人的老乡关系圈的规模是变化的，因为工人将不同地域层级的老乡纳入他的关系圈之中。当与工人谈论这个关系圈的重要性时，他们通常会区分小圈子与大圈子。在工人的认知里，小圈子指的是那些来自同一个村镇的工人，而且其中混杂着亲戚或者好朋友。与此相对，大圈子主要是由那些来自同一个县城或以上地域的工人组成。[①] 他们虽然知道彼此的存在，但是并没有足够的机会发展出强纽带关系。

小圈子和大圈子的区分对包工头招募技术工人以成立建筑施工团队有

[①] 大圈子一般也会包括少数几个来自其他省份的工人。然而，工人很少通过这种关系来获得工作，因为工人总是先在小圈子关系网络中找工作。许多工人提到，他们很难习惯和老乡关系网络以外的工人一起工作，因为工作习惯和方言差异会影响协作，进而影响工作任务的完成。

重要的影响。当包工头拿到一个项目合同后，他们首先会在他们的小圈子中找工人来成立施工团队。韩方是一个来从事消防工程安装的工人，他分享了关于如何招募工人来创建团队以完成工作任务的看法：

> 我们做消防的，有一个 200 多人的微信群。因为人数太多了，你不可能和群里每一个人都特别熟悉。如果你需要找人来一起做工程项目的话，你会首先想起那些你最亲密关系的人。如果你自己很忙，这个时候你可以推荐那些你特别信赖的人到那个团队里面去。[①]（访谈，2016 年 5 月，T 市）

在这种招募策略下，最后形成的施工团队中，工人之间往往共享强关系联结，因为他们大多来源于一个小圈子或者与小圈子部分重叠的网络。对技术工人来说，这个圈子最重要的功能就是作为一个传播扩散工作信息的渠道。张三是一个钢筋安装工人，他向我介绍了工作信息是如何在他的圈子中传播并且工人是如何通过这个渠道找到工作的。他说道：

> 因为我认识的很多工人在这个钢筋安装领域做了很多年，我们和老板建立了很好的联系。当老板手里有项目的时候，他会问我们领头的是否愿意做。我们领头的就会找那些他熟悉的人并把消息告诉他们。正是因为大家消息共享，我们才能在这个行当中找到工作。（访谈，2016 年 3 月，N 市）

包工头除了以老乡网络中生发出来的关系圈作为组建施工团队的基础以外，影响技术型施工团队建立的另一个至关重要的条件就是被招募工人之间有相对一致的技能水平。也就是说，参加施工团队的工人在技术水平上应该处于相对一致的水准。负责联系和组织其他工人加入施工团队的包工头需要有意识地选择那些技术水平或工作经验差不多的工人加入团队。

---

① 由于小圈子中工人关系纽带的相互重叠，那个被推荐参与工作团队的工人和正在招募工人的包工头容易发展出强关系联结。这意味着工人必须推荐那些他们信任且也会被包工头信任的工人。

那些包工头小圈子中推荐其他人加入工作团队的工人也必须要考虑到这一标准。在田野调查期间，可以观察到技术型施工团队工人差不多都在同一年龄段，因为工人的工作年限和他们的技术水平是相关的，因此有着差不多工作经验的工人容易在一起组建施工团队。

对相对一致技能水平的强调源于技术型施工团队的工作模式和工资分配状况。一般来说，技术工人共同合作来完成特定的工程项目，工程项目会被包工头以相对均等的方式分解给每一个技术工人。工人报酬分配的额度通常取决于工人的工作天数而不是每个工人具体完成的工作额度。在这种工作模式和报酬分配基础上，保证每个工人都能获得一个相对公平分成的办法就是确保每个工人的工作效率差不多，否则工人就会感觉自己的劳动成果被其他人占有，从而给工程项目的最终完成带来风险和不确定性。另外，相对一致的技能水平也是工人合作完成一些复杂工作任务的必要条件。在一些稍微复杂的技术工作领域，有时候需要几个技术工人共同合作来完成工作。为了提高工作效率，只有有着相对一致技能水平的工人才能保证相同的工作节奏，从而提高整个施工团队的工作效率。这也是老辛告诉我他的工作团队很少招募新学徒工人的原因，因为新来者无法跟上整个施工团队的工作节奏。陈柏是一个40多岁的木工，在技术工人的招募过程中也提及了这一点：

> 你不能随意把人叫到团队里来，因为你必须清楚你叫的是谁。他的技术必须足够好，不能因为他拖整个团队的后腿。如果你找来一些对技术不懂的人，那么整个团队都会很麻烦，而且他们以后都不会再找你。所以要找到适合团队的人很重要。那些帮忙找工人的人也要好好地对待这件事。（访谈，2016年5月，T市）

因此，技术型施工团队的创建是老乡关系网络和工人一致性技能水平相互平衡的结果。如果包工头在组建施工团队过程中太强调老乡网络，就会忽略或者低估技术水平对促进工作效率的影响；而如果忽略老乡关系网络，特别是小圈子的作用，就会损害劳动过程中工人之间的相互信任和工人之间的合作关系。尤其是，考虑到建筑行业中雇佣关系的不稳定性和非正式性，就更是如此了。因此，在招募工人的过程中，包工头的关系圈是建立施工团队的结构性基础，是技术型建筑施工团队得以实现的前提，而一致的技能水平则是在关系圈基础上的必备条件，是对关系圈网络资源的甄别。通过阐述包工头招募技术工人以完成施工团队组建的要求和过程，可将技术工人应特殊要求而形成的施工团队类型概括为一种内嵌于老乡关系纽带的网络，意即包工头通过小圈子的自我招募和大圈子中的推荐招募而形成一个关系网络结构，我们将其称为环形关系网络结构（见图4-1）。

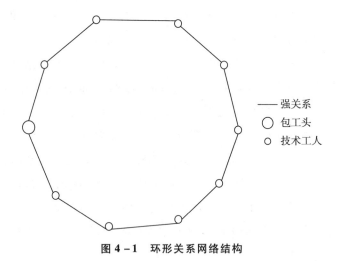

图4-1 环形关系网络结构

　　不同于第三章阐述的蛛网式关系网络结构中两层亲疏有别的关系形态，由于技术型施工团队的工人招募过程主要是在老乡关系网络中完成的，因此很难明显地将包工头建立的施工团队划分为亲疏有别的层级，工人之间的关系联结大致处于一个相同的强度。此外，值得特别强调的是，本章关注的关系网络结构并未将包工头置于关系网络的中心位置，因为建筑施工团队的技能主义风格使得包工头和建筑农民工处于一个相对平等的地位，技术工人因技能知识的专有性而享有较大自主权，包工头无法通过上下级命令的方式来组织与协调工作任务的完成。因此，我们将技术型施工团队的网络概括为环形关系网络结构。环形关系网络结构的特征使得包工头和建筑农民工的交易匹配过程有着不同于蛛网式关系网络结构的情境条件，进而塑造出不同的交易类型。在阐述环形关系网络结构下的交易类型及其特征前，有必要就此关系网络结构的一般特征做一个介绍。

（三） 环形关系网络结构的一般特征

正如前文已经叙述的，在建筑行业，包工头面临的特定市场条件决定了其特定的招募策略，而一定的招募策略形成了特定的关系网络结构，并进而对包工头与建筑工人之间的交易匹配类型和交易特征造成影响。在技能主义约束下形成的环形关系网络结构同样如此，它具有一些不同于蛛网式关系网络结构的典型特征。

首先，正如图 4-1 所示，"强关系" 是环形关系网络结构中的支配性纽带，包工头和技术工人之间是一种强关系联结。这种联结的形成得益于包工头多年发展培养的小圈子关系以及与其小圈子网络部分重叠的关系网络成员，加之关系网络成员往往共享着老乡关系网络，从而使得成员内部易发展出一种 "强关系" 联结。同样，加入施工团队的农民工也容易发展出 "强关系" 联结，并有可能将部分成员发展为自己的小圈子关系网络成员，从而为增加今后的劳动力市场机会提供条件。在 "强关系" 纽带的约束下，关系网络成员之间能够保持紧密的联系并进行相对顺畅的沟通。与此同时，需要注意的是，这样一种 "强关系" 纽带是局限在老乡关系网络边界内的，它在情感强度、亲密程度和互惠程度方面都远远达不到血缘关系的水平，是一种中强度的状态。[①] 正如河北地砖安装工人姚多义评论他与施工团队中其他工人的关系时指出的：

> 我们这个队伍都是我们那附近地方的，我那个老乡把我们找过来，有一些是常年和他一起做事情的，另外一些大概都是我们那个乡镇的，基本上都知道彼此的。（问：那你们觉得和包工头是什么样的关系呢？）都是老乡嘛，就大家出来打工赚钱，关系熟一点的话，做起事情来方便一些，其他也没什么。（访谈，2016 年 5 月，T 市）

其次，环形关系网络结构是一种去中心化、去等级化的关系网络结

[①] 正是在环形关系网络结构中，包工头和建筑农民工的关系强度处于中间的状态，才使得协商型交易成为可能。也就是说，在老乡关系纽带下，雇主和工人可以就交易内容的细节进行一定程度的协商与讨价还价。我们将在第三节阐述环形关系网络结构下的交易特征。

构。在蛛网式关系网络结构中，我们看到虽然包工头和农民工是一种"强关系"联结，但是他们之间仍然受到等级权威的束缚，包工头在整个关系网络中居于一个绝对核心的位置。但是在环形关系网络结构中，包工头并不处于关系网络结构的中心位置，而是和其他关系网络成员保持着相对平等的关系。因此，在环形关系网络结构中，包工头和建筑农民工的身份界限是相对模糊的，在工作和生活中包工头对农民工并没有绝对的支配权，包工头一般也作为工人参与工作任务的完成。施工团队中这些拥有专业技能的工人能够独立自主地设计和决定工作流程并有效地使其得到遵循。我在田野观察中，能够看到在技术型建筑施工团队中，包工头和农民工往往是通过彼此协商合作来完成工程任务的，并不存在包工头以命令的方式来指挥工人的行为，因为工人有着丰富的经验和技术能力来独立地完成任务。这赋予了工人相对独立的网络成员地位。

再次，环形关系网络结构蕴含着关系成员之间一种即时和不定向的沟通模式，这与蛛网式关系网络结构盛行的上下等级式的沟通模式非常不同。在蛛网式关系网络结构中，包工头是整个团队沟通的中心点，他负责接收工人的信息反馈并就工作安排给每个工人下达具体的指令。然而，在环形关系网络结构中，技术工人之间的沟通是即时和不定向的，在工作过程中工人可以和团队中的任何人在任何时间沟通。工人即时和不定向的沟通通常发生在技术工人遇到其无法独立解决技术问题的时候，技术工人可以寻求其他技术工人的建议。事实上，环形关系网络结构中的即时和不定向的沟通对提高工作效率是非常有效的，因为技术工人能够迅速地回应工作过程中出现的问题并通过集体的力量来解决。更进一步的，工人能够相互学习来提高他们的技能。简而言之，技术工人之间的这种沟通类型能够提升工作效率，也是环形关系网络成员之间关系性质与地位的映照。例如，刘强是一个来自江西的墙砖安装工，他谈到了他在技术型施工团队中的工作经验：

当我第一次被招募进墙砖安装工作团队时，我的工作节奏比其他的工人要慢一点。但是那没关系。如果你不知道如何更快地安装，那你就问别人或向别人学习。那是很快的方式。大概在一周以后，我就

能够赶上别人的工作速度并且独立工作了。反正你不能拉整个团队的后腿。（访谈，2016 年 7 月，T 市）

借助环形关系网络结构中即时和不定向的沟通，工人参与劳动的过程也是工人的社会化过程。其中，工人能够提高自己的技能并且使自己适应团队的整体工作节奏。由于建筑施工团队具有较高的自主性且一般采取计件的工作模式，建筑农民工有着更强的激励去积极主动地与其他技术工人共同完成工程项目以获取收入。

最后，环形关系网络结构呈现一种封闭且规模有限的形态。正如前文所述，技术型施工团队是局限在老乡关系网络中的，如果有新成员要求加入，这一新成员必须来自与包工头有交叉的关系网络且被包工头信任。与此同时，环形关系网络结构的总体规模一般较小，因为唯有如此团队成员才能够顺畅地实现成员之间的沟通，从而有利于提高工作效率。封闭而规模有限的关系网络能够在包工头和农民工之间以及农民工内部保持一个较为紧密的联系，能够使得先前关系不那么紧密的团队成员发展出"强关系"纽带，以维持环形关系网络结构的有序运转。

在说明工程项目的技能约束如何影响包工头招募策略的基础上，上文阐述了包工头组成技术型施工团队的过程，由此雇主和工人之间发生联结而形成了一种环形关系网络结构。环形关系网络结构是一种网络成员地位相对平等、局限在老乡关系边界之内且成员之间以"强关系"为支配性纽带的网络。它为包工头和建筑农民工达成交易匹配关系提供了不同于蛛网式关系网络结构的情境，塑造了雇主和工人在交易过程中的不同行为互动特征。下文将对嵌入－协商型交易双方的互动特征进行阐述。

三　交易特征：嵌入中的"准"协商

在嵌入－互惠型交易中，由于包工头和农民工嵌入在以"强关系"纽带为特征的蛛网式关系网络结构中，工人在不知晓雇主未来是否（何时以及多大程度上）会做出回馈的前提下主动提供劳动服务。与此相比，在环形关系网络结构中，虽然包工头和农民工嵌入在小群体的关系网络结构中，但是交易双方并不排斥就交易内容进行沟通和协商，协商型交易成为环形关系网络结构中的主导型交易方式。下面我们将首先介绍包工头和建筑农民工协商型交易的关系网络基础，接下来将介绍此类协商型交易过程中双方互动的关键特征。

（一）协商型交易的关系基础

在泽利泽关系运作视角中，特定的经济交易将与特定的关系纽带相互匹配，如此经济交易才能顺畅完成（Zelizer，2012）。但正如泽利泽一再强调的观点，经济利益与亲密关系并不是水火不容和决然分割的关系，而是相互交织在一起的（Zelizer，2005），关键的问题只在于经济利益与亲密关系各自的边界是如何确定的。田野调查资料显示，在环形关系网络结构的建筑施工团队中，交易双方并不排斥就交易内容进行谈判与协商。环形关系网络结构之所以能够成为双方协商型交易的基础，主要得益于双方的关系性质。

费孝通提出的差序格局的基本人际关系结构决定了中国人在对待不同性质的关系时的不同反应和行为策略。正如既有研究所揭示的，在差序格局关系结构中，以"己"为中心，由近及远，情感强度和亲密程度不断降低，对经济利益的算计的容忍程度也就越来越高（Chan，2009）。我们看到，在嵌入－互惠型交易中，交易双方对经济利益计算的容忍程度是最低的，因此双方有意识地避免对经济利益的讨价还价，而是期待双方能够依照人情互惠原则予以回报。在环形关系网络结构中，虽然双方都嵌入在老乡关系网络中，但交易双方并不避讳就交易内容进行讨价还价和相互协商。相比于蛛网式关系网络结构，环形关系网络结构中的老乡关系对经济利益计算的容忍程度更高，协商型交易成为包工头和建筑农民工之间的交易匹配方式。正如打桩技术工人乔老四提到的：

> 虽然大家都是一个地方的，但是说到底大家还是出来打工赚钱养家的，不可能不清不楚地给别人干活，所以老板叫我们出来的时候，肯定得知道到哪里做事情、工钱怎么样、工期怎么样、上面公司付钱痛快不痛快呀，这些都得搞清楚，要不然容易吃亏。亲兄弟还明算账

呢，何况是老乡之间，肯定都要搞清楚。（访谈，2017 年 7 月，Z 市）

从乔老四提供的信息中，可以看出在环形关系网络结构中，市场理性精神和对经济利益的关注同样能够得到彰显，农民工加入施工团队的最大动机仍然是获取经济利益，而不是为了帮助包工头完成工程任务以赚取利润。同样，包工头组建施工团队是出于完成上级公司的承包合同任务、获取利润并扩展事业版图。

环形关系网络结构中的老乡关系纽带能够成为包工头和建筑农民工协商型交易的关系基础主要是基于以下几点。第一，老乡关系的性质属于中度"强关系"纽带，而且具有较强的可伸缩性，因此在一定程度上能够容忍交易双方的讨价还价与协商，老乡关系纽带并不排斥交易双方对经济利益的追求。第二，老乡关系的伸缩性决定了它能够最大限度地囊括关系网络成员。也就是说，对大部分共享老乡关系纽带的成员来说，他们的交往主要是为了尽可能在劳动力市场获取工作机会，是一种乡情伦理与经济交易混合的状态。协商型交易强调交易双方能够就交易内容展开协商，能够公开谈论金钱与利益获取的问题。因此，从这个角度来说，老乡关系网络与经济利益是能够较好地融合在一起的。

虽然环形关系网络结构中的老乡关系纽带与协商型交易是能够匹配的，但环形关系网络结构的特征使得嵌入 – 协商型交易不同于纯粹市场中陌生人的协商交易，而是体现出一定程度嵌入关系的约束性，本研究将这种关键的交易互动特征概括为嵌入中的"准"协商。

（二）　嵌入中的"准"协商

虽然嵌入 – 协商型交易嵌入在包工头和建筑农民工共享以"强关系"为纽带的网络结构中，但交易双方围绕着工作开展方式、工资支付方式和工资高低等内容展开协商仍是一个常规过程。然而，由于交易双方嵌入在部分重叠的关系网中，衍生性的信任关系仍然将这样一种协商区别于纯粹的市场谈判，体现出一种嵌入关系中的"准"协商特征。

一般来说，当包工头从上级承包方那里获得项目合同并计划从其关系圈中招募工人时，包工头和工人就进入了交易协商的阶段。在建筑行业，建筑施工团队一般有计时与计件两种工作模式。对由技术工人组成的团队来说，计件往往成为其主要采取的工作模式。在交易协商阶段，围绕着计件工作模式，雇主首先需要向拟招募工人交代项目承包总量、总额、单价、上级分包公司基本情况、工资支付方式等信息。工人在获取基本信息后，需要衡量雇主提供的报酬是否符合期待并在此基础上与雇主进行一定程度的讨价还价。只有双方就交易内容基本达成一致后，交易关系才能确立。例如，如果工人认为包工头的计件单价（比如给木工工人每平方米的单价）报价过低，他们会尝试与包工头协商是否有可能提高单价或者驱使包工头与上级分包公司再次协商，以期获得更多的报酬。在协商过程中，包工头和工人的收益决策是由市场回报与关系维护共同塑造的，双方都期待在不破坏既有关系基础上尽可能地获取最大经济收益。对包工头来说，他希望在维护或扩展既有关系圈的同时以尽可能低的价格将项目承包给工人，而工人则期待在不破坏与包工头关系的基础上尽可能获得符合自身预期（根据市场行情和个人技术水平而定）的理想价格。

受限于包工头和工人嵌入的环形关系网络结构，交易双方更接近于一种"准"协商的状态。换句话说，双方并不是一种泾渭分明的纯粹市场交易，而是对很多交易细节采取一种模糊处理的方式。嵌入关系网络结构中交易双方的"准"协商特征主要体现在以下三个方面。

第一，交易双方的协商是在合作而非对抗基础上展开的，交易一方利益的获得并不必然以另一方利益的损失为代价。交易双方并不处于彼此敌对的状态，双方会有意识地做出妥协和退让以使交易能够顺利达成。例如，在工程承包的价格方面，当雇主提供的价格低于工人预期或者工人要价高过雇主可提供的预期价格时，工人和雇主通常会做出一定程度的妥协。老辛提到了他加入老乡的木工施工团队时的过程：

> 当老板叫我们的时候，我们就要问多少钱一个方（平方米，因为木工采取计件承包模式，以每个工人承包的平方米数为计算单位，他们通常称"方"）。当时说的是 30 块钱一方（平方米），但是那个时候我觉得有点低，就问我那个老乡（包工头）有没有可能高一点，就让他跟上面的公司再商量一下，看能不能把单价提高一些，结果没有办

法。虽然我觉得有一些低，但是我们最后还是妥协了，接受了。（访谈，2016 年 5 月，N 市）

由于包工头和农民工之间的老乡关系纽带，在交易协商的过程中，他们并不会完全按照市场价格来达成协议。只要在可接受的价格范围之内，交易双方一般会做出妥协以求尽快地完成交易。

第二，与纯粹协商型交易对交易信息的完整性和履约承诺的强调不同，包工头和建筑农民工的嵌入－协商型交易往往有意对交易的具体内容予以模糊化处理。由此，模糊化策略成为交易双方的一个常规化设置。例如，在达成交易的过程中，包工头和建筑农民工并不会就工资支付的准确期限达成一致，因为嵌入在老乡关系网络中的建筑工人相信包工头会在他恰当的时间完成工资支付，而包工头出于其在关系圈中的声誉考虑不会拖欠工资，因为拖欠工资将是"自毁长城"的做法。对部分交易内容和信息的模糊化处理不是对经济利益的漠视，相反，正是出于对长远利益的重视使得他们更加珍视关系的维护，因为在建筑行业拥有广泛而良好的非正式关系可增强交易双方在劳动力市场的机会优势。

受限于环形关系网络结构中的"强关系"纽带，包工头和建筑农民工虽然都关注交易的基本内容，但双方并不会对交易的每个小细节都斤斤计较，尤其是在双方交易达成以后，双方并不会就"合约"的执行方面做出严格的约定，因为他们双方之间共享的老乡关系纽带提供了一种非正式的可信承诺保障，双方相信"合约内容"一定能够得到履行。另外，包工头和建筑农民工对一些交易内容和细节的模糊化处理能够较好地在经济利益获取与老乡关系维护之间达到一个平衡，这是交易双方有意识的抉择。下面是我和一个技术工人（木工）的对话，其在一定程度上能够体现交易双方对交易细节的模糊化处理。

我：那你们来给他干活的时候，要提前知道哪些内容呢？
杜：打电话叫你的时候，你肯定在电话里就要问清楚是什么工程项目、什么活（就是具体做什么），有哪些人了，还有就是钱，单价怎么样，合理不合理。

我：那这个工资支付的期限和方式不要提前说清楚吗？到时候不付钱怎么办。

杜：这个没有必要说，都是老乡，不怕他跑掉，都知道他家住在哪里，这个完全不用担心。

我：可不可以说，你们沟通的时候这些方面反而不能去说，要不然面子也过不去？

杜：是这么个意思，大家彼此之间都比较熟悉，没有必要说得那么清楚，要不然别人会说你不相信别人，别人以后也不会喊你一起做事情。（访谈，2016年6月，T市）

因此，模糊化作为"准"协商中的关键性设置体现了嵌入－协商型交易中包工头和建筑农民工对劳动力市场中双方交易关系的共同认知与理解，是交易匹配关系能够维持运转的一个关键策略，符合环形关系网络结构成员的共同期待。

第三，交易一方一旦允诺达成交易，退出的成本往往过高。在一般市场交易中，消费者拥有退出选择权并经常付诸实施，是一般性竞争（不完全竞争）的基本特征（赫希曼，2015：17）。在嵌入－协商型交易中，由于交易双方嵌入共同的关系网络，交易一方一旦允诺交易，退出选择权将受到削弱且付诸实施的成本很高。当一方允诺交易后选择退出（若工人选择退出，则他所付出的代价将是包工头今后不再招募该工人；若包工头选择退出，则工人今后不再接受该雇主招募），毁诺行为将传播到相应的关系圈，会给交易任意一方带来更大的利益损失。因此，当建筑农民工承诺加入施工团队并计划与包工头达成潜在交易关系时，也就意味着农民工有着道德压力来保持忠诚，而不能在无任何特殊理由的情况下中断交易关系。来自老辛团队的另外一名工人说道：

大家出来做事情，很重要的一点就是必须讲信誉，要不然你这个人到哪里都没有人愿意找你做事情。就像我们做这个木工也是一样，如果你答应人家老板要来的话，那就不能再答应别人。有的时候我也会碰到答应别人以后有工资更高的地方，但是这个时候你也不能去，因

为没人喜欢"吃着碗里看着锅里"的人。（访谈，2016 年 3 月，N 市）

因此，在环形关系网络结构中，包工头和建筑农民工之间的老乡关系纽带发挥着限定与约束作用，使得交易任何一方的退出成本变高。同时，老乡关系纽带也发挥着规范作用，使得建筑交易双方一旦达成交易意向就会更多地选择忠诚，维持着嵌入－协商型交易的运转。

嵌入－协商型交易中双方的"准"协商交易特征体现了交易达成过程中利益获得与私人关系网络的均衡。交易双方共同嵌入的小群体老乡关系网络限制了包工头和建筑工人之间赤裸裸的市场谈判，双方的关系纽带类型为经济利益谈判限定了边界，使得其呈现不同于纯粹市场协商型交易的特征。这也是我们将其称为"准"协商的原因。那么，维持这么一种嵌入－协商型交易的核心机制是什么？下一小节我们将转向对这个问题的探讨。

四　关系网络中的声誉效应与交易维系

在建筑业劳动力市场中，当工程项目对工人技能要求过高且依赖包工头个人关系圈来招募工人时，施工团队形成了一种内嵌于同乡关系之中的环形关系网络结构（包工头个人关系圈与其他人关系圈相互联结重叠的结果）。以同乡关系联结为特征的环形关系网络结构为包工头与建筑农民工的交易匹配奠定了结构基础，但这样一种同乡关系网络并不足以形塑交易双方的互惠型交易，又使其不同于纯粹的市场协商型交易，而是呈现一种"准"协商的特征，形成了我们所称的嵌入－协商型交易。田野调查发现，维系嵌入－协商型交易有序运转的核心是声誉机制。

在嵌入－协商型交易的达成过程中，我们可以看到建基于同乡关系和小圈子关系网络的信任对包工头和工人发生联结的重要性。一般情况下，信任来源于"强关系"纽带的性质及其相互之间的传递性。然而，当工人技术水平成为包工头和工人交易匹配过程中的重要因素，经过关系网络而传递的声誉是关系双方得以确认信任并最终达成交易的前提。关系网络中的声誉和信任彼此交织、相互促进，共同推动了交易双方关系的建立。在经济学那里，声誉作为一种商品，是个人或企业针对行为和产品特征而做出的投资，是解决信息不完备性和不对称性问题的一个重要机制（周雪光，2003）。在社会关系网络视角下，我们将声誉定义为处于社会关系网络群体中的成员在相互评价和认可的基础上建立起来的等级排序，主要评价与认可指标包括技术水平和合作能力。在理论上，对环形关系网络结构中的成员来说，每个个体都存在一个相对的声誉分值表，或者说对包工头和建筑农民工来说，只有对方达到了自己的声誉期待值，对方就有可能达成交易。因此，包工头和建筑农民工在同乡关系网络中的声誉很大程度上决定着双方能否达成交易匹配。

在市场上，声誉是产品质量的指示器，是消费者判断产品质量的重要信息，能够为消费者的理性选择奠定基础。在中国建筑业劳动力市场上，由于其非正式性特征，包工头与建筑农民工的声誉更多地通过非正式关系网络的渠道得到传递。声誉之所以能够成为约束环形关系网络结构成员行为的机制，正是因为该关系网络结构的特征，即它的相对封闭性（局限在特定的老乡关系网络）决定了任何关于潜在雇主和受雇者的认知与评价信息都将通过关系纽带传递给关系网络中的其他成员，成为其是否要与对方联结匹配以达成交易的决策依据。正如来自 N 市的脚手架工人熊科在访谈中提到的：

> 其实，这个圈子是很小的，而且现在资讯也很发达，你有任何一点什么不好的地方，圈子里的人很快就都知道了，那你在这个圈子估计就混不下去了。你就比如说，如果圈子里都说这个包工头给钱不爽快，那他肯定以后叫不到什么人给他干事情。或者说圈子里的人说你干活不行，做事情半桶子水，技术也不行，那人家老板和其他工人也不会找你一起做事情。要是在圈子里搞臭了，那也就没什么好混的了。（访谈，2016 年 3 月，N 市）

因此，对包工头和建筑农民工来说，当他们在经营自身的关系圈时，他们都将个人在关系圈中的声誉积累作为重中之重。对负责组建施工团队的包工头来说，首先是拟招募工人的技能声誉，也就是包工头对招募工人技术水平的认知，为的是评估他是否适合工程项目的技术要求。由于招募对象首先来源于包工头的关系小圈子,他们过往共同的工作经历使得包工头能够对工人的技能水平做出一个恰当的评价。如果是小圈子其他成员推荐而来的工人,包工头也会询问推荐人被推荐工人的技术水平如何,推荐人考虑到今后的劳动力市场机会也会慎重推荐关系人。其次是社会关系网络对拟招募工人在合作能力方面的评估。因为在技术型施工团队中,工作任务的完成依赖于成员之间的共同合作,如果拟招募工人不擅长与人合作或者在工作生活中很难与他人相处,那么包工头在招募过程中也会有意识地避免这一类型的农民工加入团队。正如消防安装包工头周仁提到的:

> 虽然大家都是老乡,但是你也不可能是个老乡就招进来,要不然最后亏死人。还是要看他们的技术水平怎么样,还有就是,这个人会不会做人。也就是说,如果你做人不行,老是在队伍里搞事情,就是你技术再好也不可能把你招进来,要不然最后啥都干不成。(访谈,2017 年 7 月,Z 市)

同样,对建筑农民工来说,他们主要考虑的是包工头在团队管理和工资支付上的声誉。作为技术工人,这些农民工在加入团队时也必须同时考虑周围社会关系网络(圈子)对包工头的评价——团队管理经验如何、对待工人如何、工资支付保障如何等,他们也不会盲目加入包工头的团队。[1]

在包工头和工人的交易匹配中,声誉始终扮演着重要角色。或者说,关系圈的声誉与"强关系"纽带的建构是一体化和同构的。在包工头动员小圈子成员加入建筑施工团队时,并非与包工头共享强纽带联结的每一个技术工人最终都会成为交易对象,只有工人在技术水平和合作能力方面的声誉符合包工头的评估与期待时,双方交易关系才有可能建立起来。同样,当包工头招募的成员推荐其关系圈的成员时,推荐人也必须在评估被推荐人的声誉后才将其与包工头匹配起来。反过来,工人在决定是否加入施工团队时也须考虑包工头在相应关系网络中的声誉,包括工资支付、管理风格和公平公正等方面。由于共同嵌入一个同乡关系网络,过去接触与

---

[1] 但是,当劳动力市场处于供大于求的状态、技术工人的市场谈判能力下降时,技术工人有可能在承担风险的前提下加入包工头的施工团队,即使他缺乏包工头声誉方面的信息。

互动的历史和网络中其他成员的评价都会在每个工人身上留下印记，并构成包工头或技术工人的声誉。作为一种劳动力市场的组织机制，声誉能够将大致处于相同声誉位置的技术工人聚集在一起，并成为双方交易关系确立的前提。

在嵌入的"准"协商型交易中，塑造交易双方合作意识、模糊化策略和退出选择权削弱等特征的恰恰是声誉机制。正是出于对交易双方在关系网络中声誉的知悉，合作与妥协才会成为交易双方在协商谈判中的共识性策略。也是受到关系网络中声誉的激励，交易双方才有意模糊化一些交易内容，因为双方都清楚违反交易双方的隐性契约（如项目结束后在适当时间支付工资）将对彼此声誉造成重大损失。最后，交易一方允诺交易后退出的成本过高也是来源于关系网络中声誉的约束，因为中途退出已经允诺的交易将会对退出方造成巨大的声誉损失，从而影响到其社会关系网络的维护与发展。

在嵌入 - 协商型交易中，声誉、信任和利益是相互交织在一起的。良好的声誉是稳定信任关系的前提，两者相互强化不断稳固包工头和技术工人的交易关系。类似于重复博弈的场景，包工头和建筑农民工都注重在彼此关系网络中对自身声誉的维护。因此，建立在声誉基础上的信任关系才能够稳固，嵌入 - 协商型交易才能够得到维持与有序运转，从而保证了双方在劳动力市场中的优势和长期利益。

五　交易双方关系的置换

在介绍环形关系网络结构的特征时，我们强调了包工头和建筑农民工相对模糊的身份界限，交易双方的权威等级关系在该关系网络结构中体现得并不明显。环形关系网络的去中心化特征主要得益于包工头和建筑农民工技术工人的身份，而且更为重要的是在环形关系网络中，交易双方的位置关系经常出现置换。环形关系网络中交易双方关系的位置置换指的是在某一时刻为雇主身份的包工头有可能在今后某一时刻成为建筑农民工，而在此刻充当技术工人的受雇者也可能在未来的某一时刻成为包工头，并负责招募关系圈中的工人组成新的建筑施工团队。

环形关系网络结构中交易双方关系的位置置换主要是与建筑工人面临的市场条件以及技术工人与分包公司的私人关系联结有关。当建筑工人能够成功地从分包公司拿到项目合同时，他们往往能够成为包工头；当他们无法获取项目承包合同时，他们就只能成为其他包工头招募的对象而成为建筑工人。就如前文提到的姚多义在访谈过程中所言：

> 对我们来说，其实也不存在什么包工头和工人的分别，因为身份一直都在变，今天可能你包工一下，明天可能又是他在包工，你没包到活的时候就只能去给那些包到活的人做事情。这个要看行情和工人的关系，都是不太好说的。（访谈，2016 年 5 月，T 市）

不同于蛛网式关系网络结构中包工头的核心地位和包工头与建筑农民工之间的权威等级关系。在环形关系网络结构中，由于包工头和工人身份经常出现互换，在技术型施工团队中很难建立起明确的权威等级关系，而这样一种关系状态对嵌入－协商型交易产生的潜在影响主要有以下几个方面。一是交易双方关系的身份互换能够有效帮助环形关系网络的维系与发展，正是由于其他的技术工人也有可能成为包工头，整个关系网络成员的关系才能够保持在一个相对平等的状态而不会出现严重的等级分化，从而有利于整个关系网络的长期维持与发展。二是嵌入中"准"协商的交易特征得到维持。如果在环形关系网络结构中，包工头的身份和建筑农民工的身份是稳定不变的，则长期发展下去很难想象"准"协商的交易特征能否得到维持。正是因为雇主和受雇者的身份会出现变化，包工头在一定程度上才能够做出妥协，提供可能比市场价格高的劳动力定价。

六　嵌入－协商型交易下的经济政治结果

建筑行业中不同的劳动力市场组织方式（体现为不同交易类型的形成）会塑造不同的劳动过程的动力机制和工人的政治主体性。在第三章的嵌入－互惠型交易中，我们阐述了互惠型交易下包工头和农民工在劳动过程中的互动方式（自我管理的模式、工人积极的工作伦理和包工头的软控制策略）和工人抗争的缺席。同样，在嵌入－协商型交易的组织方式与交易逻辑下，建筑工人的劳动过程和政治主体性也体现出其自有的动力机制。本节将关注嵌入－协商型交易带来的经济政治后果。

（一） 灵活的劳动分工

在嵌入－互惠型交易下，工作的地域和任务分工安排是被提前规划好的，每天包工头都会将特定的工作分派给工人，再由技术工人和非技术工人在现场配合完成。但是在嵌入－协商型交易中盛行的技能行政主义允许劳动过程中的灵活劳动分工。环形关系网络中的工作分配是灵活的，因为工人的技能水平能够同时构思与执行工作任务，实现概念与执行能力的统一。因此，对于谁来完成何种类型的工作任务没有很大的区别。比如，在对木工团队的观察中发现，工作往往是被分成若干个区域，但工人并不是很在意哪一片区域由谁来完成。劳动分工的灵活性进一步体现在劳动过程中工人位置的可置换性。当部分工人遇到一些他们无法解决的紧急技术问题时，那些更有能力的工人能够替代他的位置并帮助他们完成相应的工作任务。简而言之，劳动分工的灵活原则使得工人之间在保持顺畅合作的同时可以保证团队的工作节奏与工作效率。

环形关系网络结构中灵活劳动分工的实现与建筑工人的技能水平有很大的关系。他们每个人都有着独立完成工程任务的能力，因此，对整个团队来说，技术工人能够在团队承揽的整个建筑工艺流程中实现位置的灵活替换，从而保证以较高的工作效率完成工作任务。就如我在 N 市工地的田野现场记录的：

> 在钢筋安装的团队中，能够比较清楚地看到，虽然每一个工人都有自己的工作区域和从事的技术工种，但是也能够看到他们之间往往相互帮助，工作位置时常出现替换情况，总体看起来都是为了实现整个团队最好的工作效率。（田野笔记，2016 年 4 月，N 市）

（二） 边界确定活动

边界确定（boundary-making）活动指的是个体行动者通过建立和动员社

会差异来维持和强化群体内部的差异性（Hansen，Sun，& Osnowitz，2017）。在环形关系网络结构形成的过程中，老乡关系纽带成为包工头建立施工团队的关系基础。团队很少会接受那些不是和他们来自同一个地方的人，他们总是小心翼翼地维持着老乡关系纽带的内在边界。这种边界确定与维持的活动对维续团队具有重要意义。在环形关系网络结构中，一定程度的相互信任感是老乡关系纽带中的"文化性内容"。这种相互信任也是形成施工团队的关键元素。如果没有相互信任，工人不可能在一起工作。黄金荣是幕墙安装团队中的一名技术人员，他曾经想要和老乡一起组队来承包项目，但是最后没能成功。下面的谈话内容显示了相互信任在避免团队冲突、建立和维续团队方面的重要性。

　　我：为什么信任这么重要？

　　黄：如果人的心不齐，还怎么一起工作？每个人都怀疑那个拿到项目合同的人，因为他们会想别人赚了更多的钱。如果每个人都这样想，队伍自然就垮了。

　　我：如果是这种情况，如果你是那个帮忙拿到项目合同的人，你就会感到不舒服，对吗？

　　黄：是的。我内心就会想要打退堂鼓。我们都是在市场上卖劳动力的。我会告诉每个人我从大老板那里拿到的价格。如果每个人都接受这个价格，我们就可以一起接下这个工程项目。如果他们怀疑我的诚信，我就会去那些按日工资结算的团队里面工作。

　　我：也就是说，在你的老乡中间没有什么信任感？

　　黄：是的，我碰到过那些队伍。人家合作就非常好。我找不到那些彼此非常信任的老乡。（访谈，2017 年 7 月，Z 市）

　　将其他类型的建筑施工团队与环形关系网络结构中老乡关系纽带区分开来的动机来自相互信任在促进工人合作和维续团队方面的重要性。[①] 如

---

　　① 当然在嵌入–互惠型交易团队中，相互信任毫无疑问也是维系该团队的重要因素，但该团队的维系并不仅仅局限在信任上，而是有着更多的情感和道德伦理因素在发挥作用，支持着成员之间的高度信任。

果没有这种封闭性网络中成员的相互信任，工人是不可能建立团队并彼此展开合作来完成工作任务的。更进一步的，工人来自同一个地方的事实提供了其他一些有利因素，从而可以强化工人之间的合作。李文敏，曾经是一个木工，讲到他为什么选择和老乡一起组队来承包工程项目时说：

> 如果你要拉人一起来做项目的话，工人必须是你的老乡，否则的话事情就比较难办。如果工人不是来自同一个地方，方言不同，我们之间就很难沟通。另外一个就是，大家完成一些任务的习惯和方法也是不同的。如果工人都是一个村的，事情就会顺很多。（访谈，2016年3月，N市）

在李文敏的认知里，工人讲的方言、工人的工作习惯和方法都是决定一个工作团队成功与否的关键因素。反过来，这些因素能够强化工人沿着老乡关系纽带而展开边界确定的活动。

（三） 劳动过程中的责任共担

在环形关系网络结构的影响下，劳动过程的另一个特征是施工团队成员之间的责任共担：个人的工作错误由团队成员来共同承担与改正。在劳动过程中，工人犯错是难以避免的事情。在环形关系网络结构中，一个工人的错误（如不符合图纸规范，工作需要返工重做）会造成其他工人的损失，因为错误会拖慢整个团队的项目进度。对采取计件模式的工人来说，他们越快完成工作，他们就能越快地转移去其他工地开展工作，也就能获得更多的报酬。当工作错误出现的时候，工人一般不会责怪犯错误的工人，也不会扣除他的份额来惩罚他。相反，整个施工团队会共担责任并一起改正错误。至于为什么会选择责任共担的方式，有个技术工人提到：

> 一般来说，工人之间都会相互理解。如果我犯错了，所有工人都会回去一起改正错误。毕竟，我们都是一个团队的，而且每个人之间都是老乡。让一个人承担全部责任是不可能的。所有的工人都应该一起承担责任。（访问，2016年5月，T市）

事实上，整个建筑施工团队针对个别工人的错误实行责任共担的模式正是工人团结的象征，它有助于维续整个团队的运转，有利于强化关系网络成员之间的相互合作关系，促进嵌入－协商型交易的进行与运转。

（四）　工资分配中的同等贡献

另外一个维持环形关系网络结构运转的重要因素是坚持工人工资平均分配的原则。这个原则强调同等付出，同等分配，而不论每个工人在工作过程中完成的具体额度。在环形关系网络结构中，计算每个工人工资的公式是：

$$（总工程款/所有工人的工作天数）×每个工人的工作天数$$

在劳动过程中，包工头的其中一个责任就是记录每个工人的出勤状况。当然，工人自己也会记录他们一共工作的天数。在项目开始前，包工头需要提前告知团队成员项目报价，因此每个工人都清楚地知道总工程款是多少，这是这一类型的特征。在完成工程项目后，包工头和工人会用他们各自的出勤记录数目来相互核算下每个工人的工作天数。用项目工程款除以所有工人的总工作天数得到每日的工资额度，经过交易双方确认的每人的工作天数乘以每日的工资额度就得到每个工人应该得到的总工资。事实上，每个工人的工作效率是不同的，因此，每个工人具体完成的工作额度（就工作任务被分解的程度来说）也是不同的。然而，在计算工资的时候，工人一般会忽视他们完成的具体额度；相反，工作天数成为计算工资的基数。先前提到的墙砖安装工人，有过一次和别人共同组队工作的负面经历，从侧面说明了"同等付出，同等报酬"原则在维续建筑施工团队完整性和嵌入－协商型交易有序运转过程中的重要性。刘强谈起他在 T 市工地工作的经历：

　　我们四个是同一个地方的。老熊拿到项目合同并且把我们招进团队里面。我们以前就认识，但是我以前只是和其中一个工作过。然而，我从来没想到他会这么不靠谱——他沉迷网络游戏。我们在这里已经三个月，理论上三个月就能完成任务。每个拿到项目的团队都希望尽快地完成任务。我没有办法阻止他旷工。我只是自己每天工作。

我相信我工作的天数越多，我赚的就越多。事实上，我每天干的都比他们三个多。但是作为老乡，我不可能太斤斤计较。只要最后这个总工资是按照我工作的天数来计算的，我还是能接受的，但是我以后再也不会跟他合作。然而，令我没有想到的是，就在前几天，老熊竟然提出不管每个人的工作天数而把工程项目款在四个人中间平均分配。没有人会这样计算工资的。我不可能接受这种工资分配方案。（访谈，2016年6月，T市）

在环形关系网络结构中，当"同等付出，同等回报"的工资支付原则被破坏的时候，团队是没有可能继续维持的，因为工人不会选择和那些违反规则的人一起共事。事实上，"同等付出，同等回报"原则的遵循同时考虑了工人在完成工作任务过程中的付出与工人之间在关系网络中的强纽带联结关系。

（五） 环形关系网络结构中的工人主体性

和隶属于其他施工团队的建筑工人相比，环形关系网络结构中的工人是具备较高技能、工资报酬水平较高以及在劳动过程中拥有较大工作自主权的工人群体。简言之，这些建筑工人享有相对较高的身份地位并且显示出较高程度的团结水平。

我们知道欠薪是建筑农民工面临的最为严峻的风险。然而，这个问题却较少发生在身处环形关系网络结构中的工人身上。第一，这与环形关系网络结构中的工人从事的工作有关。在N市的田野调查现场，我遇到一个木工建筑团队，这个团队中工人的关系是宗亲关系和老乡关系的混合，而且工人彼此合作差不多有十年时间了。李忠发是这个团队的包工头，他从来没遇到过欠薪的问题。他说道：

决定一个包工队是否会陷入欠薪的关键因素和包工队从事的工作种类有关。木工、钢筋加工和安装团队的工资是比较容易拿到的，而那些墙砖安装的就比较难了。这个和建筑行业的特征有关系，因为工地项目在刚开始的时候资金状况是比较好的。而且更重要的是，我们

的工作进度决定了整个项目的进度。老板不会延迟支付我们的工资。（访谈，2016 年 3 月，N 市）

第二，另外一个影响技术型施工团队较少发生欠薪的重要因素与环形关系网络结构的特征有关。由于包工头与技术工人之间身份关系的模糊性，分包制度的层级变得更少了。这些工人遇到的往往是那些不直接雇用工人的大包工头或者分包公司，他们一般有着更好的经济能力。

第三，当然，由于处于建筑劳务分包制度中，欠薪在环形关系网络结构中仍有可能发生。具体来讲，什么类型的建筑施工团队适用于项目工程的什么阶段部分取决于工程项目的不同阶段对技术的要求。因此，环形关系网络结构中的团队在工程项目的后期也会出现，比如墙砖安装团队。如果分包公司在后期出现资金问题，那么技术型施工团队就有可能同样遭遇欠薪的困境。处于环形关系网络结构中的工人如何回应欠薪问题呢？与蛛网式关系网络结构中的工人保持沉默相比，技术型团队工人面对欠薪时的反应是不同的。李志鹏，一个木工，2015 年他与团队成员遭遇了欠薪问题。他谈起他的经验时说道：

去年（2015 年）差不多要过年的时候，我们去找大老板要我们的工程款，他已经拖延几个月了。大老板说他没钱，因为上面的公司没给他钱。我们团队里的工人马上就一起去找当地劳动局处理。由于分包公司有一些预留款在劳动局，在确定欠薪问题的真实性以后，劳动局会把这笔钱发给我们，大概一共是 30 万（元）。钱是先打到大老板的账户，但是老板保留这笔钱并转到别的地方去了。当我们要求他付钱时，他拒绝了，而且只愿意付 10 万块，可那根本不够我们的工资。没有其他的办法，我们加起来一共有四十多个人（好几个木工团队的人）去找当地政府。我们一直在那里，直到领导愿意帮忙解决问题。最后，政府要求所有相关方来现场并保证解决。大概一周以后，我们才拿到我们的钱。（访谈，2016 年 2 月，N 市）

从李志鹏的故事中可以看到，技术型施工团队看起来并不需要花费很大精力就能够动员团队工人参与集体行动。当欠薪发生时，工人能够快速地被动员起来加入集体抗争。考虑到环形关系网络结构的特征，工人间的老乡关系纽带形成的封闭式网络能够极大地提升工人的集体团结水平，动员几乎是自发性的。由于这样的集体团结水平，他们在面对欠薪时一般有着更强的谈判能力。

总结来看，就环形关系网络结构中的工人抗争来看，一种较高水平的集体团结是可能的，因为他们总是能够较好地团结起来与管理者展开谈判。这可能有两方面的原因：一方面，老乡关系纽带带来的熟悉感以及他们在长期合作过程中培养和发展出来的感情塑造了团队的凝聚力，使得技术型施工团队有着较强的集体行动能力；另一方面，工作任务完成的技能要求给这些工人提供了一种认同感，这种认同集中在技能主义上。相比其他类型的建筑工人，这种技能主义的认同给他们一种极具优势的谈判地位。简而言之，环形关系网络结构中的建筑工人在面对欠薪时能够更加有能力来发起反抗行动，体现出更高水平的集体团结和集体行动能力。

嵌入－协商型交易模式下的技术型施工团队在劳动过程中的行为模式与组织研究中强调的高绩效工作组织有着相似之处。高绩效工作组织强调在公司内部实行宽泛灵活的岗位设计、赋予工人更多的自主权、用工作团队取代孤立的个体化工作岗位（斯科特、戴维斯，2011）。由于技术型施工团队处理的是建筑工艺流程中相对具有技术复杂性和任务不确定性的工程项目，团队成员去中心化的横向沟通与咨询模式更有利于工作任务的高效完成，因此，我们看到技术型施工团队在劳动过程中呈现包括灵活劳动分工、责任共担等一系列特征。然而，我们必须看到这种扁平化的管理风格和工作协作模式的实现是建立在特定的关系网络基础上的；环形关系网络为此类工作模式的实行提供了结构性条件保障。

小　结

本章介绍了构成建筑业劳动力市场的第二种交易类型——嵌入－协商型交易形成的市场条件、关系基础、交易特征、维系交易的核心机制以及该交易模式给关系网络成员带来的经济政治结果。正如本章内容所展示的，当交易嵌入在小群体关系网络时，互惠型交易并不是唯一的选择，交易双方在紧密关系网络中仍有可能就交易内容和细节展开协商和进行一定程度的讨价还价。在环形关系网络结构中，包工头和建筑农民工形成的嵌入－协商型交易匹配类型显示了紧密的非正式关系网络与经济利益的有机融合，交易双方能够通过恰当的行为策略和关系网络机制来维系这一交易匹配在建筑业劳动力市场中的运转，并保持较强韧性。

当包工头承揽具有特定技能要求的工程项目时，他必须组成特定的技术型施工团队（团队成员基本由技术工人组成）来完成，而以老乡关系网络为载体的师徒制为市场转型期的建筑行业技能工人的培养提供了非正式渠道。在此基础上，包工头以自我关系圈为主要关系资源招募工人，最终形成了一种环形关系网络结构；其中，团队成员共享着强纽带关联并有着相似的身份位置。环形关系网络的形成很大程度上是建立在以下两个因素基础上的：工人从老乡关系中发展出来的小圈子和工人间较为一致的技能水平。老乡关系中的纽带强度力量使得双方并不足以达成互惠型交易，反而使得协商型交易成为可能。但它在实际交易匹配过程中又不完全等同于纯粹的市场协商型交易，而是在老乡关系纽带约束下形成了某种"准"协商型交易的特征，使得交易双方有意识地去模糊处理一些交易内容和细节。与此同时，嵌入－协商型交易之所以能够得到维系，最为重要的机制是社会关系网络中的声誉。声誉是包工头和建筑农民工完成交易匹配中最为倚重的机制，也是交易得以运转的核心。

受限于环形关系网络结构中嵌入－协商型交易的匹配特征，建筑工人的劳动过程体现了技能行政主义，其核心特征包括生产组织的去中心化，即时和不定向的沟通模式以及灵活的劳动分工。由于技能行政主义对团队的生产组织来说是非常经济和有效的，工人在劳动过程中发展出相应的策略来帮助维持整个团队。这些策略包括以老乡纽带为轴的边界确定活动，个体工人错误的责任共担机制以及工资分配中的"同等付出，同等回报"的原则。与其他施工团队中的工人相比，处于嵌入－协商型交易中的工人，即环形关系网络结构中的技术工人因为技能水平和施工团队在生产过程中的特定位置，较少地受到欠薪问题的困扰。然而，当欠薪确实发生时，工人们能够迅速地动员起来发起抗争行动以获得工资，体现出较高水平的集体团结与集体行动能力。

与蛛网式关系网络结构中的嵌入－互惠型交易相比，环形关系网络结构中的嵌入－协商型交易在以下两个方面是不同的。第一，虽然两者都嵌入在特定的小规模群体网络中，但网络中关系纽带的性质差异，使其能够与不同类型的交易方式匹配。嵌入－互惠型交易强调交易一方受到强烈的伦理和人情压力而主动地提供服务，而且经济利益获取并非其参加交易匹配的唯一动机。而在嵌入－协商型交易中，老乡关系纽带的性质能够容忍交易双方持有经济利益获取的动机而进入匹配关系，但这种经济利益获取行为受到关系纽带的影响，从而使得协商型交易呈现不同于纯粹市场交易的特征。第二，在嵌入－互惠型交易中，包工头居于关系网络的中心，并在建筑农民工的劳动过程和城市日常劳动力再生产中扮演着支配者和命令者的角色，并且由于受限于包工头和工人间高强度的关系纽带，工人的政治主体性被非正式关系中的人情伦理所掩盖。然而，在嵌入－协商型交易中，包工头和农民工的角色是模糊的。从关系网络的长时段发展来看，作为交易双方的雇主和受雇者偶尔出现身份置换，并且建筑工人在劳动过程中有着较大的自主权，能够彼此合作来顺畅地完成工程任务。对处于嵌入－协商型交易中的工人群体来说，他们往往有着更高的群体团结水平、更高的市场谈判地位和更强的集体行动能力。

第五章　臂距纽带联结中的协商型交易

　　在第三章和第四章中，我们分别介绍了建筑业劳动力市场中包工头与建筑农民工的两种交易匹配类型——嵌入－互惠型交易和嵌入－协商型交易。无论是嵌入－互惠型交易还是嵌入－协商型交易，它们都嵌入在交易双方共享的关系网络中。然而，在中国建筑业劳动力市场上，并非所有的建筑农民工都与包工头共同嵌入在特定的关系网络结构中并以嵌入式关系网络为基础来建立交易匹配关系。对一些建筑农民工来说，他们与包工头并不共享任何紧密联系的小群体网络，他们必须通过第三方中介关系才能够与包工头产生联结，并由此建立交易匹配关系。当包工头和农民工通过中介关系发生联结时，我们将其归属于一种乌兹（Uzzi，1996）笔下的臂距纽带联结，而且由于交易双方事先对任何一方的信息掌握都很有限，他们必须通过不断的沟通协商与讨价还价来达成最终的交易合约，由此构成了建筑业劳动力市场上的第三种交易类型——臂距－协商型交易。

　　本章将首先介绍臂距－协商型交易发生的市场条件，它面对的是一种相对开放的外部劳动力市场，之后将介绍在外部劳动力市场的情境中，包工头招募建筑农民工的过程并概括相应建筑施工团队形成的关系网络结构及其一般特征。在此基础上，我们将阐述包工头和建筑农民工在臂距关系纽带下形成的协商型交易及其关键的交易互动特征，并考察维系臂距－协商型交易的核心动力机制。同样，我们也将关注臂距－协商型交易下的劳动过程特征和工人面对欠薪问题时的政治主体性表现，尤其是建筑农民工的集体抗争行为、动员过程与结果。

一 外部劳动力市场的形成条件

外部劳动力市场指的是公司在公司以外的劳动力市场寻找与岗位需求相匹配的员工,发挥核心作用的指标是劳动力的人力资本,包括学历、技能、职称、经验和能力。外部劳动力市场是随着中国市场经济的转型而逐步发展起来的流动开放的劳动力市场,是市场经济深入发展的体现(张昭时、钱雪亚,2009)。鉴于建筑业劳动力市场的非正式特征以及它对非正式关系的依赖,以包工头招募过程为考察核心,外部劳动力市场指的是包工头不再依赖自我的关系网络,转而通过招募自我关系网络以外的成员来组建建筑施工团队并与其建立联结匹配和双方交易关系。对这些包工头来说,他们面临的市场条件决定了何种类型的非正式关系会被动员起来以完成工人的招募和建筑施工团队的组建。

通过田野调查资料,我们发现当包工头主要依赖外部劳动力市场来招募建筑农民工时,一般是包工头同时承包了几个工程项目。有几个建筑施工团队在工地现场运转,这个时候往往意味着包工头有着较强的资金实力和较为丰富的工人管理经验。在这个经验观察基础上,我们可以从两个角度分析包工头依赖外部劳动力市场来招募建筑农民工的发生条件。第一个角度,从包工头的从业经历来看,当包工头刚刚以雇主身份进入建筑行业时,他往往欠缺团队管理经验而且资金实力也比较有限,这个时候他有更大可能从自我关系网络中招募成员,正如在嵌入-互惠型交易中包工头采取的策略。随着包工头进入建筑行业的年限和经验积累的增多,包工头承揽的项目规模越来越大,资金实力越来越强,对建筑农民工的需求也越来越大,这个时候仅仅依靠包工头的自我关系网络很难满足包工头的用工需求,包工头就更加可能转向外部劳动力市场来招募工人。如第三章提到的从事钢筋安装的包工头吴先生,他就是从2000年左右主要依靠亲戚和老乡来组建施工团队发展到2010年已经更多地依靠他自我关系网络以外的工人来完成工程项目,他的现场带班管理人员吕大兵提到:

> 包工头都是从小做到大,老板都是从小做起的。他没做包工头的

时候也就是一个工人，后来是靠他哥哥才接到一些项目的，刚开始的时候没什么经验，也没什么钱，他也就只能靠亲戚朋友帮忙给他搭台。但是你看看现在，给他打工的加起来有100多个人，全国各个地方的都有，生意越做越大，完全靠老乡，也不够了，就开始到别的地方找人。（访谈，2017年7月，S市）

第二个角度与建筑行业的市场发展状态有关，它也能够影响包工头的工人招募策略。当建筑市场发展迅速且市场繁荣的时候，包工头能够从分包公司同时获得多个工程项目的合同，这个时候包工头仅仅依靠自我中心关系网络中的成员是无法满足工程项目的任务需求的，包工头就更有可能从外部劳动力市场上招募工人。相反，如果建筑市场出现萎缩或出现较高市场风险时，包工头就更有可能招募自我关系网络中的成员以降低风险。因此，建筑市场行情的变化同样能够影响到包工头是否在自我关系网络中招募建筑工人。

在第三章阐述市场条件和雇主招募策略时，本研究在谈到影响包工头是否招募自我关系网络成员时提到的一个重要因素是包工头个体自我关系网络的构成情况，尤其是其成员的生活和工作状态。对一些包工头来说，即使他们刚迈入建筑行业，资金实力不强且只有有限的团队管理经验，他们也并不必然能够在自我关系网络中招募工人，而是转向外部劳动力市场，因为他们的自我关系网络无法满足工程项目的需求。比如有的包工头与亲戚朋友的关系处理得不好，或者有的包工头，其亲戚朋友被其他更为重要的生产或家庭责任约束而无法进城务工。正如包工头杨华提到的：

有的时候你把你那些亲戚朋友招进来也很麻烦，你说要是他偷懒不干活，你是骂他还是不骂他呢？要是他在工地上惹了麻烦，你能怎么办呢？有的时候，关系太熟了，很多事情也不好弄。还有的时候吧，你叫亲戚朋友来，人家也不是很愿意来，除非那些关系特别近的，不来说不过去的。但是有些朋友、老乡，人家可能在别的地方赚得更多。（访谈，2015年8月，T市）

与嵌入－互惠型交易和嵌入－协商型交易中包工头主要依赖自我关系网络来招募建筑工人不同，本章关注的包工头则主要从其自我关系网络之外的外部劳动力市场上招募工人，因为包工头面临的市场条件（多个工程项目、建筑市场繁荣、资金实力雄厚、完善的管理团队和丰富的工人管理经验）决定了他们不可能像前两种类型的包工头那样在自我关系网络中完成工人招募，而是转向外部劳动力市场完成工人招募。那么，包工头在不依赖自我关系网络时是如何完成工人招募以组建施工团队的。下面我们转向对这一过程的阐述。

二　中介关系与团队关系网络的形成

当包工头面临的市场条件使其只能从自我关系网络以外招募建筑农民工的时候，他必须要依赖第三方来招募更多的工人，中介关系成为匹配雇主包工头和建筑农民工的重要桥梁。在此类市场情境下，包工头和潜在受雇工人虽然通过中介关系得以发生联结，但这样的中介关系并不足以使交易双方迅速建立信任关系并实现交易匹配，而是需要经历一个协商与谈判的过程才有可能完成交易。在本节，我们将关注包工头在外部劳动力市场上是如何依赖中介关系来组建施工团队的过程并概括此类施工团队成员呈现的关系网络结构，在此基础上介绍这种类型的关系网络结构的特征以及其作为臂距－协商型交易的结构基础。

（一）一个典型施工团队的介绍

2016年夏天，我在T市工地现场开展田野调查，那个时候我经常去一个幕墙安装的施工团队进行非参与式观察并与其中众多建筑农民工建立联系，从而对他们展开访谈。刘北方是幕墙安装施工团队的包工头。刘北方，38岁，来自J省N市，在幕墙安装行业已经有超过10年的从业经验，曾经是他叔叔的带班管理人员。在2010年左右，刘北方开始从他叔叔那里承包部分工程项目，开始做包工头。大概两年以后，他叔叔的生意失败了，刘北方替代他叔叔成了某分包公司（国内著名的专门从事幕墙安装的公司）主要对接的劳务包工头之一。几年之后，刘北方的生意逐渐扩大，需要招募和管理的工人越来越多。

当我 2016 年遇到他的时候，他在全国一共承包了 5 个工程项目，分别在天津、深圳、太原、无锡和福州。他负责的建筑施工团队加起来有 100 多个建筑农民工，主要来自江西、河南、山东和云南等省份。在每个建筑工地现场，刘北方通常会雇用 1~2 个现场带班管理人员来组织生产和监督工人的工作进度。所有的带班管理人员都和刘北方有着非常紧密的关系，他们是刘北方的亲属、亲戚、近邻，像弟弟、岳父、表弟或者同村的玩伴，刘北方非常信任他们。刘北方依靠这些带班管理人员来管理和控制工作现场的工人以获取利润。一般情况下，刘北方自己并不待在工地现场，只是在有必要的时候才来，主要是检查工程的进度。① 刘北方大部分时间都在和主要分包公司或者其他分包公司联系业务（经营关系），希望能够获得更多的合同来扩大自己的商业版图。

就刘北方建筑施工团队的构成来说，在每个工地现场，团队成员是灵活变动的，因为任何与团队工人熟悉、曾经在团队工作过的人或者认识带班管理人员和刘北方的人都能够加入施工团队以获得工作。一般来讲，工人通过与他熟识的老乡（作为中间人）来加入团队。对包工头或者带班管理人员来说，当他们招募工人的时候，他们会避免一个建筑施工团队中来自同一个地方的工人占据绝对主导地位。在我做田野调查的 T 市工地上，刘北方这个团队主要由三个老乡小群体网络构成，工人分别来自三个省。每个小群体网络大概有 10 个工人。在三个老乡小群体网络中，每个小群体内部都有一个非正式领导，他一般是其他同乡工人进入到刘北方施工团队的中间人，中间人和同乡工人是非常熟悉的，因为他们是中间人的亲戚朋友或同乡好友。比如在刘北方的施工团队中，其中，第一个小群体的十几个工人大部分都是老史作为中间人介绍进来的，第二个小群体则主要是通过老王介绍来的，第三个小群体主要是以前经他人（田野调查期间，中间人不在刘北方施工团队中）介绍的。此外，对被招募的工人来说，虽然包

---

① 比如，当刘北方在那个城市正好有事情要处理，他就会去工地查看一下工程进度；又或者分包公司要求他去工地查看工程进度或者处理工地突发事件的时候，他也会出现。绝大多数时候，他用手机来和全国各地的带班管理人员沟通以监督工程项目的实施，保证各个地方项目的顺利推进。

工头知晓他们的基本情况，但是无论从何种意义上说，刘北方和他的带班管理人员与建筑农民工都不属于"强关系"纽带联结。

李志是刘北方雇用的工地现场带班管理人员，主要负责在工作现场管理和监督工人，目的是让他们尽可能快速而高效地完成工作任务，从而为刘北方赚取利润（尽量避免"窝工"① 现象的发生）。在田野调查期间，有一天我去刘北方建筑施工团队的仓库，我观察到工人们是如何开始他们一天工作的：早上 6：30，许多工人陆续来到仓库中集合，在签到笔记本上签名来当作参加当天工作的记录。工人在他们上班和下班的时候都需要签到，李志每天也需要记录每个工人出工的情况，因为工作出勤率是核算工人最终工资的依据之一。李志管理的这个施工团队最重要的工作就是安装建筑的外墙玻璃。在每天早会的时候，李志会安排那些年轻且有效率的工人负责安装玻璃，细致地告诉每个工人他们的工作内容和他们应该完成的任务量是多少。在每个工人前往自己的工作区域前，他会反复强调安全的重要性，并且告知工人不要拿总包或分包公司的财物。在工作时间内，李志会前往不同工人的工作地点来检查他们的工作进度以及他们的工作是否正确地完成。当工人完成一天工作回到仓库的时候，李志会总结工人当天的工作情况。他会责骂那些工作做得特别慢（没有效率）的工人，并且威胁说如果还是这样的进度就开除他们。同时，他也会鼓励工人们更加努力工作并抓住机会让自己变成技术工人。在完成复杂的工作任务时，李志会向有经验的技术工人寻求建议。技术工人在施工团队中会有比较高的地位，并且需要经常领导和指挥那些非技术工人来完成工作任务。当我在刘北方的施工团队做调查时，依据他们的技术等级和资历，技术工人每天能够赚到 180～210 元；依据工作年限不同，非技术工人每天只能赚到 120～140 元。

我在这个建筑施工团队调查时发现，当时工人的流动性是比较高的。在工作期间，一些工人会回农村老家参加秋收活动，其他工人也会因家庭事务断断续续回家。有一些新的建筑工人也会经他人介绍来到施工团队，

---

① "窝工"是带班管理人员用来指工地现场工人们劳动时间没有充分利用，进而影响到工程进度的情况。对包工头来说，"窝工"现象越严重，工程进度与效率越受影响，包工头的利润损失就越大。

但可能在工作两三天以后又到其他工地去找新的工作。如果别的工程项目有需要，工人还会被派往包工头在其他城市的工地，这个时候工人一般没有自由选择的权利而只能听从安排。工人每周从带班管理人员那里领取一次性生活补贴 400～600 元。一般来说，当离开团队的时候，工人会要求包工头或者带班管理人员支付工资，但是否支付以及何时支付工资是不确定的。当我离开田野现场时，由于大部分工程项目已经完成，李志要求工人回家去，这时候施工团队只剩下 10 个工人。这种情况下，回家的工人只能等李志再次招募他们做新工作或者他们自己去其他团队寻找新工作。与前两类劳动力市场交易中主要依赖包工头的自我关系网络来招募工人不同，在刘北方的建筑施工团队中建筑工人和包工头并没有什么"强关系"纽带联结。那么，这些工人是如何在建筑行业中找到工作机会的？非正式关系又是如何在劳动力市场中发挥作用的？现在我们转向这些工人与包工头在劳动力市场交易匹配的过程。

（二）中介关系与劳动力市场匹配

在蛛网式关系网络结构中，我们看到包工头和建筑农民工通过一个求助与施助的过程来完成人情交换和劳动力市场的交易匹配。在一定程度上，对处于蛛网式关系网络结构中的工人来说，他们大多是被动进入包工头的施工团队。然而，对绝大部分的建筑农民工来说，受到城市工作机会的吸引以及进城务工与农业生产带来的家庭收入差距的激励（Thui，2007），他们会主动进入城市寻找工作。考虑到建筑农民工从事工作的非正式性，工人主要依靠社会关系网络、劳务派遣和街边摊位等非正式渠道寻找工作。在五个城市的田野调查中，我发现绝大部分建筑工人主要依赖他们自身的"强关系"纽带（亲戚、好朋友和近邻老乡）来获得工作，这一点也被中国其他行业部门人员找工作的研究所证实（Bian，1997；Huang，2008）。类似于那些和包工头共享"强关系"纽带的建筑工人，这些主动进入城市寻找工作机会的建筑农民工同样依赖他们的家庭成员、朋友和老乡的推荐来获得工作机会。

当我在五个城市六个工地与不同的建筑农民工交谈时，他们多次提到非正式关系推荐对寻找工作的重要性。对很多工人来说，他们之所以选择进入城市建筑行业是因为与他相熟的人已经在该行业中，他们能够发挥中间人作用，从而将工人与潜在雇主联系和匹配起来。正如刘北方施工团队中的非技术工人翟山提到的：

> 要是让我一个人来这个大城市里面，也是有点不敢，毕竟人生地不熟的，我要不是有人带我来，我一个人是不敢来的。你一个人来的话，车都不会坐，到哪里找事情做都不晓得。得有人带着才行，要不然（我）情愿待在家里面。（访谈，2016年5月，T市）

从翟山的叙述中可以看出，中间人在这些建筑农民工寻找工作中扮演着不可或缺的角色。对他们来说，只有在得到与相熟建筑工人推荐的情况下，他们才有更强的动力进入建筑业劳动力市场并与包工头达成交易。既有文献指出，中间人在找工作或求助过程中扮演着重要的角色，是因为人们能够从中间人那里获得有效的信息或者能够利用特定中间人的影响力（Haulman, Raffa, & Rungeling, 1987；Žabko Aasland & Endresen, 2018）。在建筑行业，那些给其他工人介绍工作的中间人一般是在施工团队工作过的人。一般来说，中间人自己也是建筑工人，他们在某个建筑施工团队中工作（过）并且与包工头或带班管理人员熟悉。[①] 当包工头需要建立一个施工团队来完成工程项目时，这些中间人可以将他熟悉的潜在建筑工人介绍到包工头的团队中。经中间人介绍而来的工人往往和他共享宗亲、朋友或者老乡关系。在工程项目的完成过程中，只要施工团队有劳动力需求，中间人就可以不断地将工人介绍过来，但是他们必须得到包工头或者带班管理人员的允许（协商匹配过程后文将有叙述）。

在加入刘北方的建筑施工团队以前，周山在老家做小生意，他开了一个生产安全带的家庭作坊。但是由于大公司进入当地市场，小作坊面临着低价竞争，生意做不下去之后他就想要进城找工作以养家糊口。在决定找什么工作的时候，他首先观察农村老家那边是否有什么关系资源，如是否有熟人可以帮忙介绍工作。周山告诉我，他们镇很多人在从事幕墙安装工

[①] 在绝大多数情况下，中间人在介绍建筑工人加入团队前就已经和包工头或带班管理人员认识或比较熟悉了。中间人也是被另外一个中间人介绍加入施工团队的。

作。他就询问了老史，一个在当地从事幕墙安装工作 8 年的工人，老史曾帮忙介绍过很多老乡去城市从事幕墙安装工作。在老史的介绍下，周山成功地加入了刘北方的施工团队。刚开始的时候，他是被派到 N 市的工地，但是他起初并没有见过刘北方，直到几个月后刘北方在工地出现的时候他们才第一次见面。[①] 当我在李志管理的 T 市工地上见到周山的时候发现，另外 7 个来自同省份的建筑农民工也是由老史介绍到刘北方团队中的。老史在小团队中有着最高的权威。在这些包工头的施工团队中，这些中间人通常扮演着所在地域群体非正式领导的角色。对包工头来说，由于他们与建筑农民工并不熟悉，为了管理上的便利，在组建建筑施工团队时，他会有意地避免一个施工团队只由来自一个地域的建筑工人组成。正如刘北方在 T 市的工地现场，30 多个人的建筑团队由来自多个省份的工人组成，对此，带班管理人员李志评论道：

> 一般来说，只要工地需要人，他们（建筑农民工）都可以把人带过来。但是有一点要注意，各个地方的工人比例要控制，多找几个地方的工人。如果都是一个地方的工人，那你到时候管理就特别难，因为一个地方的工人很容易抱团取暖。带班的就会镇不住。（访谈，2016 年 6 月，T 市）

因此，包工头组建建筑施工团队主要由三种形式。第一是包工头动员他熟悉的人（曾经或现在仍在为包工头工作的人）充当中间人介绍工人到施工团队中来。第二是中间人通过动员他自我关系网络中的亲密关系成员加入施工团队，而这些潜在受雇者事先与包工头并不熟悉。第三是建筑农民工在中间人介绍下暂时加入施工团队，并与包工头发生匹配，交易双方经协商后确定是否达成交易合约以形成事实上的雇佣关系。在这个过程中，我们看到三种不同类型的非正式关系在招募过程中被使用。首先是包工头与中间人的一种"臂距关系"的纽带联结，包工头主要依赖"弱关

[①] 尽管周山见到了包工头，但并不意味着他有机会和包工头讲话或者和他变得熟悉起来。刘北方对那些经中间人介绍加入施工团队的工人并不是特别熟悉，他们保持着较弱的关系联结。

系"联结提供信息的功能，让中间人帮忙介绍是否有满足团队需要的建筑农民工。其次是中间人与潜在受雇者之间的"强关系"联结。对中间人来说，他们倾向于动员自我关系网络中那些与他共享"强关系"纽带的成员，包括他的亲戚、朋友和同乡等成员，并且中间人一定程度上承担着照顾建筑农民工的责任。最后是经中间人介绍后，包工头和潜在建筑农民工的关系属于一种"臂距"关系纽带，也就是说，双方接近于纯粹市场交易中的陌生人，需要经历一个协商过程才能判断双方是否有可能最终形成交易匹配关系。

因此，相比于蛛网式关系网络结构和环形关系网络结构的施工团队，当包工头主要依赖中间人来组建施工团队时，团队的关系网络结构将会显得更加复杂，形成建筑业劳动力市场中规模最大的施工团队。下面我们将转向对此类建筑施工团队关系网络结构的叙述。

（三）卫星式关系网络结构及其特征

本研究的一个基本逻辑是包工头面临的市场条件决定了包工头的工人招募策略。招募策略和招募过程决定了包工头的何种非正式关系会被动员起来，间接决定了包工头和建筑农民工的联结方式、形成的关系类型和性质，也就决定了包工头组建的建筑施工团队的关系网络结构与特征。这种关系网络结构成为包工头和工人展开交易的关系网络基础，进而形成了不同的交易类型，并由此构成整个建筑行业的劳动力市场结构与秩序。因此，不同于前面两种劳动力市场的交易方式，当包工头主要依赖第三方中间人来组建建筑施工团队时，它所呈现的关系网络结构与前两类建筑施工团队也有所不同。

在这类建筑施工团队中，包工头通过"弱关系"与若干个小群体地域网络的非正式领导（图5-1中的A、B、C、D和E）联结在一起，而建筑农民工则通过中间人加入施工团队。因此，他们和包工头的关系是一种"臂距"关系纽带，他们之间仅仅就是相互认识而已。这些中间人自身也是建筑工人，不同地域的中间人和不同地域的工人之间也是一种"弱关系"纽带联结，因为他们来自不同地方（加入施工团队前几乎没有交往经历）。但是，这些中间人和被招募的工人之间是一种"强关系"纽带联结，因为中间人招募的往往是那些来自同一个村镇或者他们的亲戚朋友。在城市务工期间，这些中间人扮演着他们地域小群体网络中的非正式领导的角色，从而使得建筑施工团队中出现几个以地域为基础的小群体网络。同一个地域小群体网络中的建筑工人一般来自同一个村庄或者乡镇。因此，他们彼此之间是"强关系"纽带联结。在这个网络中，作为中心组织者的包工头被几个地域小群体网络所围绕，我们将这样的施工团队结构称为卫星式关系网络结构（包工头位于中央而团队中的小群体犹如几个卫星城市拱卫中心包工头。图 5 – 1 是一个卫星式关系网络结构的略图）。卫星式关系网络结构具有以下几个方面的特征。

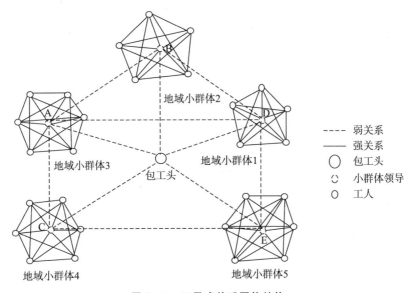

图 5 – 1 卫星式关系网络结构

第一，和蛛网式关系网络结构类似，卫星式关系网络结构同样是权威等级制的，但是它们的网络结构特征是不同的。具体来看，卫星式关系网络能够分为三到四个层级的等级制和管理者与工人两个利益群体。[①]包工头和他在工地现场的带班管理人员构成了管理群体，而地域小群体网络的非正式领导和普通工人构成了劳动者一方。在这个等级制中，包工头赋予

---

① 如果包工头和带班管理人员是同一个人，那么这个网络就由三层构成——包工头、小群体领导和工人；如果包工头和带班管理人员不是同一个人，那么这个网络就由四层构成——包工头、带班管理人员、小群体领导和工人。

带班管理人员招募、管理和监督工人的自主权，带班管理人员的地位取决于他为包工头赚取利润的能力。一般来说，带班管理人员能够直接给工人下命令并且经常依赖小群体领导来管理普通工人。在这个等级制结构中，普通工人依赖小群体的非正式领导（中间人角色）来找到工作，而小群体领导和工人依赖包工头获得工资并听从带班管理人员的命令。卫星式关系网络中的等级制来源于包工头和建筑工人市场交易的关系性质，自我利益和工具理性计算是其核心特征。简而言之，工人将劳动力售卖给包工头来获得工资这样一个事实塑造了工人对包工头的顺从地位，而包工头通过公开的市场交易获得对工人的支配性地位。

第二，卫星式关系网络中的地域小群体网络是相互分离的。尽管每一个中间人都认识包工头，但中间人彼此之间并不是非常熟悉。中间人主要将他们的亲戚朋友或老乡介绍到包工头的施工团队中来，在工地现场形成了以亲戚朋友和老乡为主体的小群体网络。中间人作为小群体的非正式领导处于中间位置，不同地域的小群体相对独立。除劳动过程以外，工人们一般也是和自己小群体的成员聚集在一起，某个地域小群体的成员很少和另外一个地域小群体的成员发展出紧密的熟悉关系。在卫星式关系网络结构中，小群体之间的分立对劳动管理和工人抗争都有重要的影响。不同地域小群体网络之间的分离既是包工头招募策略的结果（包工头有意招募不同地域的工人来加强管理团队），也是生活娱乐方式差异导致的结果，因为来自同一地域的工人倾向于在一起进行日常互动并有意或无意地排斥非同一地域的建筑工人。在不同城市的田野观察与访谈同样印证了这一点。以下是摘自 T 市工地现场的田野笔记内容：

> 在与刘北方的幕墙安装团队互动的过程中，我总能看到在工作现场或者生活空间中，来自同一个地方的建筑工人聚集在一起，他们说着相同的方言，有着类似的饮食习惯并且谈论着老家那边的趣事。在与老史的交谈过程中，当我问及他们为什么不愿意和其他地方的工人一起玩的时候，他跟我说大家不是一个地方的人，各方面的习惯差异很大，没有办法玩到一起，地方话他们都听不懂，没办法一起。（田野笔记，2016 年 6 月，T 市）

第三，与蛛网式关系网络结构和环形关系网络结构中以"强关系"为主要支配性纽带不同（包工头与建筑农民工共享不同类型的"强关系"纽带），在卫星式关系网络结构中，除了中间人与建筑工人的"强关系"纽带以外，整个关系网络以"弱关系"纽带联结为特征，尤其是包工头和建筑农民工之间的"臂距关系"纽带对双方的交易匹配有着决定性的影响。因此，在卫星式关系网络结构中按照关系纽带强弱排序，由弱到强分别是：包工头和建筑农民工、包工头和中间人、中间人和建筑农民工。在后文中我们将看到卫星式关系网络结构中强弱程度不一的关系纽带对包工头和建筑农民工的交易过程、交易互动特征以及交易双方在劳动过程中的互动产生的重要影响。

第四，卫星式关系网络是一种开放且进入门槛较低的网络结构。在卫星式关系网络结构中，一个建筑施工团队中工人的数量是灵活调整的，因为包工头或带班管理人员并不会严格控制工人的进入和退出。如果工程项目需要，带班管理人员通常不会拒绝中间人介绍其他工人加入团队。然而，带班管理人员通常不会允许太多来自同一个地方的工人在他的团队中聚集。工人要离开团队并不会遭到包工头或者带班管理人员的阻挠。更有甚者，随着工程项目的进度加快，建筑施工团队的规模会逐渐变小，这时包工头或者带班管理人员会逐渐遣散工人，而建筑工人并没有多大权力来拒绝包工头和带班管理人员的安排。在蛛网式关系网络结构和环形关系网络结构中，由于包工头主要招募自我关系网络中的成员，每个建筑工人与包工头共享着"强关系"纽带。但在卫星式关系网络结构中，由于包工头并没有将工人的招募局限在自我关系网络中，反而从外部劳动力市场上招募工人，从而使得卫星式关系网络结构成为一个对外开放的关系网络结构。

总结来看，卫星式关系网络结构是一个等级制且对外开放的网络结构，其中有着彼此分离的地域小群体网络。卫星式关系网络结构的主要特征是包工头和建筑农民工的"臂距关系"纽带联结，团队之间有着较低程度的信任感。受限于这种低信任度，包工头和建筑农民工需要围绕交易内容讨价还价，确定交易的各方面细节以掌握更多的信息与可信承诺保障以确定是否要与对方达成交易匹配。下面我们转向对交易双方协商过程和特征的分析。

三　交易特征：见习劳动力市场中的谈判

正因为包工头和建筑农民工隶属于"臂距关系"纽带，他们才对彼此的信息缺乏了解，交易双方缺乏信任感。双方的交易更接近于陌生人之间的纯粹市场交易。不同于消费市场中买卖双方的一次性交易，在建筑业劳动力市场劳动者在提供劳动之后才能获取工资报酬，外部劳动力市场上的劳动力买卖双方需要经历一个沟通协商与讨价还价的过程才能建立最终的交易匹配关系。在田野调查过程中，本研究发现在卫星式关系网络结构中，当建筑农民工经过中间人推荐来到工地现场时，包工头会给工人两三天的试用期，为双方确定是否要建立长时段的交易关系提供协商空间。

冯仕政在对南街村的研究中提出了"见习劳动力市场"的概念，说的是年轻劳动力尚未完成预备社会化且处于谋生的见习阶段（冯仕政，2007）。本书中的见习劳动力市场是指当建筑工人通过中介关系进入工作团队时，包工头对工人有一个试用期考察，而工人同样有体验工作节奏和强度的窗口，是正式交易关系确定前的预备阶段。在见习劳动力市场上，谈判成为交易双方协商的关键性特征。

（一）中间人、包工头、潜在受雇者：提供信息而非产生影响

在环形关系网络结构中，我们看到，包工头关系小圈子的成员可以充当中间人介绍他小圈子中的成员进入施工团队，并较为容易地和包工头建立起"强关系"纽带，因为被介绍人和包工头有着部分重叠的关系圈。但是在卫星式关系网络结构中，经中间人介绍的建筑工人难以与包工头发展出"强关系"，因为中间人和潜在受雇农民工与包工头并不共享任何重叠的强关系网络。换言之，包工头与中间人关系纽带的强度并不足以使后者推荐的建筑农民工获得包工头的充分信任，那么包工头动员中间人招募建筑农民工的基础是什么呢？

格兰诺维特在《弱关系的力量》一文中提出"弱关系"联结能够为求职者提供用于劳动力市场匹配的非重复性信息（Granovetter，1973），边燕

杰则提出中国情境中的"强关系"对劳动力市场匹配发挥着更为重要的作用，因为它能够带来比信息更为重要的影响力（Bian，1997）。在卫星式关系网络结构中，中间人发挥的主要作用是为包工头提供潜在受雇者的基本信息，他们并不能对包工头能否与潜在受雇者达成最终交易产生任何决定性的影响。正如包工头刘北方提到的：

> 简单讲，他们只是负责把人带过来，到底要不要还是我们（这些）老板说了算，因为不可能他说做事特别好就是特别好，到底做事情什么样，到工地里做一下才知道。（问：因为你还不是太相信他们？）也不能这么讲，主要是你也不能随便招一个人来，他要拿我这份钱，就得干出这份钱的活来，要不然我要他干什么呢？（访谈，2016年6月，T市）

虽然刘北方没有直接表明他并非不信任那些中间人，但是仍然可以看出，由于他并不掌握潜在受雇者工作能力和为人处世等方面的基本信息，包工头或者带班管理人员需要与建筑农民工见面沟通后才能决定是否要雇用他。那么，对建筑农民工来说，中间人只能提供有关包工头的相关信息，而无法承诺农民工最终一定会与包工头达成交易匹配。正如前文提及的周山所提到的：

> 当老史介绍我去刘老板那里做事的时候，我也不知道他人怎么样，到了工地具体又要做什么事情，因为我自己也不会什么技术，所以对于能做什么也不是很清楚。当然，老史说了刘老板基本不会拖欠工资，但是具体工资怎么样，他说每个人都不太一样，这个要自己到工地以后跟老板直接谈过以后才知道。所以自己到底适应不适应，还是要去过之后才知道。（访谈，2016年5月，T市）

由此可以看出，由于包工头和建筑农民工彼此之间缺乏有效的信息，包工头对工人的工作能力和是否适应施工团队等方面的信息难以确定。同样，建筑农民工对工作内容、包工头的管理风格和劳动力定价等信息也难以确定。因此，即使经过中间人的推荐，作为潜在交易双方的包工头和建筑农民工都需要经历一个协商沟通和讨价还价的过程才能够确定是否要达成一个长时期的雇佣关系以实现交易匹配。我们将交易双方协商沟通的场景称为见习劳动力市场的谈判过程。

（二） 见习劳动力市场的谈判

在正式的交易关系确定前，为什么交易双方需要一个谈判过程？原因仍是包工头和潜在建筑农民工的关系性质以及双方对彼此关系的理解与期待。虽然中间人能够提供包工头和建筑农民工的信息，但他们与包工头建立在经济利益基础上的关系并不能使包工头和潜在建筑农民工直接建立起天然的信任，拟交易双方需要一个试用阶段来确定是否要将交易关系固定下来。然而，在见习劳动力市场阶段的谈判过程中，包工头和工人的议价与谈判能力和选择空间是不同的。

正常情况下，只有在工资议定中无法与包工头达成一致时，工人才会选择不与包工头达成交易匹配。为保持优势地位和激励工人的劳动积极性，包工头与工人的工资是一对一议定的，理论上工人并不知晓团队中其他工人的工资状况。李志提到这样做的理由："每个人的工资都不一样，因为每个人的能力和跟老板工作的年头不一样，钱是最重要的，就是靠钱才能管住这些工人。"（访谈，2016 年 5 月，T 市）当包工头要求中间人介绍工人时，包工头并不会告知其具体工资；而中间人也只能告知工人一个模糊的价格（参照市场一般价格）。在见习劳动力市场阶段，如果包工头最终给出的定价不符合工人的预期（比中间人起初告知的要少），工人可能会选择离开。[①] 如幕墙安装工人刘宜所提到的：

> 我们出来打工，最关心的事情还是工资，一天多十块钱，一年下
> 来也是不少钱。要是老板给的工资不行，那肯定到别的地方去找事
> 情，反正也没什么人情。所以刚来的时候肯定要好好干活，你要是干
> 得太差的话，你也不好意思让人家老板多加一点。不过要是给得太

---

① 即使工资无法达成一致，中间人能够协调的空间一般也非常有限，因为包工头一般不会因中间人的关系而在工资上做出妥协，这一点和嵌入－协商型交易截然不同。

低，那我们肯定不会干了。(访谈，2016 年 5 月，T 市)

同样，在见习劳动力市场阶段，包工头在观察建筑农民工的工作表现后通常不会给出一个高于市场的定价，而是会给出一个低于团队其他工人的工资（按照技术工人和非技术工人划分而定）。关于这一点，带班管理人员李志给出了理由：

> 这里每个人的工资都是不一样的，每个工人的工资都要根据他为老板工作的年限、技术水平和跟包工头的私人关系的不同而有所不同。比如那些刚来的力工，工资不可能和那些跟包工头工作过几年的工人一样。工资都是慢慢加上去的，一年加一些。毕竟刚来的话，各方面不是特别熟悉，要是他想干技术也要一步一步的，以后工资肯定能上去。(访谈，2016 年 5 月，T 市)

对包工头来说，除工资议定事项外，潜在受雇者在见习阶段的工作能力和工作态度是另外可能导致交易关系终止的因素。2016 年，在对 T 市刘北方施工团队的田野观察中，一个潜在工人与带班管理人员的互动从侧面反映了谈判过程的运转。

> 王坤介绍的一个老乡在施工团队工作的第二天因工作表现糟糕而与李志发生冲突，李志要求他结算完两天工资后不用再来上班。当天下班结束后，王坤找到李志并询问事情经过，李志告诉他那个工人工作态度恶劣。王坤说希望看在他面子上再给一次机会。后来那个工人给李志道歉并表示不会再犯。李志对我说，这种情况一般就是两种解决办法：要不就是他过来道歉并表示改正，要不就是离开施工团队，要不然工人没法管。(田野笔记整理，2016 年 5 月，T 市)

因此，在见习劳动力市场阶段，雇主将观测潜在工人的工作能力和工作态度，而潜在工人将结合短期工作体会来判断雇主提供的工资、雇主的管理风格、工作强度、工资支付方式和支付期限是否满足自身的期待。只有这些内容符合交易双方的期待，交易关系才能通过见习阶段而进入到较为长期的交易确认阶段。通过见习劳动力市场中的谈判，交易任意一方如果对协商内容不满意，都拥有退出选择权并将其付诸实施。

与嵌入－协商型交易中交易双方退出选择权被削弱不同，在臂距－协商型交易达成过程中的见习劳动力市场阶段，对包工头和建筑农民工来说，他们拥有随时退出的权利。在卫星式关系网络结构中，由于建筑农民工和包工头之间的"臂距关系"纽带，双方一般并不受限于任何道德和伦理的规范压力。当任意一方对交易内容不满意时，都可以选择随时终止交易关系，这一点也符合外部劳动力市场的特征。

见习劳动力市场中的谈判是包工头和工人正式交易关系确立前的预备过程，是双方理性选择的结果，是双方为了维护己方最大利益而共同建构的运作机制。虽然中间人为两者交易关系的联结创造了前提条件，但交易双方毫无接触联结的历史，决定了他们须经过一段相互了解的阶段才能建立最终的交易匹配关系。因此，双方的关系类型和性质决定了关系双方的行为动机、选择倾向以及第三方关系运作的策略，并塑造了包工头和工人交易匹配关系的动态过程。

四 臂距－协商型交易中的即时对称义务

劳动力市场中交易双方关系纽带的类型和性质决定着何种类型的交易方式居于支配性的地位。在第三章和第四章中，包工头和建筑农民工嵌入的蛛网式关系网络和环形关系网络分别与互惠型交易和协商型交易相匹配，构成了建筑业劳动力市场两种特定的交易类型。与前述两种交易类型都嵌入在某种交易双方共享的且以"强关系"为支配纽带的关系网络结构不同，当包工头和建筑农民工以"臂距关系"纽带联结在一起时，以协商沟通和讨价还价为特征的协商型交易就成为双方的支配性交易方式，接近于纯粹市场协商。那么是什么机制在维系建筑业劳动力市场的臂距－协商型交易的有序运转。

在建筑业劳动力市场上，当包工头通过第三方来与潜在工人发生交易匹配时，它的实现依赖两个相互联结的功能：包工头依赖与中间人的弱关联获得与潜在工人的联结和他们的相关信息，中间人与潜在工人的"强关系"决定了当后者需要一份工作时，中间人有着强烈动力去提供帮助。由此，包工头与潜在工人隶属于"臂距关系"纽带，交易双方借助见习劳动力市场阶段的谈判方式来彼此协商和讨价还价，以确定是否进入长期交易关系。在臂距－协商型交易类型中，确立、维系和终止交易的核心机制是即时对称义务，强调的是关系双方付出与回报的对等性和即时性，是双方在理性计算下对自我利益的最大化追求。在交易达成过程中，包工头通过动员与中间人的关系资源来联结潜在工人，并在谈判过程中决定是否与工人确立最终交易关系。因此，即时对称义务机制主要体现在包工头与中间人和包工头与潜在工人的两对关系中。

在包工头与中间人的关系中，包工头依赖中间人的推荐来招募工人以完成工程任务。中间人通过扮演中介角色获得与包工头巩固发展关系的机会，增加自己在劳动力市场的生存和发展机会。中间人处于类似于"结构洞"的位置。作为将原先毫无联系的包工头和潜在工人连接起来的中间人，他们会利用其关键位置来获得最大化收益。只有当包工头在工资待遇、工作任务安排和工作机会等方面增加中间人利益时，中间人才有更强的动力为包工头招募工人。同样，只有当中间人推荐的工人能增加包工头的利益时，中间人才能获得包工头的信赖，并起到巩固与包工头私人关系的作用。因此，在中间人为包工头介绍建筑农民工的过程中，中间人也有自身的利益考虑。王坤，一个幕墙安装技术工人，长期扮演中间人角色。对此，他提到：

> 老板让我们把那些我们认为各方面不错的工人带到建筑团队里来，我们肯定也愿意：一是可以帮助需要工作的老乡找到工作；二是，更重要的就是要跟包工头搞好关系。你跟他搞好关系，以后人家做事才会想着你，你要提加工资的时候，也会方便一些。说不定你跟着他久了以后，他项目做不完时还会把活包给你来做。（访谈，2016年5月，T市）

同样，包工头也必须能够从中间人的推荐中受益，这样他才能够继续依赖中间人来组建施工团队。对此，刘北方提到：

> 这些帮忙把工人带到建筑施工团队的工人，自己心里肯定也有数，他也不能什么人都往我这里带，肯定要介绍那些做事情比较靠谱的，能懂一些这个幕墙安装（工作）是最好的。如果他介绍的都是一些混饭吃的，那我以后肯定不会找他带人到我这里做事情，要不然多耽误事情。（访谈，2016年6月，T市）

在见习劳动力市场阶段，包工头与潜在工人的谈判是双方能否达成交易的核心，而即时对称义务的确认则是双方交易关系能够达成与维系的内在机制。潜在工人希望包工头对他们的劳动力定价、工作内容和强度等安排符合自己的心理预期，而包工头同样希望被招募的工人态度积极、工作能力强、能提高团队的整体工作效率、为包工头赚取利润。源于毫无关联的既往互动历史，包工头和潜在工人之间并无信任关系，理性计算成为双方行为的依据自然也在情理之中。无论是在工人认为自身的劳动力价值没有得到应有体现时，还是在包工头判断工人无法为其带来利润时，交易关系都可能终止。只有及时满足交易双方的利益，交易关系才能形成，臂距－协商型交易才能持续进行。

陈纯菁在她关系强度与文化内容的理论模型中提出，"弱关系"纽带是以工具理性为行为准则，以精于计算和对称义务为其关系运转的核心逻辑（Chan，2009a）。"臂距关系"纽带与协商型交易的形成印证了即时对称义务作为交易双方关系建立与维系的核心机制，但是在关系运作下即使以理性计算和最大化利益为特征的交易也有着传统文化观的运作（中间人利用面子观来促成可能终止的交易）。可以看到，在交易关系形成中，利益、文化和权力等因素是相互交织在一起的。

建筑工程项目是一次性生产过程。每个新项目开始，包工头都需要重新组建施工团队。因此，包工头、中间人和工人间的关系也是灵活变动的。虽然即时对称义务始终是维系此类协商型交易的核心机制，但经中间人介绍的潜在工人一旦和包工头确定了交易关系，潜在工人和包工头的关系就有可能得到继续巩固和发展的机会，工人就有可能演变成新中间人并增强与包工头的信赖关系，从而使包工头和工人的协商型交易处于动态变化中。

五 臂距–协商型交易下的劳动过程组织

与嵌入–互惠型交易和嵌入–协商型交易类型一样，臂距–协商型交易下的劳动过程和建筑农民工的政治主体性同样由包工头和建筑农民工在劳动力市场的联结方式（交易双方的"臂距关系"纽带及其背后"关系性内容"）塑造。由于交易双方之间的低度信任感，包工头或带班管理人员如何管理与监督卫星式关系网络结构下的建筑农民工成为劳动过程中双方互动的焦点。这一节将关注劳动过程中管理者和建筑农民工互动过程以及管理者通常采取什么样的策略来提高生产效率与管理建筑工人。

（一）定额限制与劳动组织

卫星式关系网络结构中建筑农民工的劳动组织过程很大程度上源于定额限制。这个定额限制指的是这样一个事实：每天只有完成一定的工作任务额度，包工头才能够获得利润。对包工头来说，获取利润的唯一途径就是尽可能地节省劳动成本。包工头在雇用工人方面花费的成本越低，工人以更快的速度完成工程项目，包工头赚的利润也就越多。因此，在工程项目定额限制的刺激下，那些和工人处于"臂距关系"纽带的现场带班管理人员更倾向于采用强制的组织管理策略来促进工人加快生产，加快工作。作为曾经的带班管理人员，黄金荣分享了自己的观点：

> 作为给老板带班的，你必须要心里有数，工人一天做多少老板才能够赚到钱。就拿玻璃安装来说，如果8个工人一天安装20块，老板就会亏钱。如果工人能够多安装几块（老板就能赚钱），所以就应该拼命催他们，因为他们装的越多，老板赚到的钱就越多。如果还不行的话，带班这时候就要骂人了。如果还是不行，带班这个时候就要自己上手带着工人一起装。这个时候你就会比以前做的多，然后要求工人在接下来的日子就按照这个标准做。这是包工头能够赚钱的唯一方

式。（访谈，2017 年 6 月，Z 市）

尽管蛛网式关系网络结构中的包工头赚取的利润同样受到定额限制的影响，但是工人的自我管理模式很大程度上要求将劳动的组织过程留给建筑工人自己。然而，在卫星式关系网络结构中，劳动组织过程被带班管理人员细致地规划，而且工人活动在整个劳动过程中都被严密地控制和监督，管理者和工人之间的低度信任使得带班管理人员无法将工作任务完成的自主权赋予建筑工人。带班管理人员需要不断地监管工人在劳动过程中的行动以保证工作效率，因为和包工头只是有着"臂距关系"纽带联结的建筑农民工没有任何的道德义务以全身心地投入到工作任务中。对建筑农民工来说，在固定工资限制下，在劳动过程中偷懒（"磨洋工"）对他们有着较强的激励。对此，包工头或者带班管理人员只能通过一系列的控制和管理策略来提高建筑工人的生产效率。

在这种情况下，催促工人更快、更好地完成工作成为带班管理人员的管理法则，驱使他们采用很多的控制策略来组织劳动者以尽可能地超越以往的定额数量限制。控制策略很大程度上反映了卫星式关系网络结构中管理者和工人之间关系的性质。带班管理人员采取的控制策略取决于相应关系网络结构特征以及关系纽带背后的"关系性内容"。鉴于包工头和工人的"臂距关系"纽带和他们之间的低程度信任，管理人员倾向于在劳动过程中采取强制性的控制措施来指导工人在劳动过程中的活动。

（二） 不定期监督模式

在对新加坡建筑行业移民工人的研究中，巴尔使用"定期监管"的概念来描述分包者或管理者一天中只有部分时间待在工作现场或者当他不在的时候，他会指派一名领班来联结管理指令和工作任务执行的现象（Bal，2016：82）。在卫星式关系网络结构中，当包工头无法亲自担任现场管理人员的时候，他通常会雇用一个他信赖的带班管理人员来管理与监督工人的工作。然而，在建筑生产流程中，绝大部分的工作任务分散在工地现场的不同地理位置，因此，带班管理人员不可能一直在一个工作位置上待着（Bal，2016：121）。与此同时，带班管理人员在工地现场还有其他的工作需要完成，如生产材料的分发安排或者与分包公司的沟通协商。但是对包工头来说，雇用更多的带班管理人员来实现对工人的实时监督是不经济的做法（Bal，2016：121）。

在存在上述限制的情况下，不定期监督成为带班管理人员管理和监督工人的模式。不定期监督指的是在不通知工人的情况下，带班管理人员可能在任何时间出现在某个工作地点来检查工人的工作进度和工作质量。不定期监督就好像一种管理者的巡逻制度，而这种巡逻是没有规律和固定时间安排的。当带班管理人员出现在某一个工作区域时，他会期待工人已经完成一个让人满意的工作任务且工程质量得到保障。如果工人没有完成该有的工作进度，带班管理人员会责备工人并要求他们加快工作速度。在带班管理人员看来，劳动组织过程中最严重的情况就是出现"窝工"。"窝工"指的是建筑施工团队中劳动力没有得到充分利用的状况。李志，作为刘北方在天津工地上的带班管理人员，提到了建筑行业中普遍存在的"窝工"现象并阐述了带班管理人员如何处理"窝工"情况：

> 没有工地是不（存在）"窝工"的。如果有不"窝工"的情况，一个从分包公司拿来的 1000 万（元的）项目，包工头可以赚到 600 万（元）。关键的问题是"窝工"的规模有多大，这个就跟带班管理人员的管理能力有关系了。你必须使工人意识到他们努力工作是从老板那里保证工作和工资的唯一方式。（访谈，2016 年 5 月，T 市）

不定期监督对建筑农民工的工作表现有以下影响：既然工人不知道带班管理人员什么时候会出现在他身边检查工作，工人在精神上就比较容易陷入紧张和敏感，时刻担忧他们的工作进度是否达到带班管理人员的期待。工人们会担心万一他们没有达到让带班管理人员满意的工作进度或者被发现在偷懒，可能会面临带班管理人员的严厉指责。大部分建筑农民工在这样的压力下会尽力满足带班管理人员的期待。对那些不能时刻在工作现场监督的带班管理人员来说，不定期监督能够保证管理者对工人的支配权。

由于建筑工程任务在工地现场的地理分散性，不定期监督成为带班管理人员经济可行的管理模式。这种不定期的监督能够造成一种管理者永恒在场的假象，即使当他们不在那里的时候，工人也感觉监督随时存在。工人总是会在这种压力下完成相应的工作定额。正如做消防工程安装的非技术工人毕天提到的：

　　虽然带班的不会一直看着你做事情，但是你不知道啥时候他就突然过来了，他要是看着你偷懒不做事情或者看到做的非常慢，打个比方说，别人半天可以装两个房间，你就只能装一个房间，那带班的肯定要骂人了。基本上你也不能怎么偷懒，因为你做不到那个量，带班的回头肯定就骂你，所以自己做事情心里得有数。（访谈，2016 年 6 月，T 市）

（三）团队分化策略

　　除了不定期监督，带班管理人员另一个提高生产效率和控制工人的策略就是分化工人。在卫星式关系网络结构中，技术工人在生产组织过程中扮演着重要角色，但是在技术工人和非技术工人之间以及技术工人之间存在深刻的裂痕，这样的身份差别有利于包工头提高工作效率和实现对工人的管理与控制。

　　一个带班管理人员经常用来分化技术工人的策略就是技能展示。技能展示指的是带班管理人员会要求团队中技术最好的工人在其他技术工人面前展示他的工作效率，而且使用这个技术工人的标准来催促其他工人更快地工作。王坤谈起了他技能展示的经历及带班管理人员是如何使用这一策略来刺激生产效率的：

　　去年（2015 年），当我在附近工地工作的时候，带班管理人员要求我的一个老乡，一个焊接工去焊角架。在一天的工作过后，带班管理人员问他一天焊接了多少对。那个工人说他一天焊接了 20 对。在接下来的两三天，我老乡还是保持着这个速度。带班管理人员不能忍受这个速度并告诉他正常的速度应该是一天 50 对。我老乡不相信可以这么快。然后带班管理人员叫来了一个技术工人，团队中一个技术非常好的焊工，在我老乡眼前展示焊接技术。结果这个工人半天就焊接了42对。带班管理人员对我老乡说，他能够工作得比他自己想象的更快。我自己也遇到过好多次这样的情形。当一个工人做不到带班管理人员期待的工作效率时，他有时候会让我在那个慢的技术工人面前展示更快的工作速度是如何可能的。（访谈，2016年5月，T市）

王坤在他的工作领域是一个有技术专长的工人，因此，他时常被带班管理人员当作标杆来提高工作效率。通过这种方式，团队中的技术工人被分化，而且那些工作效率更高的工人的日工资也会更高。因此，带班管理人员鼓励技术工人之间的竞争，希望这种竞争最终能够促进生产效率的提高。另外一个体现团队分化的策略就是技术工人和非技术工人之间的地位等级差别。虽然技术工人在组织生产过程中承担着更大的责任，[①] 但技术工人和非技术工人对两者在劳动过程中的分工有着不同的理解。在技术工人王坤和非技术工人周山之间有一个关于此话题的争论。

当谈及技术工人与非技术工人哪一方更会影响到工作效率时，王坤说道："当技术工人和非技术工人来合作完成工作任务时，我们多快能够完成工作任务取决于非技术工人，而不是技术工人。"（访谈，2016年5月，T市）王坤认为如果非技术工人能够高效地执行技术工人的指令，那么工作任务就能非常高效地完成。[②] 在王坤的认知中，是非技术工人对技术工人命令的执行能力决定了团队的整体工作效率。然而，周山并不同意王坤的看法，他认为非技术工人的责任是跟随技术工人的节奏。在周山的理解中，非技术工人根本没有可能会拖慢技术工人的工作效率，因为非技术工人只是体力劳动者而且对工作过程并没有决定权。由于技术工人和非技术工人在建筑施工团队中的不同地位，在完成工作任务和提高工作效率的责

---

①　带班管理人员不可能熟悉工作任务的每一项技术要求，他们不得不依赖技术工人来理解整个工作过程和指导非技术工人来完成工作任务。因此，在卫星式关系网络结构中，一般的工作模式是一个技术工人带领几个非技术工人来完成带班管理人员交代的工作任务。

②　王坤提供了一个案例：当技术工人要求非技术工人到仓库去拿某种工具的时候，好的非技术工人能在几分钟内拿到正确的工具，而那些能力较差的非技术工人可能花费了半个小时还是把工具拿错了。

任方面，技术工人和非技术工人很难达成共识。他们之间的关系更多的是以等级式的命令、相互指责和巨大的工资差异为特征的。

总结来看，通过技能展示和工人之间的竞争，建筑施工团队的工作效率提高了。技术工人和非技术工人之间的分化促进了带班管理人员对施工团队的管理与控制。简而言之，卫星式关系网络结构中工人内部的分化有助于提高工作效率和对工人的管理与控制。

（四） 以关系纽带为基础的管理

在卫星式关系网络结构中，作为推荐工人参与施工团队的中间人也扮演着每一个地域小群体网络非正式领导的角色。在同一个地域小群体网络中，非正式领导者和工人共享"强关系"纽带，因为工人都是被那些非正式领导招募而来的亲密关系成员。周保通是一个非技术工人，他谈到了小群体网络中这些非正式领导的责任：

> 事实上，对他们（小群体网络的领导）来说，把工人带到团队来是比较麻烦的。他必须对他带来的那些工人负责。不管这些工人身上发生什么问题，那些带班管理人员首先就是找他们，并且让他们来解决。比如说，如果一个工人在工作中表现不好，带班的会首先找他们并且让他们去告诉那个工人要好好表现。（访谈，2017 年 6 月，Z 市）

由于地域小群体网络的非正式领导和工人之间是"强关系"纽带，带班管理人员可以通过对这些"领导"的支配来间接管理与监督工人。在带班管理人员的眼里，这些小群体网络的领导相比于他们自己，在工人那里更有威信；管理几个小群体领导比管理每个工人要容易得多。因此，在很多情况下，当带班管理人员和普通工人发生冲突时，带班管理人员都会找小群体领导来解决。对此，李志说道：

> 比如说，老史带了 20 个工人过来，王坤带了 20 个工人（过来）。我根本不关心那些工人是谁，我只要管好老史、王坤这样领头的就行。如果我发现一个工人表现特别糟糕，我会告诉这个工人明天不要

来上班了。工人可能会发脾气说，他不是我招来的。我不会浪费时间去跟他吵。在下班以后，带头的那个就会来找我并且问我发生了什么么。我会跟他讲工作效率和工作态度的问题，在这种情况下，一般有两种解决办法：要么工人跑过来道歉，要么是他离开团队。作为一个带班管理人员，你不用担心每个工人都会离开。如果那样想的话，你是没办法带好队伍的。（访谈，2016 年 5 月，T 市）

对地域小群体网络的领导来说，他们有很好的理由来服从带班管理人员或包工头的权威。众所周知，非正式关系成为建筑业劳动力市场中获取工作的重要渠道。因此，对这些地域小群体的领导来说，为了将来获得工作机会，和包工头与带班管理人员保持良好的私人关系是非常重要的。小群体领导在关系网络中依赖包工头，使得他们没有什么选择，只能遵循带班管理人员的命令来监督与约束工人的行为。对小群体网络领导的策略允许带班管理人员以一种低成本的方式管理和监督众多的建筑工人。这种支配权威部分来源于卫星式关系网络结构中嵌入的等级制关系和工人与管理者之间的"臂距关系"纽带联结，这使得对工人的支配变得可能。

卫星式关系网络是由几个彼此分离且以老乡纽带为基础的地域小群体网络构成的，小群体网络之间是"弱关系"纽带联结。一个小群体网络中的建筑工人很少会和其他小群体网络中的建筑工人发展出强关系纽带的联结。由于不同小群体网络之间相互分离，带班管理人员能够利用分离的老乡网络来提升生产效率并防止工人建立起反抗联盟。对老乡网络的利用指的是带班管理人员以分离的小群体网络为基础来安排工人的工作任务以达到提高效率和管理工人的目的。至于利用老乡网络如何能够促进生产效率的提高，来自田野笔记的一段摘录能够说明这个问题：

有些时候带班管理人员会将某个小群体网络的工人和其他小群体网络的工人安排在同一个地方做同一种工作。带班管理人员说两个小群体的工人会彼此产生竞争，从而能提高工作速度。（田野笔记，2015 年 7 月，T 市）

然而，利用老乡网络通常是为了防止工人在劳动过程中发展出集体团结意识以对抗带班管理人员的管理。对带班管理人员来说，在整个工作团队享有绝对权威是必需的。正如李志告诉我的：

> 一共有三个小群体。人最多的就是 A 省那边的，和 B 省的工人相处不好，比较难管理。在这种情况下，包工头有其他的项目就比较好。我会把他们分散到不同的工地上。作为带班管理人员，你要永远避免来自同一个地方的工人在工地上太多了。即使当团队规模变小以后，我开除工人也是策略性的。我今天叫两个 A 省的回去，明天叫两个 B 省的（回去），后天叫两个 C 省的回去。在你的队伍里，永远有不同地方的人。（访谈，2016 年 6 月，T 市）

如果建筑施工团队里有太多来自同一个地方的工人，那么在带班管理人员的眼中，这对团队运转和工人管理来说是一个巨大的挑战。来自同一个地方的工人越多，他们就越容易积聚力量并发展出集体团结意识，那么他们在和带班管理人员谈判工作分配、工作条件和增加工资等方面时就更有竞争力。因此，带班管理人员在团队的地域小群体网络组成方面始终要保持平衡，避免某一个地域的工人占据支配性地位。

总结来看，包工头和建筑农民工在劳动过程中的互动，尤其是包工头和其带班管理人员采取的管理策略是由包工头与建筑农民工权威等级制关系以及他们之间"臂距关系"纽带塑造的。由于劳动力市场交易双方之间的低程度信任，带班管理人员倾向于采用强制性措施来管理工作队伍，包括分化工人、管理小群体的领导以及利用地域小群体网络。那么在面对劳动过程中的不满时，处于卫星式关系网络中的工人会如何回应呢，他们又体现出哪些不同于蛛网式关系网络和环形关系网络中的工人主体性呢？

六　臂距-协商型交易下的工人抗争

臂距-协商型交易下的建筑工人如何回应他们对工作条件的怨恨和在劳动过程中产生的怨恨部分取决于包工头和建筑农民工之间的关系性质。

在卫星式关系网络结构中，包工头和建筑农民工之间的交易接近于纯粹市场交易，工人将自己的劳动力售卖给包工头来获得工资，而包工头是为了尽可能地获得利润。因此，他们之间的关系充满着工具性计算和即时对称性义务的满足，从而使得两者之间的关系始终处于紧张的状态。

（一）　劳动过程中工人的日常抗争

尽管带班管理人员在劳动过程中能够通过采用诸多策略来实现劳动生产秩序的顺畅运转，但工人仍然能够寻找空间来表达他们的主体性，并对包工头的利益造成损害。在劳动过程中，建筑工人能够抓住机会来反抗这种管理模式，以起到改善他们工作条件和增加工资的作用。

带班管理人员和工人都提到工人可以和管理者要求涨工资的场景。工人发现他们正在做的工程项目工期特别紧张时，[1] 可能会抓住机会要求涨工资。在这种情况下，工人会故意放慢工作速度。当带班管理人员发现后，他会问地域小群体网络中的非正式领导具体情况，小群体领导会说工人感觉工作很累而且工作效率不高。在意识到这一点后，带班管理人员会和小群体网络领导协商增加工资的可能性。然而，这种增加通常是非常有限的或者只给工人开空头支票。

在劳动过程中工人最为普遍的反抗形式类似于斯科特在马来西亚村庄发现的"日常反抗"实践（斯科特，2011）。这些日常反抗形式包括旷工、蓄意破坏和开小差等。工人可能会因为疲惫或无聊而缺席某天的工作，他们也可能因为分包公司工作人员责骂他们或者包工头惩罚他们而破坏已经做好的工作。开小差在工人中间是普遍的，因为带班管理人员不可能一直监督他们。这些反抗的形式都是个体化的，缺少集体性的协调，而且对包工头的利润赚取活动没有什么很大影响。然而，他们仍然是有意义的，因为它们显示了建筑工人和包工头之间的利益是相互冲突的。工人的日常不满构成了他们对强制管理模式发泄不满的一个渠道。通过这种方式，工人对他们与管理者之间关系的认知强化了，继而奠定了建筑工人对包工头欠

---

[1]　有几个标志可以让工人们判断工程项目的工期是否紧张。比如，分包公司的工作人员每天都来工地现场不断催促带班管理人员或者包工头，或者他们发现建筑材料的运输、装卸非常频繁。

薪行为的集体反抗基础。尽管卫星式关系网络结构下工人的日常反抗很难威胁到建筑团队的日常运作，他们却展示了工人对管理层级的不满态度。这种不满在工人权益遭到损害后具备转化为集体行动的可能。

（二） 欠薪与工人集体抗争

由于欠薪问题是最为困扰建筑工人的问题，是能够检验建筑工人集体行动能力的问题。与蛛网式关系网络结构中工人抗争的缺席不同，卫星式关系网络结构中的建筑工人可能会采取集体抗争的方式来回应包工头的欠薪行为。

由于中国建筑业劳动力市场制度的非正式性，建筑农民工一般通过非正式方式进入包工头的建筑施工团队，而且包工头和建筑农民工很少签订劳动合同，工人也很难获得法律保护，从而使得建筑农民工意图通过法律途径来解决他们的欠薪问题会很困难。即使对那些与包工头签订了劳动合同的工人来说，他们也可能难以负担起法律诉讼的成本。那么当欠薪发生在卫星式关系网络结构中时，建筑农民工会如何来处理他们遭遇到的欠薪问题呢？

正如我们在阐述卫星式关系网络结构的形成过程和网络结构特征中强调的，中间人和他们招募来的工人一般是"强关系"纽带联结，因为他们一般是亲戚朋友关系或者来自同一个地方。工人对关系网络中的其他地域小群体工人是不熟悉的，因为对每一个建筑工程项目来说，建筑施工团队的组成都是临时的。因此，在工地现场的劳动过程中，建筑工人内部往往是缺乏集体团结的，甚至不同地域小群体的工人在包工头管理下相互竞争与分化。这毫无疑问会限制工人相对于包工头的力量，不利于工人在遭遇困境时的集体行动动员。然而，由于建筑工人和包工头属于"臂距关系"纽带联结，工人没有任何动机容忍包工头对他们的欠薪行为，工人经过一定的动员过程能够发起集体抗争行为，要求包工头解决欠薪问题。

本研究将通过一个由建筑工人组织的抗争行动案例来说明卫星式关系网络结构中的工人在遭遇欠薪时的集体行动动员过程。付先生是一个住在Z市很多年的包工头，在2012年的时候他从几个分包公司那里拿到了十多个项目合同。他主要通过中间人来招募建筑工人。我采访了其中一个主要的工人，王坤，他作为小群体的非正式领导发起了对付先生欠薪行为的抗争。通过王坤的阐述，我们知道那个时候他工作的团队有超过 100 个工人，其中 75% 来自同一省份，其他的大多来自另外两个省份。大部分 NH 籍工人都是第一次给付先生工作。虽然另外两个省份的工人曾经给付先生工作过，但他们主要还是通过地域小群体的非正式领导进入团队，因而只是和包工头保持着"臂距关系"纽带联结。大概有 80 个工人是通过同一省份三个地方的小群体领导招募而来，王坤向我描述了他和其他工人是如何回应发生在 2012 年底的欠薪行为的：

> 我在建筑行业已经工作 8 年了，但是 2012 年那次是我第一次给付（先生）打工。在过年的前几周，我的一些工友打算提前回去处理家里的一些事情，并要求付（先生）支付他们工资。然而，付（先生）找了很多理由来推迟支付工资。由于担心付先生根本没有能力付工资，所有的工人，包括那些其他省份的工人要求在过年前付完所有的工资。那个时候付（先生）欠的工资总额大概有 300 万（元）。另外两个省份的工人给他干了差不多有整整一年，每个工人差不多有 5 万块，NH 省的工人大概工作了四个多月，每个工人大概有 2 万块。所有的工人都给付（先生）施压，要求他支付工资，但是付（先生）拖了一周又一周。他答应会在过年前把工资发到位，但是我们工人根本不相信他。如果他甚至都拿不出钱来发工人的日常生活费（只是工资的一小部分），他拿什么来付我们工资呢？那么他也就没能力支付前期已经离开的那些工人的工资。当我们意识到不太可能从付（先生）那里拿到工资时，我们几个带头的就动员工人停止工作。紧接着，另外两个省份的工人也停止工作。之后，我们直接去了 A 公司，就是那个给包工头项目的分包公司，要求他们给包工头施压来支付我们的工资。分包公司的代表说他们已经按照合同将工程款全部打给付（先生）了。分包公司的项目经理不满意我们的行动并要求我们立刻回去工作。然而，我们拒绝离开分包公司的工作地点，分包公司人员没有别的办法，只能把付（先生）叫过来处理这个事情。当时我们把分包公司的工作场地给堵了，氛围对分包公司职员来说是很可怕的。包工

头出现以后，A公司的经理要求他立刻平息工人的愤怒并要求工人返回工作岗位。鉴于另外两个省份的工人以前为付（先生）工作过，付（先生）首先劝服这些工人回到工作岗位并承诺一定会按时支付工资。考虑到以前付（先生）没有拖欠工资的先例，这些工人给了付（先生）一次机会，他们离开了现场并回去工作了。然而，我们这些工人是第一次给付（先生）工作，并不信任他，因此拒绝离开。在经过将近两个小时的谈判后，付（先生）答应分包公司经理在三天之内支付工资。带着付（先生）的承诺，我们都离开并返回工作岗位。

然而，三天以后付（先生）并没有出现，而且我们根本联系不上他。感觉被包工头的空头承诺激怒，我们决定将行动升级。我们几个带头的就开始组织工人行动。几乎所有的工人，包括那些其他省份的，都再次前往A公司的工作场所并要求他们给付（先生）施压去解决这个问题。我们跟A公司的人说如果他们不解决拖欠工资的问题，我们就去政府告他们。分包公司直接忽视了我们的要求。没有其他办法，我们前往当地政府寻求帮助。其他省份的工人在现场继续封堵A公司的工作场所，将大门封锁以防止他们工作人员离开。我们则前往当地政府部门。在确认我们的雇佣关系以后，政府工作人员把分包公司的代表、包工头付（先生）召集过来解决这个问题。在政府工作人员的干预下，分包公司最后同意代替付（先生）来支付工资。工资在四天之内就支付到位了。后来我们得知付（先生）不能支付我们工资是因为那一年他扩张太迅速而导致资金陷入紧张状态。（访谈，2016年5月，T市，略有整理）

上面的案例展示了建筑工人发起集体行动来捍卫自己获得工资权利的过程。它显示了虽然不同地域小群体网络之间只是共享"臂距关系"纽带联结，但是他们能够组织起来并通过小群体网络的非正式领导来协调彼此的集体行动。理论上讲，建筑工人和包工头之间的"臂距关系"纽带联结增加了工人抗争的可能。正是因为"臂距关系"纽带中充满着工具理性和低程度的信任感（Chan，2009：712-754），工人没有任何理由来忍受包工头的欠薪行为，而这也解释了为什么建筑工人领导的集体抗争行动会在卫星式关系网络结构中出现，而不会在蛛网式关系网络结构中出现。

当然，不管工人如何被动员加入集体行动，抗争的结果很大程度上取决于政府部门的态度。如果政府部门的态度是有利于工人的，那么欠薪问题往往能够得到有效解决。王坤 2013 年在其他地方的经历揭示了一个不同的抗争结果：

> 那个时候我在 R 工地上差不多工作了四个月，最后包工头没有付工资就跑掉了。我们没有办法，只能动员工人去当地政府寻求帮助。那边的部门当时对处理这样的案件不很积极。我们去了很多部门，但是他们都拿我们当皮球在不同部门踢来踢去。没有其他办法，我们最后去市政府寻求解决办法。最终花了半个月的时间才解决这个工资拖欠的问题。（访谈，2016 年 6 月，T 市）

因此，工人是否能够最终拿到工资很大程度上取决于工人和当地政府的互动，显示了政府在工人抗争结果方面的重要作用。总结来看，卫星式关系网络结构中工人抗争的发生受到包工头和建筑工人的关系纽带特征的形塑。由于关系网络中工人和管理者之间"臂距关系"纽带的联结占据支配地位，工人对包工头只有很低程度的信任并且当他们的正当劳动权益被损害后，工人倾向于采取抗争的行动来解决。尽管工人能够针对欠薪发起集体行动，但是他们的集体行动能力是有限的，因为建筑工人的集体团结很容易就被小群体地域网络之间的分离和管理者的控制管理策略所改变。

当欠薪发生时，虽然环形关系网络结构中的建筑工人也会发起集体抗争，但与卫星式关系网络结构的工人动员过程是不同的。在卫星式关系网络结构中，由于网络内部有着不同的地域小群体网络，他们的动员过程需要策略性协调。然而，在环形关系网络结构中，策略性协调是缺席的，而动员几乎是自发性的。

小　结

不同于第三章中的嵌入－互惠型交易和第四章中的嵌入－协商型交

易，本章介绍了当包工头和建筑农民工并不共享任何特定的关系网络且交易双方属于"臂距关系"纽带时所形成的臂距－协商型交易，构成了建筑业劳动力市场的最后一种交易类型。本章主要介绍了臂距－协商型交易形成的关系基础、交易互动特征和维系该交易运转的核心机制，并阐述了该交易类型下包工头和建筑工人在劳动过程中的互动过程以及建筑工人在面对欠薪问题时展现出来的主体性。

当包工头在同一时间段承揽过多建筑工程项目时，他们一般无法仅仅依靠自我关系网络中与其共享"强关系"纽带的成员来组建建筑施工团队。相反，包工头通过中间人的中介关系来招募建筑工人，他们最终与这些建筑工人形成了"臂距关系"纽带，并由此构成一种我们所称的为卫星式关系网络结构。卫星式关系网络结构以包工头和工人的"臂距关系"纽带为核心特征，并形成了几个以老乡关系为基础且彼此分离的地域小群体网络。在卫星式关系网络结构的基础上，包工头和建筑农民工的交易往往需要经历一个协商沟通和讨价还价的过程，体现为见习劳动力市场中的谈判过程，借以确定双方是否要达成交易。由于交易双方关系纽带的性质，交易过程的公平性是达成交易最为重要的保障，由此，即时对称义务是此类交易有效维持的核心机制。

在臂距－协商型交易中，由于包工头和建筑农民工都以利益最大化原则来看待双方的交易匹配关系，在劳动过程中劳动者与管理者的关系是以强制为主要特征的。包工头或现场带班管理人员使用很多的管理策略来降低监督成本、提高工作效率和弱化工人的集体团结，工人在劳动过程中的活动被严密监督着。然而，即使建筑工人清楚地意识到他们从属于包工头的支配权威，但是要通过制度化渠道来增强他们的集体谈判能力仍然是非常困难的。因此，工人的日常反抗，如旷工、蓄意破坏和开小差成为劳动过程中建筑工人表达主体性的主要形式。然而，当他们的工资等权益受到损害的时候，这些工人也能够展现出较强的集体行动能力来发起集体抗争以捍卫他们的权益。

在构成建筑业劳动力市场的三种交易类型中，臂距－协商型交易最接近于纯粹市场交易，在交易匹配过程中，交易双方都尽可能获取对方的信息并以工具理性精神来实现自我利益的最大化。然而，即使是在臂距－协商型交易中，非正式关系中的文化元素（包括人情和面子）仍然在交易双方的匹配过程中发挥着作用，因而并非绝对纯粹的市场交易。例如在见习劳动力市场阶段，相比于作为潜在受雇者的建筑工人，中间人和包工头仍有一定的关系联结，如果潜在交易双方在这个阶段发生冲突，[①] 中间人可以利用他的面子来调解双方冲突以促成双方交易的达成。中间人越能频繁地为包工头带来工作能力杰出的建筑工人，包工头和中间人之间就越能建立起人情交换关系，中间人的面子就越能发挥作用。因此，我们可以看到，纯粹的市场交易在真实的建筑业劳动力市场场景中并不存在，正如泽利泽强调的，任何类型的经济交易都有一个关系性和文化性的基础（Zelizer，2012）。

　　总结来看，相比于前面的两种劳动力市场交易类型，由于建基于"臂距关系"纽带，臂距－协商型交易类型中有着最低程度的信任、最少的人情伦理与道德规范压力，却有着最为强烈的市场理性精神。但是，臂距－协商型交易也会随着市场条件的变化而发生转化。当建筑行业不景气或包工头对建筑农民工的用工需求减少时，包工头可能转向自我关系网络来招募建筑工人，交易类型就有可能转向嵌入－互惠型交易或者嵌入－协商型交易。但是经历过臂距－协商型交易后再次形成的两类嵌入式交易将不同于前文所阐述的类型，因为在臂距－协商型交易中与包工头共享"臂距关系"纽带的成员有可能转变为包工头自我关系网络中的"强关系"纽带成员，从而出现不同于初次进入建筑业劳动力市场的嵌入－互惠型交易和始终保持嵌入－协商型交易的建筑施工团队。因此，市场条件的变化与发展也能反过来塑造交易双方的关系纽带及其最终形成的关系网络结构与劳动力市场交易类型。

---

① 当然，交易双方的冲突不能损害到包工头的利益。如果潜在受雇工人的行为损害到整个施工团队的运作，这个时候中间人的面子将难以调解双方的冲突，交易会以失败告终。

第六章　市场形成的关系性基础

在新经济社会学中，以格兰诺维特为代表的学者提出的嵌入性范式主导着我们对经济议题的理解与解释。市场的形成作为经济社会学的核心议题之一同样受到这一范式的影响，形成了包括网络视角、制度视角和文化视角三种取向。然而，嵌入性范式下的市场形成具有较强的结构主义特征，既有研究忽视了构成市场基本单位的交易是如何在供需/买卖双方之间完成匹配的过程的。

以交易作为市场形成的基本分析单位，我们在吸收三个研究传统基础上构建了一个分析市场形成的理论模型——关系类型与交易方式的匹配模型——以弥补嵌入性范式的不足。这一匹配模型的构建建立在以下三个理论基础上：乌兹在发展嵌入性概念时对嵌入纽带和臂距关系纽带的区分、泽利泽的关系运作视角强调关系纽带与经济交易方式的匹配，以及社会学的社会交换研究传统。在完成市场形成的理论模型构建后，我们将这一模型用于分析中国建筑业劳动力市场的形成，关注建筑行业中作为雇主的包工头与作为受雇者的建筑农民工是如何匹配在一起并达成双方交易的。通过田野调查资料，我们发现了构成中国建筑业劳动力市场的三种交易类型——嵌入－互惠型交易、嵌入－协商型交易和臂距－协商型交易，分别概括了每一种劳动力市场交易类型形成的市场条件、关系基础、交易互动特征和维系该交易运转的核心机制。与此同时，我们还以劳动力市场交易的不同类型（劳动力市场组织的不同方式）为影响因素，分析它们是如何塑造劳动过程中包工头和建筑农民工的不同互动方式以及建筑农民工在不同交易类型下的主体性差异。

本章将主要呈现以下几个方面的内容：首先，呈现劳动力市场形成中关系类型与交易匹配的多重过程这一基本发现并总结我们在理论和经验上做出的贡献；其次，讨论中国式"关系"与市场之间的关系；再次，探讨劳动力市场的不同组织方式与建筑工人劳动过程的动力机制和工人主体性的关系；最后，探讨构建的市场形成理论模型的适用性和研究局限。

一　劳动力市场形成中关系类型与交易匹配的多重过程

本研究致力于从非正式关系角度探究市场形成的微观基础，将劳动力市场的形成理解为雇主与受雇者双方交易匹配中关系形成的不同方式及其对应的不同交易类型，不同的交易类型构成了劳动力市场的结构形态。本研究关注的核心问题是：包工头和建筑农民工是如何在劳动力市场发生联结匹配的以及双方交易关系确立、维系的条件和机制是什么。在嵌入性命题、关系运作视角和社会交换研究传统三者基础上，本研究构建了一个关系纽带－交易方式－市场结构的分析框架来回答这一问题。此理论模型建构的基本方式是：（1）区分关系纽带的不同属性；（2）描述经济交易方式的不同形态；（3）第1部分和第2部分的有效匹配。在此基础上，以关系纽带性质（嵌入关系纽带和臂距关系纽带）为一端，以交易方式（互惠型交易和协商型交易）为另外一端，理论上形成四种类型的交易匹配模式：嵌入－互惠型交易、嵌入－协商型交易、臂距－互惠型交易和臂距－协商型交易。在经验上，我们结合在中国建筑行业的调查，以包工头和建筑工人为主体的劳动力市场呈现嵌入－互惠型交易、嵌入－协商型交易和臂距－协商型交易三种主要交易类型，体现了建筑行业下游劳动力市场雇佣双方交易匹配的不同方式与多重过程。

（一）　劳动力市场交易类型的多样性

我们探究中国建筑业劳动力市场形成的基本研究内容是：以包工头面临的市场条件为出发点来解释不同类型的包工头采取的不同招募策略，包工头面临的市场条件包括建筑业市场繁荣状况、包工头承揽项目的技术要求、包工头的资金实力等。由于建筑业劳动力市场的非正式特征，非正式关系在雇主和受雇者的联结匹配中发挥着关键作用。在此基础上，包工头的招募策略指的是包工头的不同类型的非正式关系会被动员起来，而不同的市场条件决定了包工头对工人的不同招募策略。由于不同类型的非正式关系被动员起来，包工头和建筑农民工形成了不同类型的关系联结；在不同的关系联结模式下，不同的交易方式将与之匹配，从而构成特定的劳动力市场交易类型，形成了整个中国建筑行业劳动力市场的结构和秩序。

具体来讲，当包工头初步迈入建筑业市场且资金实力不强与施工团队管理经验有限时，他倾向于招募自我关系网络中那些与他共享"强关系"纽带的成员来组建建筑施工团队，这些成员包括作为亲戚、朋友和同乡（村镇）的建筑工人。出于这样的招募策略，施工团队形成了以血缘关系纽带为第一层、以同乡关系纽带为第二层的蛛网式关系网络结构（见图3-1），网络成员之间的"强关系"成为关系网络中的支配性纽带且强信任感、高情感程度和高亲密程度成为关系纽带背后关键的关系性特征与文化内容。在这样的关系网络结构特征和文化内容下，强调收益单向流动的互惠型交易成为此类关系网络结构中的主导交易方式，由此构成了建筑业劳动力市场的第一种交易类型——嵌入-互惠型交易。包工头和建筑农民工的关系犹如亲密关系网络中发生的求助者与施助者之间的关系，建筑农民工在不清楚包工头回馈多少的基础上率先提供劳动服务。在嵌入-互惠型交易中，最为关键的交易互动特征是去市场化，交易双方都有意避免以市场化的讨价还价和利益最大化原则来对待双方的交易关系，体现为默契式互助和交易匹配关系的去市场化。由于包工头将传统乡村中的家族关系移植到建筑业劳动力市场中，维系嵌入-协商型交易运转的核心机制也就是约束交易双方的人情伦理，正是交易双方人情债务链条的循环往复和生生不息维持着此类建筑业劳动力市场交易类型在特定市场条件下的有序运转。

当包工头承揽的工程项目具有很高的技术要求时，那些技术工人出身的包工头将组建以技术工人为主体的施工团队。由于建筑行业技能培养的特殊性，技术工人的养成与同乡关系紧紧联系在一起，技术工人形成了以同乡关系纽带为主体的关系圈层。当包工头组建技术型施工团队时，包工头关系小圈子中的那些技术工人就成为首要招募目标。而且，由于此类施工团队技能行政主义的风格，包工头与建筑工人的等级界限并不分明，形成了一种我们所称的环形关系网络结构。在环形关系网络结构中，虽然"强关系"成为关系网络中的主导性纽带，但是一般同乡关系并不足以使包工头和建筑工人形成互惠型交易，经济利益的获取仍然是建筑工人参与此类施工团队的最大动机。嵌入－协商型交易成为建筑业劳动力市场的第二种交易类型。在嵌入－协商型交易中，包工头和建筑工人围绕着工程定价、工资支付等交易内容的沟通协商过程受到同乡关系纽带的塑造，呈现"准"协商的特征，反映出交易双方在交易过程中有意识地模糊处理一些交易细节。此外，环形关系网络结构中的声誉是维系嵌入－协商型交易运转的核心机制。只有当包工头对建筑工人技能水平和合作能力声誉的认可以及建筑工人对包工头技术水平和工资支付声誉的认可一致时，嵌入－协商型交易才能够得到维持与有序运转。

当包工头具备较强资金实力和丰富团队管理经验以及同时承揽多个工程项目时，若包工头自我关系网络中的那些"强关系"纽带成员很难满足工程任务的需要，在这种条件下包工头将更多地通过动员"弱关系"联结并主要通过中间人的中介关系来组建施工团队。在中介关系下，包工头和建筑农民工最终形成一种以包工头为核心的卫星式关系网络结构。其中，包工头和建筑工人是一种"臂距关系"纽带。在这样一种关系纽带下，包工头和建筑工人更接近于市场协商交易，由此构成了建筑业劳动力市场的第三种交易类型——臂距－协商型交易。在臂距－协商型交易中，由于包工头和建筑工人对任意一方的信息掌握有限，潜在交易双方必须通过一个沟通协商和讨价还价的过程来确认是否要达成交易，而见习劳动力市场中的谈判成为交易双方沟通协商的关键特征。正是由于包工头和建筑工人之间的"臂距关系"纽带，交易过程中的回报对等性或义务的即时对称性也就成为维系此类交易的核心机制。只有交易双方认为对方带给自己的回报超过自己的投入与付出时，交易才能维持下去，否则交易双方将选择终止交易。

除探究建筑业劳动力市场不同交易类型的形成、交易互动特征和运转机制外，本研究还以劳动力市场的不同组织方式为出发点，分析了不同交易类型下包工头和建筑农民工在劳动过程中的互动，尤其是在不同市场交易类型下带班管理人员如何实现对工人的组织与劳动监督的过程，并在此基础上探讨了不同工人政治主体性的差异性表现。

在嵌入－互惠型交易类型下，由于包工头与建筑农民工的"强关系"纽带，包工头并不需要花费过多的成本来组织工人的劳动过程，工人的自我管理模式成为劳动过程的核心特征，因为工人在劳动过程中贯彻着积极工作的伦理。当包工头发生欠薪行为时，受限于交易双方的高度信任感，建筑农民工不会采取任何的抗争行为，由此本研究观察到，嵌入－互惠型交易下的抗争缺席，工人的政治意识很大程度上被传统的人情伦理规范所掩盖。在嵌入－协商型交易类型下，由于技术工人支配着建筑施工团队，技能行政主义成为劳动过程的主要管理模式。技术工人有着充分的自主权来决定劳动过程的组织，并通过灵活的劳动分工、边界明确活动、责任共担等方式来维系团队的分工与合作。由于同乡关系纽带的联结和技能行政主义认同，这些建筑工人有着更高水平的集体团结。当欠薪行为发生时，技术型施工团队能够更好地团结起来捍卫技术工人的权益。在臂距－协商型交易中，由于包工头和建筑农民工的"臂距关系"纽带联结以及纽带背后的低度信任感，劳动过程体现出专制主义风格，带班管理人员采取一系列管理策略来提高生产效率和降低工人的集体团结水平。当包工头的欠薪行为发生在此类施工团队中时，建筑农民工没有任何动机来容忍包工头的欠薪行为，建筑农民工会发起集体抗争行动来捍卫自身的合法权益。在所有交易类型中，这些建筑工人有着最高的政治意识和抗争主体性。表6－1是对中国建筑业劳动力市场三种交易类型各方面特征的概括与对比。

表6－1　建筑业劳动力市场的交易类型及其经济政治结果

	嵌入－互惠型交易	嵌入－协商型交易	臂距－协商型交易
关系纽带	嵌入式纽带（以亲属关系和近邻同乡纽带为主）	嵌入式纽带（以老乡关系纽带为主）	臂距关系纽带（以中间人的中介关系联结为主）
交易方式	互惠型交易	协商型交易	协商型交易
交易双方互动特征	默契式互助	"准"协商：交易细节的模糊化处理和交易退出权的削弱	见习劳动力市场中的谈判
互惠结构	单向流动	双向流动	双向流动
核心机制	人情	声誉	即时对称义务

（左侧竖排书名）劳动力市场的形成　基于建筑业的田野调查

	嵌入－互惠型交易	嵌入－协商型交易	臂距－协商型交易
市场结构	内部劳动力市场		外部劳动力市场
劳动过程特征	自我管理模式和包工头的软控制策略	技能行政主义风格	专制主义风格
工人主体性	抗争缺席	同乡网络和技能基础上较高的团结水平	剧烈而短暂的集体抗争行动

通过概述建筑业劳动力市场不同关系纽带类型与不同交易方式之间匹配的多重过程而形成的多样交易类型与市场结构以及不同匹配模式对交易双方带来的经济政治结果，我们可以得出以下几个方面的结论。

第一，雇主和工人在劳动力市场中发生联结的方式因市场条件与雇主个人情况（资本实力、自我关系网络和任务的技术要求）而有所差异，需要对双方联结的不同方式和相应的交易类型进行区分。在劳动力市场上，雇佣者和求职者是具有不同特征的差异性市场行动者，双方在不同市场情境下发生联结的方式也有所不同，决定着不同种类的非正式关系被动员起来并与特定的交易方式发生匹配来构成特定的劳动力市场交易类型。也就是说，劳动力市场的形成过程不是均质单一的，而是一个因雇主和求职者联结方式和交易方式的多重匹配过程而充满着异质性的过程，从而塑造了多种交易模式相互叠加的劳动力市场结构。

第二，潜在交易双方关系纽带的不同性质与不同交易方式的匹配塑造了包工头和工人的不同交易类型（嵌入－互惠型交易、嵌入－协商型交易和臂距－协商型交易），展现出交易双方不同的关键性交易互动特征（默契式互助、嵌入中的"准"协商和见习劳动力市场的谈判）且揭示出维系双方劳动力交易关系有序运转的不同机制（人情、声誉与即时对称义务）。我们可以看出，从嵌入－互惠型交易、嵌入－协商型交易到臂距－协商型交易中能够发现两个连续统的变化：一个是关系纽带由强到弱的变化（从亲缘关系到同乡关系到接近陌生人的臂距关系），另一个是交易中"情感－利益"连续统的变化（从高度信任、亲密情感和低度利益计算到中度信任、中度情感和中度利益计算，再到低度信任、陌生情感和高度利益计算）。三种劳动力市场交易类型揭示了包工头和建筑农民工在不同交易匹配中随着关系纽带强度的差异而展现出情感和利益的不同混合状态，并显示出市场形成过程中行动者在网络结构约束下恰当关系策略的展现。因此，劳动力市场的形成在结构和文化上都显示出其特有的变化性，既能看到不同形态和特征的非正式关系纽带的结构基础性的作用，也能够看到不同文化性内容对劳动力交易双方匹配关系的影响。

第三，当我们以劳动力市场的不同组织方式（体现为包工头和建筑农民工的不同交易类型）作为塑造建筑工人劳动过程和工人主体性的核心自变量时，我们同样能够观察到劳动过程中包工头和建筑工人不同的互动模式和劳动关系形态，这也决定着作为包工头的管理者实现劳动过程组织和工人管理的不同手段与策略。因此，我们能够看到，在标准化、正式化程度比较低的建筑行业（韦伯意义上的科层制组织管理模式很难适用于建筑行业）中劳动者的生产秩序是如何实现的。管理者能够建立一种基于关系纽带的控制体系（关系控制模式），通过对不同种类非正式关系纽带的动员与利用，建筑行业管理者能够实现对工人的生产组织与劳动控制管理。同样，在不同的劳动力市场组织方式下，工人的主体性（突出体现为工人在集体行动中的团结水平与动员能力）也有所不同。可以发现，当包工头和建筑农民工属于"强关系"纽带时，工人的政治主体性被掩盖在"强关系"纽带背后的信任关系和人情伦理之中。当建筑工人与包工头属于"臂距关系"纽带且包工头侵害工人的合法权益时，工人将没有任何动机来容忍雇主的利益损害行为而会选择发起集体抗争行动。因此，建筑工人进入劳动力市场的方式及其形成的关系性资源对工人的劳动过程体验和工人抗争行动发挥着作用。

第四，不同关系纽带与不同交易方式在建筑业劳动力市场中的多重匹配过程与实践证明了经济活动和社会关系是相互建构的，非正式关系的盛行并不必然与经济利益相互冲突，尤其是亲密关系与情感并不必然是不利于经济交易完成的。相反，两者之间可能是相互促进与强化的关系，正如我们在嵌入－互惠型交易中看到的那样。与此同时，虽然纯粹市场交易的达成过程以利益最大化为双方的行为准则，但是传统人情伦理也并未缺席此类交易的达成过程，正如臂距－协商型交易中面子发挥的作用。因此，在建筑行业劳动力市场上，包工头和建筑工人间的非正式关系构成双方经

劳动力市场的形成
基于建筑业的田野调查

济交易的基础，反过来经济交易的达成也能够培养和促进新的非正式关系的衍生与发展，两者是相辅相成、相互缠绕的关系。因此，从这个角度讲，任何经济交易的达成首先是一种以关系纽带为基础的社会互动，社会互动的内容、过程与结果取决于关系纽带的性质和背后的文化内容，并在此基础上塑造了经济交易的运作方式和基本的市场结构与秩序。

总结来看，无论是劳动力市场关系纽带与交易方式匹配而成的交易类型及其附带的交易互动特征和维系交易的机制，还是不同劳动力市场组织方式导致的劳动过程和工人抗争的差异特征，都体现出非正式关系在市场形成及其经济政治结果中的基础性作用。因此，在探究中国市场转型时期的经济行动、特定市场的形成以及政治行为时，尤其是在非正规经济领域，研究者应注重挖掘非正式关系的不同类型以及它是如何与经济交易相互交织进而塑造了市场交易的形态、结构、运转机制及其结果的。

（二） 市场社会学与关系运作视角的推进

本研究在嵌入性议题、关系运作与社会交换研究传统基础上构建了用于分析市场形成的理论模型，并将这一理论模型用于阐述中国建筑业劳动力市场的形成。通过对建筑业劳动力市场形成过程的分析阐述，本研究力争在市场社会学、劳动力市场研究与关系运作等理论和经验议题上有所推进。

在市场社会学领域，嵌入性取向着眼于关系网络、制度和文化等因素对市场结构与秩序的塑造，关注作为一种社会结构的市场及其稳定和变化的机制与外部条件。社会隔绝在市场之外并主要对市场结构的形成和演变发挥背景式的塑造作用。嵌入性取向下市场社会学的一个基本研究路径是从不同角度揭示市场活动的外在条件（网络视角下经济行动者的联结形态、制度视角下规范与指导市场活动的法律前提条件和文化视角下产品与行动者参加市场活动的观念基础），如果缺乏这些外在前提条件，市场根本不可能存在。但是嵌入性取向忽略的一个问题是构成市场基础的交易本身是如何形成的，也就是达成市场交易的双方是通过何种方式联结匹配在一起的。

为了弥补市场社会学的这一缺憾，探究市场交易双方的联结匹配过程

（市场形成的基础），本研究通过构建一个关系纽带－交易方式－市场结构的理论模型来对劳动力市场的形成过程做出分析和阐述，发现市场交易与社会关系是相互建构的；离开了非正式关系，市场交易就失去了来源衍生的基础。本研究还阐述了潜在交易双方是如何通过不同类型的非正式关系匹配起来的过程。同样，市场交易反过来能够促进、巩固或者终止特定的非正式关系。市场建构活动本身就是社会性的。具体看来，制度视角和文化视角都关注制度环境与文化观念对行动者经济交易及市场形成的影响。在实际研究中可以看到，他们仍然假设市场的天然存在，只是将行动者在市场中的行动加上了外在的制度或文化的约束来反对经济学的理性主义行动者的假设。事实上，他们并没有关注到市场或者说构成市场基础的经济交易具体形成的过程。因此，我们关注劳动力市场中雇主和工人交易匹配的过程恰恰是回到交易是如何完成的这一根源性问题。也正是在这个意义上，我们才看到经济行动者既是理性行动者，也是受到情感、伦理和道德规范塑造的行动者。

由于我们关注不同关系纽带与不同交易方式的具体匹配过程，并由此来阐述劳动力市场的形成过程，因而它与市场形成的网络视角有着更为直接的关联，但也有不同。它至少在以下几个方面与市场形成的网络视角是不同的。首先，在网络视角那里存在着一种从结构到结构的路径，也即从关系网络结构到市场结构的路径，倾向于将市场行动者形成的关系网络结构等同于市场结构，而对于行动者关系网络结构的形成过程却不置可否。在我们呈现中国建筑业劳动力市场的形成过程中，我们从包工头面临的一般市场条件出发，逐渐呈现包工头和建筑农民工是如何联结在一起的过程和在劳动力市场中形成了何种类型的关系网络结构，并分析这些关系网络结构特征如何形塑了交易双方互动的特征和维系特定交易类型的核心机制。通过揭示关系纽带与交易方式的匹配过程，本研究不仅揭示了市场交易活动发生的网络结构性基础，也呈现了劳动力市场交易本身是如何得以出现的过程；不仅关注了交易达成的具体过程，也呈现了交易发生的结构基础，即交易过程与交易展开的人际关系网络结构都得到了关注。

其次，在市场社会学的网络视角那里，关注重点是关系网络结构的具体特征，包括关系纽带强弱、网络中心度、密度等维度对个体或公司在市场竞争中表现的影响。但是就如同已有文献对网络嵌入性的批评一样，它忽略了关系网络纽带背后的文化内容（Krippner，2001）。人际关系网络不仅是结构之网，也是意义之网。在探究建筑业劳动力市场中不同交易类型的交易互动特征和维系交易运转的核心机制时，我们突出了纽带背后的"关系性特征与文化性内容"，包括信任、人情、情感和道德规范对它们的影响。例如，在嵌入－互惠型交易中，维系该交易长期有序运转的关键机制就是潜藏在亲密关系纽带之下的人情伦理，正是传统文化中人情债务的循环往复促成了交易双方长期的关联。因此，在对市场形成的研究中，关系网络中的结构性和文化性因素同样重要。本研究通过同时关注社会关系网络的结构性特征以及关系网络背后的文化内容来将结构性与文化性要素同时纳入对劳动力市场形成的研究。

不同关系纽带与不同交易方式匹配的路径与多重过程所促成的多样化交易类型再次反击了新古典主义经济学对市场均质化的假设，证明市场形成的异质性和多样性（Zelizer，2011）。在新古典主义经济学那里，市场是一种抽象存在，是发挥资源配置作用最佳的场所，行动者能够在市场中获得完备信息并且能充分利用这些信息来达成最有利于自身的经济交易。简单来说，市场在经济行动者那里是平滑无褶皱的，行动者在市场中的行动是没有任何障碍的。事实上，市场社会学的基本观点是市场作为一种社会结构而存在，说明了市场交易的发生不是一马平川，而恰恰是被不同的山川丘陵（各种结构性因素）阻隔。因此，我们才看到不同交易类型的形成和交易发生的不同结构性情境与基础。

在对中国建筑业劳动力市场形成过程的研究中，本研究发现：由于将雇主和受雇者联结起来的关系纽带有差异，交易双方形成的交易类型嵌入不同的关系网络结构；揭示了市场交易发生的差异性情境；劳动力市场并未呈现完全一致的模式与结构；市场因不同类型的关系网络结构而有不同。同时，我们能够看到行动者在不同交易类型和市场结构中面临的境遇也有很大差异，由此决定了在完成不同市场交易类型匹配过程中行动者对交易的期待和所能采取的策略的差异。因此，在劳动力市场的形成过程中，我们看到的是具有不同特质的行动者在不同的结构性约束下来达成不同类型的交易，因而并不是一种完全统一的劳动力市场模式。

在第一章我们回顾了市场社会学的网络、制度和文化视角，强调关系网络、制度规范和文化观念对市场形成的独特影响；但是我们知道市场活动的开展往往会受到多个因素的共同塑造，而不是单一因素的结果。因此，有关市场社会学的文献中陆续出现一些综合性的视角来探究多种因素如何共同作用来影响市场活动的开展，包括弗雷格斯坦的政治－文化视角、述行视角和制度、网络与认知的互联模式（符平，2013）。我们构建的关系类型－交易方式－市场结构的分析模型在一定程度上也契合发展市场社会学综合视角的研究趋势。虽然我们从关系网络出发来探究市场交易的达成过程，但是我们并不仅仅关注网络的结构性特征，也将中国关系背后的文化和道德伦理等因素（包括人情、义气与面子等）带入进来，可以说是网络结构与文化观念共同塑造了市场交易活动的形成。例如，在区分嵌入－互惠型交易和嵌入－协商型交易的过程中，如果仅仅从关系纽带的结构性特征出发，两种交易类型都嵌入在特定的亲密关系网络之中，那么我们可能就忽略了两种交易的关键性区别；但是当我们将文化视角带入时，我们就会发现劳动力市场交易的行动者对两类"强关系"纽带赋予的文化意义是不同的，正是关系纽带背后的不同观念认知与文化意义部分地支撑了不同交易类型的完成与有序运转。从市场形成的微观角度来看，建筑业劳动力市场是关系网络结构与关系背后的文化观念共同塑造的结果。

与此同时，本研究也与有关市场社会学文献对劳动力市场的经验研究有不同。在劳动力市场的经验研究领域，尤其是在社会网络与劳动力市场关系的研究领域，丰富的研究成果证明了社会关系网络在劳动力市场匹配和回报中的作用（Granovetter，1995；边燕杰、张顺，2017）。但是既有劳动力市场研究受到社会分层与社会不平等取向的影响，重点关注求职者在劳动力市场中的流动与不平等现象，反而相对忽略了劳动力市场中最为核心的匹配问题——雇主和求职者是如何匹配在一起的过程。与此同时，既有劳动力市场研究采用的方法多以定量统计模型为主，学者们通过各种各样的统计模型来测量求职者在劳动力市场中的优势、障碍和不平等。不同于既有研究以定量方法评估不同类型的关系纽带在劳动力市场中的效应，本研究采用民族志田野调查的方法来考察劳动力市场买卖双方双向联结与交易匹配达成的具体过程，并分析交易双方对双方关系的特定理解和采取的特定策略如何影响劳动力市场交易的维系。不同于既有研究强调劳动者的个体特征（性别、种族、教育经历和政治身份）在劳动力市场的回报，我们突出行动者根据自身市场条件和关系网络约束来采取适当的招募／求职策略，从而达成符合双方期待的交易。换句话说，本研究不假设关系纽带联结的自然存在，而是细致考察关系联结本身是如何可能的过程以及关系纽带与特定交易方式的匹配过程来探究劳动力市场的结构与秩序。

虽然嵌入性议题强调社会关系对经济活动的促进与制约作用，但其重点仍然在于关系纽带性质、网络结构特征与个体或企业经济活动绩效的关系，对关系网络特征的分析代替了市场交易关系达成的微观过程的分析。泽利泽（Zelizer，2012）提出的关系运作视角着眼于探究经济交易双方的关系纽带、交易标的、媒介和对关系意义理解是如何匹配起来的，致力于弥补嵌入性命题对交易关系确立过程和关系纽带背后文化内容的忽略。我们构建的关系纽带－交易方式－市场结构的理论模型是对关系运作视角的进一步深化，推动了关系运作视角在理论与经验上的研究。

在第一章简述关系运作视角时，我们从理论上比较了嵌入性取向与关系运作视角在几个维度上的差异，下面我们将结合我们构建的市场形成理论模型与中国建筑业劳动力市场的具体经验来进一步总结关系运作视角与嵌入性取向的差异。

第一，在嵌入性取向下，市场的形成是外在于社会网络、制度与文化等因素的，市场与社会是相对分离的两个实体。在泽利泽的关系运作视角下，关系纽带对市场交易活动的意义是突出两者的同构性与互构性，因为市场交易活动的完成也意味着交易双方关系的联结与确立。中国建筑业劳动力市场形成过程中呈现的不同交易类型印证了关系运作中"任何经济交易行为都是以关系纽带为基础且经济交易只有与特定的关系纽带相匹配才能够完成"（Zelizer，2012）的观点。与此同时，本研究在泽利泽关系运作视角中往前推进一步，探究了在同一个宏观制度与产业组织环境下不同关系纽带与不同经济交易的匹配过程及其对交易双方造成的经济政治结果。

第二，关系运作与嵌入性这两种理论取向都是从人际关系网络出发去探究市场交易活动的完成，但两者对关系网络的关注点是不同的。与嵌入性取向突出强调关系网络的形式化与结构性特征对市场行动的影响不同，关系运作视角更加关注人际关系纽带如何通过恰当的媒介与特定的交易匹配在一起，特别关注行动者对关系纽带的认知以及确定关系纽带边界的活动。行动者不是关系网络结构下的牵线木偶，而是积极进行着关系的运作与营造并通过对特定关系纽带的区分与意义赋予来确保特定交易能够被市场所接受。在对中国建筑业劳动力市场形成过程的分析中，我们不仅关注不同关系纽带对市场行动者的塑造，也关注行动者关系纽带和关系网络结构形成的具体过程以及行动者在这一过程中发挥的策略能动性。因此，我们发展的市场形成理论模型兼顾了过程主义与结构主义以及网络结构与网络能动性之间的辩证关系。

第三，无论是新古典主义的经济学还是网络嵌入性取向下的经济行动，指导行动者参与市场活动的根本原则是以自我利益最大化为导向的理性行动者，两者的区别只是理性行动者面临的外在约束不同。在关系运作视角下，行动者类似于特定问题情境中的实用主义者，行动者能够通过关系运作的过程跨越传统市场交易的制度、组织与文化障碍来达成交易匹配。在这个过程中，理性、情感、道德与伦理等因素都可能对行动者的选择产生影响。在对建筑业劳动力市场形成的研究中，行动者的理性并不是天然存在的，而是在不同情境中有着不同的体现，求职者能够根据自身所处的情境展现不同程度的工具理性。也正是行动者在不同关系情境中展现的工具理性精神与人情伦理的恰当结合使得不同类型的劳动力市场交易类型得到维系。因此，作为实用主义者的经济行动者，其经济理性恰恰是需要被解释的，而不是理所当然存在的。

第四，虽然关系运作通过强调关系纽带与经济交易的匹配过程来弥补嵌入性对网络结构性特征过分关注的缺憾，但是关系运作仍然主要集中在非正规经济领域，而很少涉及诸如市场形成、竞争和市场定价等嵌入性议题一直关注的核心领地。由于经济交易的完成与运转是市场的核心，关系运作视角同样能够适用于诸如市场形成这样的核心研究领域。本研究将关系纽带与经济交易匹配的关系运作视角运用到经济社会学的核心议题——市场形成过程，考察了在相同制度和组织背景下，不同关系纽带与不同交易方式的匹配如何促成不同的交易类型和市场的一般结构，而非仅仅停留在非正规经济领域。因此，当我们把经济交易完成是如何可能的这一问题作为市场社会学的核心议题时，关系运作视角将大有可为，因为我们认为经济交易匹配可以成为理解经济社会学诸多议题的基本分析单位，而强调经济交易与关系纽带匹配的关系运作视角理所应当可以在更宽广的议题中得到体现。

通过总结对比关系运作与嵌入性两种取向在研究市场形成过程中的差异，我们进一步明晰了关系运作视角在市场形成研究中的运用。与此同时，本研究构建的关系纽带 - 交易方式 - 市场结构的理论模型在理论上弥补了泽利泽关系运作视角的不足之处，主要体现在以下两个方面。

第一，就关系运作视角来说，泽利泽虽然明确了经济交易的社会互动属性和关系纽带基础，但是她并没有就关系纽带与经济交易的匹配过程提供分析性的概念工具。在泽利泽那里，她只是指出了经济交易具有关系纽带的基础，但是何种类型的关系纽带与何种交易方式通过何种方式匹配起来构成何种类型的交易并没有出现在关系运作视角中。因此，需要发展出一套概念工具来分析市场中关系纽带和经济交易匹配的多重过程。基于此，本研究在吸收嵌入性和社会学交换研究传统基础上，建构了一个关系纽带 - 交易方式 - 市场结构的理论模型来分析关系纽带与经济交易的具体匹配过程，从而促进关系运作视角的操作化。我们的理论模型突破了关系纽带与交易方式之间的线性关联，将关系纽带和交易方式的不同特征予以维度化，从而形成了市场交易的四种理想类型，为关系运作视角在市场社会学中的运用提供了一个理论分析框架。

第二，泽利泽的关系运作视角提供了分析的四个要素，其中关系纽带、交易标的和交易媒介都具有客观指向性，而意义理解在泽利泽那里仍显得语焉不详。本研究通过区分不同交易类型来锚定行动者对关系纽带、交易标的和交易媒介的理解，在不同关系纽带与不同经济交易匹配过程中的意义理解指的是指导行动者确立和维系交易关系的一套价值与原则规范，是交易得以确立的核心机制。在建筑业劳动力市场的不同交易类型中，人情、声誉和即时对称义务分别成为维系嵌入 - 互惠型交易、嵌入 - 协商型交易和臂距 - 协商型交易的关键机制，而这些机制指向了行动者对他们所达成的交易的特定理解和赋予的特殊意义。因此，泽利泽将意义理解概括为行动者对关系纽带、交易标的和交易媒介的特定理解，如果能将其与交易关系维系机制联系在一起，那么也许有助于明晰行动者意义理解的具体指向。

二　市场转型期的"关系"

随着中国市场经济改革的推进与市场制度的不断完善，中国式关系在市场交易活动中的作用如何一直是学界关心的问题。对此，学界曾有过在市场转型期中国式关系的作用是增强还是减弱的争议（Guthrie，1998；Yang，2002），学界将之称为辜－杨论争。

此次关于改革开放时期中国式关系作用变化的争论起源于辜瑟瑞发表于 1998 年的论文。在他的经验观察中，他的访谈对象告诉他在市场经济活动中关系的作用已经开始减弱，辜瑟瑞由此推断出随着市场经济改革的推进和企业硬预算约束的加强，关系的作用会日益减弱（Guthrie，1998）。与之相对，杨美惠的研究则反对辜瑟瑞关于"关系减弱论"的观点，认为其访谈具有很大的局限性。杨美惠认为只要国家仍然控制着资源和机会的供给，那么关系在市场活动中仍将发挥重要作用（Yang，2002）。随着后续研究的深入和市场化改革的推进，关系在市场中的普遍性和重要性不断增强（Bian，2018；Bian，2019；边燕杰、缪晓雷，2020）。本研究挖掘了在中国建筑业劳动力市场中作为雇主的包工头与作为求职者的农民工之间的非正式关系对他们交易匹配的影响，同样证实了传统关系在市场经济改革活动中的积极作用，甚至在非正规经济领域，非正式关系对市场行动者的作用甚至是决定性的。除了印证了杨美惠和边燕杰关于传统关系在中国市场转型期的经济活动中扮演着日趋重要的角色以外，本研究对中国市场转型期关系的作用还能提供以下几点反思。

首先，虽然在市场转型期，中国式关系在市场活动中的作用在不断增强，但是在具体研究中我们仍然需要识别关系发挥作用的具体方式以及发挥作用的边界条件与背景。换句话说，如果只是一味地强调关系的重要性对于实证研究和对于我们深化对关系的理解毫无益处，而是应该将关系与市场活动的关系置于特定的制度背景与组织情境中。正如我们在建筑业劳动力市场的研究中所显示出来的，行动者面临的不同条件决定着不同类型的关系纽带被动员，也看到不同类型的关系纽带之所以能够与不同交易方式相匹配，也得益于关系纽带的具体性质和纽带背后的文化内容，不同市场交易活动依托不同的关系情境而得以完成。更进一步，在具体研究中，应该关注关系在不同时期发挥作用的不同方式。比如在计划经济的单位制时期，当资源主要被国家控制而市场难以提供替代选择时，与再分配者私人关系的建立与加深成为普通人获取资源的重要渠道（Walder，1986）。那么，在市场转型期，当市场越来越成为资源配置的核心机制时，关系发挥作用的方式又是什么呢？因此，研究者需要围绕关系发挥作用的时空情境具体展开分析，从而识别出当我们宣称"关系作用上升"的观点时，其背后具体的指向究竟是什么。

其次，在关注中国市场转型期关系的作用时，不得不面临一个张力，即关系作为本土化概念的含义与关系网络作为西方舶来品概念之间的张力。为了克服这一张力，很多在美国接受社会学训练的学者主张将中国式关系予以变量化处理，例如，边燕杰及其合作者将关系处理为一个在五个层次发生变化的变量，包括联系纽带、情感纽带、情义纽带、互惠纽带和交易纽带（边燕杰、缪晓雷，2020）。因此，在具体研究中，将关系的本土文化意涵与关系的结构差异性特征融合到市场交易活动将是消弭关系概念内在张力的关键。通过不同关系纽带与不同交易方式的匹配来呈现建筑业劳动力市场形成的分析实践为消融两者之间的张力提供了一个方案。在采用嵌入性命题中"嵌入关系"与"臂距关系"纽带的同时，本研究还发现中国式关系背后的人情伦理和面子等具有本土文化含义的内容同样能够与"嵌入关系"与"臂距关系"相互对应起来，并共同形塑雇主和求职者的经济行为与交易匹配的具体过程。因此，关系网络中的结构性特征与中国式关系的文化性特征能够相互结合来对市场转型期行动者的经济行为产生影响。

最后，在中国社会转型背景下，既有的中国式关系研究能够和经济社会学中的关系运作视角相互发现与促进。一方面，学者们对中国式关系概念内涵的深入挖掘，尤其是对其蕴含的文化意义和价值规范内容在不同经验领域的思考与运用，能够促进我们反思在将关系运作视角与中国经验结合时的文化基础与社会制度情境，促进我们反思关系运作视角在中国经验情境中的适用性与促进该视角的理论发展与进步。另一方面，关系运作视角在中国市场情境中的运用能够反过来推动中国式关系的研究，尤其是关系运作视角对交易关系确立、维系和终止过程及其内在机制的强调有利于弥补既有中国式关系研究过于注重在文化与道德含义上的探究，有利于提高对关系概念的动态演化特征及其对中国经验诸多面向的分析性潜能。本研究从嵌入性命题、关系运作视角和社会学交换研究传统中发展出的市场形成框架，一方面，将关系运作视角强调的关系纽带与经济交易相匹配的基本观点运用到劳动力市场研究之中，并将关系的本土文化意涵与该视角紧密联系起来，促进了关系运作在中国市场场景中的适用性；另一方面，我们在劳动力市场分析中采用的关系运作视角也丰富了对本土关系的理解，尤其是将非正式关系属性进行维度化和操作化处理后，改变了对关系的单维理解，而是分析它在不同情境中发挥的不同作用。

总结来看，无论是从关系运作的理论视角出发还是从作为非正规经济领域的建筑业劳动力市场的形成实践出发，都可以看到人际关系网络对完成市场交易活动的重要性，我们可以进一步从理论和经验两方面强调这种重要性。从理论上讲，要探究人际关系网络与市场交易活动的关系应注重将关系的属性与交易的属性分别进行操作化，厘清不同关系属性对市场交易发挥作用的具体方式。从经验上讲，中国建筑业劳动力市场交易主要通过非正式关系来完成这一经验事实应使我们关注关系发挥作用的宏观制度条件并进入到交易完成的具体细节中来理解关系与市场交易相互交织的情境。如此，只有从理论和经验两条路径同时着手，我们才能更好地理解市场转型期中国式关系的角色、作用与经济政治结果。

三 劳动力市场组织与劳动过程的动力特征

在对建筑业劳动力市场形成的研究中，我们不仅探究了构成建筑业劳动力市场不同交易类型的形成过程，也分析了不同交易类型下建筑农民工劳动过程在动力机制和工人主体性等方面的差异。正如前文所述，劳动过程理论致力于挖掘在生产现场的雇主与劳动者呈现的生产关系，探究劳动过程中管理监督与抗拒的辩证关系（游正林，2006）。在中国建筑行业，我们发现劳动力市场的不同组织方式能够塑造工作现场管理者与劳动者的不同劳动关系状态、工人集体组织能力和工人主体性特征。

如果我们将研究问题聚焦于劳动过程和工人抗争领域，那么我们同样可以追问在相似的政治环境、经济条件和生产组织背景下，为什么建筑行业会出现三种截然不同的劳动关系（三种不同交易类型事实上对应着三种不同类型的劳动关系）以及当面对共同不满（建筑工人的欠薪问题）时，为什么不同交易类型下的建筑农民工有着不同的政治回应和集体行动潜能。美国马克思主义社会学家布洛维提出了"生产政体"的概念，并用之来概括在生产现场劳资关系的经济维度（物品的生产）、政治维度（社会关系的生产）和意识形态维度（社会关系体验的生产），揭示了围绕劳动过程中生产关系再生产的斗争（Burawoy，1985）。借助生产政体概念，我们可以观察到在建筑行业的微观生产场景中，存在着三种不同的生产政体模式，不同的生产政体模式解释了建筑工人不同的劳动关系状态和政治主体性。而决定不同生产政体模式的关键因素恰恰是劳动力市场的不同组织方式——不同关系纽带与不同交易方式相互匹配形成的不同交易类型。

当劳动力市场表现为嵌入－互惠型交易时，它对应着一种可以被称作"父系家庭主义"的生产政体。在这种生产政体中，包工头处于蛛网式关系网络结构的中心位置并且利用其"家长式权威"来组织生产过程。在"父系家庭主义"的生产政体中，关系网络中包工头与工人之间强关系纽带的道德义务与约束使得包工头在工人劳动过程中采取"软控制"的策略，而工人则发展出积极的工作伦理并实践着自我管理的模式。因此，"父系家庭主义"成为一种霸权主义政体（在劳动控制中，工人的同意成分超过管理者的强制成分）。当以欠薪为代表的利益损害行为发生时，在这种生产政体下的工人往往不会采取任何集体抗争行动，因为工人和包工头之间的信任和道德义务抑制了工人发起集体行动的动机。

当劳动力市场表现为嵌入－协商型交易时，它对应着一种被称作"有原则的平等主义"的生产政体。"有原则的平等主义"的生产政体一般出现在技术型施工团队中，团队成员彼此之间共享着老乡关系网络并组成一种我们所称的环形关系网络结构。这种生产政体是平等主义的，因为包工头和工人之间的身份界限是模糊的、工作任务分配的权力和报酬分配都是平等的。但这种平等主义的贯彻又是有原则的,因为老乡关系网络和工人技能是维持平等主义的基石。环形关系网络结构中由老乡纽带衍生的信任、义气和忠诚以及工人技能等因素塑造了"有原则的平等主义"。这种生产政体的核心特点是盛行一种技能行政主义和工人享有较高的市场地位。当欠薪行为发生在这些工人群体中时(虽然相比于其他施工团队,欠薪很少发生在技术型施工团队中),这些工人由于市场地位和老乡关系纽带联结而有着较强的集体认同和团结感,使得他们能够进行有效的集体动员来捍卫他们的权益。

当劳动力市场表现为臂距 - 协商型交易类型时,它对应的是一种"分散专制主义"的生产政体,它指的是工人和包工头之间的一种利益对抗的关系。"分散专制主义"揭示了管理者如何通过惩罚性与专制性策略来实现对分散工人的管理与控制。一般来说,在"分散专制主义"政体下,工人与包工头并不共享任何先天的关系纽带,工人一般依赖中间人进入到建筑施工团队中,产生了一种我们所称卫星式关系网络结构。在这种关系网络结构中,劳动过程的主要特征是以强制性的控制策略为主,包括不定点监督、建筑工作团队的分化、地域小群体领导的控制以及地域关系网络基础上的工人操纵。在"分散专制主义"的生产政体下,工人很容易被包工头的利益侵害行为激怒,他们能够通过协调不同地域的工人,发起各种类型的集体行动以捍卫群体利益。

通过探究不同劳动力市场组织方式下建筑施工团队展现的不同生产政体模式,实际上我们能看到非正式关系在微观生产政治领域中的作用,体现出人际关系纽带对劳动过程动力机制塑造的基础性作用。围绕劳动过程,本研究对既有文献能够产生两个方面的对话与促进。第一,本研究对布洛维的生产政治理论做出一定程度的扩展。在布洛维那里,生产政治理论强调国家干预形式决定了生产政体类型。当国家干预通过社会保障立法和对资本管理方任意支配权的限制来降低生产者对资本主义生产过程的依赖时,我们能够观察到霸权生产政体的出现;反之,我们将看到专制主义政体。在布洛维生产政治理论中,国家对生产政体的性质起着决定性的作用。然而,本研究认为,在市场转型时期的特定行业部门中,尽管缺乏有

效的国家干预来提供工人劳动力再生产的替代来源，但以紧密联结的关系
纽带为特征的中国式"关系"以及蕴含在"关系"纽带背后的文化内容能
够发挥一种替代作用来保护工人免于管理者对劳动力的任意控制。不同种
类的社会关系网络结构以及关系网络内对应的"文化性内容"很大程度上
决定了建筑行业不同种类的生产政体。简而言之，建筑行业中不同生产政
体出现的原因是管理者和工人共同嵌入的关系网络结构的差异。

　　李静君对香港与深圳两家工厂生产政体的比较研究与我们在这里提出
的生产政体模式也具有关联性，因为李静君同样关注劳动力市场的不同组
织方式对两地不同生产政体的影响（Lee，1995）。只是李静君对两地劳动
力市场组织方式的强调分别着重于本地关系网络和家庭主义的文化（聚焦
于劳动力来源的差异），本研究则关注在劳动力的地域来源相同的条件下，
劳动者与管理者关系联结方式的差异如何导致了不同生产政体模式的出
现。相比于李静君的解释，我们对不同生产政体模式的解释是关系网络的
结构性特征与文化性内容共同塑造的结果。

　　本研究对建筑工人集体行动的关注也能够与中国研究中的工人抗争文
献对话。与现有文献对工人集体行动动员是如何可能的关注点不同（集体
行动动员的过程），本研究关注建筑工人抗争的多样性。也就是说，在不
同的生产政体下，工人有着不同程度的主体性，因为工人对他们工作条件
和共同问题的回应是不同的。具体来讲，在"父系家庭主义"的生产政体
中，工人很大程度上将生产活动视为家庭经济活动的一部分，他们的主体
意识被包工头与建筑工人的亲密关系淹没，因为他们将建筑团队比作一种
虚拟的宗亲网络，他们没有动机来对包工头发起任何类型的集体抗争行
动。在"有原则的平等主义"生产政体中，建筑工人在工作现场有着很强
的工作自主性，而且与其他工人相比，他们有着更强的谈判能力，因为他
们的工作任务有着更强的技术性以及他们处于一个主要由老乡关系纽带组
成的关系网络结构中。与其他两种生产政体类型相比，"分散性专制主义"
生产政体中工人的集体团结水平和对不满的反抗意识是最强的，因为他们
和包工头只是弱联结的关系，他们没有任何理由来容忍管理者对他们严重
的利益损害行为。因此，尽管面临着制度障碍和个人风险，他们能够发起
集体行动来改善他们的工作条件和捍卫他们的权利。从三个不同生产政体

的差异出发，能够看到社会关系网络的类型决定了工人是否参与抗争以及在什么程度上他们的动员是有效的。

从关系网络与工人集体行动关系的文献出发，我们可以看到，既有研究关注了工人之间的关系网络有助于传播信息、获取资源和促进集体团结水平的提高（Chan & Ngai，2009）。因此，在既有工人抗争的文献中，关系网络对集体行动动员主要发挥的是正面促进的效应。但是，在本研究关注的嵌入－互惠型交易类型中，我们发现工人与管理者的强关系纽带抑制了工人集体行动的发生。因此，在工作现场并不是任何类型的紧密关系网络都有助于集体行动的产生。在考察关系网络对集体行动的动员效应过程时，不仅应关注潜在参与者之间的横向关系网络，也应注意特定组织场景中潜在参与者与上级权威之间的纵向关系网络（Deng & O'Brien，2013）。不同类型的关系网络对集体行动动员的效果是不同的。

因此，建筑农民工在劳动过程和工人抗争中的表现提醒我们要关注非正式关系在工人微观政治领域中发挥的作用，也从侧面提示当建筑农民工被非正式关系激励和约束时，他们需要何种程度的国家干预才能够保障自身的合法权益。

四　余论

本研究以市场交易作为基本分析单位，构建关系纽带－交易方式－市场结构的理论框架来分析中国建筑业劳动力市场的形成，并阐述了不同劳动力市场组织方式对交易双方在劳动过程中互动特征的影响。在理论建构与经验阐述后，一个值得反思与讨论的问题是理论模型与经验现实在多大程度上是相互适配的，对此可以提出以下几点回应与思考供讨论。

第一，我们想澄清我们建构的理论模型——不同关系纽带与不同交易方式相互匹配的交易类型——的理论创新之处。特定关系纽带中发生特定经济交易在理论和经验上都已经成为市场社会学相关研究的共识，它背后隐晦地假设一种关系类型严格对应着一种经济交易（在经济现实生活中无疑是如此）。然而，我们建构的理论模型从理论上说明关系类型和交易方式是可以差异化匹配的，"关系是关系、交易是交易"，它们各自具有分析上的独立性。① 本研究提供的理论模型从完备性角度探究关系纽带与经济交易可能存在的多种匹配模式，为探究经济生活中更多元的交易模式与结构提供了理论工具。理论模型从逻辑演绎的角度去构建理论上可能出现的理想状态，它并不要求与所分析的经验对象完全映照。因此，我们发展的理论框架同样可以适用于分析其他类型的市场交易，它是作为一种分析交易完成过程的理论工具而出现的。

第二，社会交换研究中的互惠型交易与协商型交易的概念基本上是在实验场景中被使用，它们的概念化在多大程度上适用于建筑业包工头与工人的交易，或者说互惠与协商的边界在什么地方？首先，由于建筑行业特殊的工资支付模式，所有工人在与包工头交易的过程中都可能面临"不回馈"风险（互惠型交易的特征之一），② 但双方交易中的其他差异性特征仍能够辨析出互惠与协商的边界。交易中讨价还价环节的缺席与在场是区分互惠与协商的关键特征。与互惠型交易相比，协商型交易更加注重交易双方在工作方式、工资额度、支付方式、工资支付期限等事项上的讨价还价与沟通协商。在协商型交易中，每次交易是相对独立的。与之相对，互惠型交易则强调交易的长期性和连续性。另外，互惠型交易比协商型交易更能容忍回报延时交割的发生。其次，在嵌入和臂距关系纽带分别和互惠型交易与协商型交易更有亲和性的条件下，如何理解嵌入纽带中发生的讨价还价与工资协商过程（嵌入－协商型交易）？其背后的一般问题是如何理解市场交易过程中亲密关系与经济利益的关联性。事实上，在建筑业劳动力市场的多种交易类型中，区分它们的关键并不在于（嵌入）关系纽带与经济利益是否分离的问题，而是交易双方在不同关系纽带中理解与追逐利益的方式与程度的差异。即使是在嵌入－互惠型交易中双方对经济利益的关注也一直隐含在交易过程之中。在以老乡关系纽带为主的嵌入关系网络中，交易双方的次强关系性质能够容忍经济利益的公开谈判，但是以不同

---

① 研究者可以分别考虑关系纽带和经济交易的不同属性与维度（本研究提供的只是其中一种方案），然后将两者匹配起来构成经济交易的不同模式与市场内在结构。

② 风险是任何交易的内在组成部分，视具体情境而有差别。在建筑行业，近年来随着制度建设的进步（如依据《工程建设领域城民工工资保证金规定》的要求，根据工程合同价款的数量，施工单位需缴纳比例不等的农民工工资保证金），建筑农民工工资被拖欠的风险相对降低了，对处于不同交易类型的工人的访谈也印证了这一点。

于纯粹市场协商谈判的方式出现。因此，我们认为借用社会交换传统中的互惠型交易与协商型交易能够帮助我们刻画市场交易的不同属性并将其运用到建筑行业的劳动力市场交易之中。

第三，作为市场交易模式的理想类型，分析框架中呈现了四种关系纽带与交易方式的交易匹配结果；然而在建筑业劳动力市场只体现为三种，缺失了臂距－互惠型交易类型。对此，我们给出了两种可能的解释：在理论上，虽然嵌入关系纽带、臂距关系纽带分别和互惠型交易与协商型交易更有亲和性，但相比于嵌入性关系纽带中对经济利益和交易谈判过程的容忍（嵌入－协商型交易），在臂距关系纽带中进行互惠型交易可能并不是一个常见的行为（一般很难想象在交易双方事先不存在任何先天亲密关系纽带的前提下，交易一方会冒着不回馈的风险主动向另外一方提供产品或服务）。因此，臂距－互惠型交易在一般市场活动中不是一个常规的选项。在经验上，臂距－互惠型交易在建筑业劳动力市场中是存在的，只是由于田野调查资料的覆盖不完全而出现缺失。本研究蕴含着一个前提假设，即强调建筑业劳动力市场中的交易双方都依赖某种非正式的关系来完成匹配。然而苏之慧在她关于中国建筑工人雇佣关系的研究中呈现了一种个体化雇佣模式（Swider，2015）。在个体化雇佣模式中，雇主和工人在街头市场相遇并完成交易匹配。在类似情景下，工人往往得不到任何可信承诺保障且雇主拥有绝对的市场优势地位，工人在不知道任何交易信息的前提下付出劳动且不确定雇主是否会回馈这一劳动，从而接近于臂距－互惠型交易类型（工人在交易中处于高度不确定的地位，极易遭受利益损害风险）。因此，本研究构建的分析框架与交易理想类型需要进一步与经验现实对话，从而检验该框架的有效性和对经验现实的解释力度。

本研究的发现并不是为了仅仅突出建筑业劳动力市场形成的非正式关系基础，因为以往研究已经充分证实了这一点，而是希望在此基础上更进一步，通过分析模型的构建和细致的田野调查来呈现非正式关系的多样性对劳动力市场交易的差异化形塑过程，避免在非正式关系和市场交易之间建立机械的一对一对应关系，从而在理论和经验上推动经济社会学相关领域的发展。例如，从本研究观点来看，"关系霸权"这一源于建筑行业生产政体研究的经典概念（沈原，2007），我们能够发现"关系霸权"并非建筑行业中唯一的一种生产政体类型，在经验上它更多地与本研究的嵌入－互惠型交易具有重合性，但很难用"关系霸权"概念来对应臂距－协商型交易。因此，正如我们前文已经揭示的，关系类型与交易方式的差异化匹配所呈现的多种交易类型也意味着建筑行业中多种生产政体类型。

在经验上，众所周知，不按月支付工资的"欠薪"模式是建筑行业的惯例，那么"欠薪"在多大程度上有助于三种不同交易类型的运转与维系。本研究已经指出，三种交易类型的维系都有赖于经济利益与关系纽带及其文化内容的混合和相互平衡。就此而言，"欠薪"支付方式（作为回报的一种延迟兑现模式）有助于交易类型的维系，但它对维持不同交易类型的重要程度是有差异的。受限于关系纽带背后的道德、情感与伦理，在嵌入－互惠型和嵌入－协商型交易中，"欠薪"并不是建筑工人维持与包工头交易关系的决定性因素，他们在交易关系期间很少中断与包工头的交易并非因为忧虑工资收入受到影响，而是更多地受到关系纽带中人情和声誉的约束。① 对臂距－协商型交易来说，臂距关系纽带中的即时对称义务增强了"欠薪"对维系该交易类型的影响。当双方达成交易后，由于信任基础薄弱和对经济利益的最大化追求，包工头能够利用"欠薪"的威胁来维持团队稳定，而建筑工人也可能因忧虑拿不到承诺的工资标准而不会中途轻易地离开工作团队。因此，"欠薪"在交易关系维系中的作用很大程度上仍然是以交易双方的关系纽带性质及其文化内容为基础的。

本研究仍然存在以下几个主要方面的局限。第一，本研究揭示了包工头与工人社会关系的远近如何与不同交易类型相匹配来构成劳动力市场，但未充分考虑其他市场性要素对双方交易类型的影响，包括建筑业市场竞争程度、劳动力供给规模与结构等。例如，当劳动力市场供给结构发生变化，劳动力供给小于需求时（工人处于有利市场地位），建筑工人可能脱离嵌入关系约束而去寻找更高定价的工作，从而影响具体交易类型的形成。因此，本研究对建筑业劳动力市场形成的关注主要集中在微观基础层面上，而并未关注宏观政治、经济与制度因素对市场形成及其基本结构与

---

① 当然，当包工头违反工资支付承诺（长期未支付或支付低于承诺的工资额度）时，即使是处于嵌入－互惠型交易和嵌入－协商型交易中的建筑工人也会离开包工头团队，并终止与包工头的交易关系。

秩序的影响。

第二，本研究对建筑业劳动力市场形成的分析总体上是一种横向时间的静态维度，没有从纵向长时间角度分析关系类型与交易方式匹配的动态变化以及不同交易类型间可能出现的转化和不同交易类型之间相互转换的条件与机制。从田野调查初步发现来看，不同交易类型间的转换条件和机制与建筑行业市场规模变化，包工头经营能力、承揽工程规模与技术要求，包工头自我关系网络以及工资支付等因素密切相关。例如，以包工头为观察中心，包工头进入建筑行业的初期，由于财务资本和工人管理经验的限制，他们不得不依赖自我关系网络招募工人，嵌入－互惠型交易成为主导；随着建筑行业市场规模的扩大，雇主承接项目的规模不断扩大，单纯依靠嵌入－互惠型交易无法完成项目任务而不得不转而依赖中间人来招募和扩大工人队伍，臂距－协商型交易成为主导。反过来，当市场规模缩小，包工头承揽的工程规模较小时，臂距－协商型交易也可能转化为嵌入－互惠型交易，但关系网络中的成员与进入行业初期的成员并不相同，因为包工头后天培养的强关系网络成员同样可以与包工头形成嵌入－互惠型交易。与此同时，田野调查发现，嵌入－协商型交易往往因为工人的技能水平保持着较好的稳定性而较少地向其他两种交易类型转换。因此，我们看到市场交易活动是如何在行动者策略、关系运作和市场环境的互动中发生演化变迁的。

第三，本研究呈现了包工头通过动员不同种类的非正式关系来组成建筑施工团队，并与建筑工人联结匹配形成三种不同的交易类型。然而从建筑施工团队的构成角度来说，并非每个团队都完全对应于其中一种交易类型，而是以某种交易类型为主导情况下混杂着其他交易类型。例如，对那些承包规模较大的包工头来说，在他们的工作团队中，除了大部分通过中介关系与包工头形成臂距－协商型交易关系外，也有部分成员与包工头有直接联结而达成交易。在交易过程中，包工头需要根据关系的亲疏远近而拿捏好交易的尺寸（不同交易对应着不同的交易原则和逻辑），从而保证团队顺畅运行以获取利润。

在市场社会学的视域下，一个基本的问题是市场究竟是什么。从本研究发展的关系类型－交易方式－市场结构分析框架出发，我们认为市场的核心就是交易，那么探究市场形成过程就是揭示市场交易是如何可能的过程或者作为交易的双方关系是如何匹配联结在一起的过程。因此，当我们一再强调市场作为一种社会结构而存在时，从本研究的立场出发，市场的社会结构事实上就是不同交易类型叠加而构成的特定市场模式与结构；而研究者需要做的工作是厘清不同交易类型得以形成的结构、制度和文化基础。因此，中国市场转型中其他领域的经济交易与市场形成经验能否适用于本研究的分析框架，并进而批驳、修正与丰富该理论模型的适条件与范围，本研究期待围绕此理论和经验议题有更多的对话。

参考文献

艾云、周雪光，2013，《资本缺失条件下中国农产品市场的兴起——以一个乡镇农业市场为例》，《中国社会科学》第 8 期。

奥利弗·E. 威廉姆森，2020，《契约、治理与交易成本经济学》，陈耿宣编译，中国人民大学出版社。

彼得·布劳，1987，《社会生活中的交换与权力》，孙非、张黎勤译，华夏出版社。

边燕杰编，2002，《市场转型与社会分层：美国社会学者分析中国》，生活·读书·新知三联书店。

边燕杰、缪晓雷，2020，《如何解释"关系"作用的上升趋势？》，《社会学评论》第 1 期。

边燕杰、张顺，2017，《社会网络与劳动力市场》，社会科学文献出版社。

边燕杰、张文宏、程诚，2012，《求职过程的社会网络模型：检验关系效应假设》，《社会》第 3 期。

蔡禾、贾文娟，2009，《路桥建设业中包工头工资发放的"逆差序格局"：关系降低了谁的市场风险》，《社会》第 5 期。

常凯、郑小静，2019，《雇佣关系还是合作关系？——互联网经济中用工关系性质辨析》，《中国人民大学学报》第 2 期。

陈氚，2013，《"操演性"视角下的理论、行动者集合和市场实践》，《社会学研究》第 2 期。

陈纯菁，2020，《生老病死的生意：文化与中国人寿保险市场的形成》，魏海涛、符隆文译，华东师范大学出版社。

陈林生，2015，《市场的社会结构——市场社会学的当代理论与中国经验》，中国社会科学出版社。

陈那波，2006，《海外关于中国市场转型论争十五年文献述评》，《社会学研究》第 5 期。

陈映芳，2005，《"农民工"：制度安排与身份认同》，《社会学研究》第 3 期。

段君，2020，《青年群体的山寨品消费——基于线上信誉机制中关系运作的分析》，《青年研究》第 4 期。

费孝通，2019，《乡土中国》，北京大学出版社。

冯仕政，2007，《国家、市场与制度变迁：1980—2000 年南街村的集体化与政治化》，《社会学研究》第 2 期。

冯仕政，2008，《重返阶级分析：论中国社会不平等研究的范式转换》，《社会学研究》第 5 期。

弗兰克·道宾，2008，《打造产业政策：铁路时代的美国、英国和法国》，张网成、张海东译，杨典校，上海人民出版社。

符平，2011，《次生庇护的交易模式、商业观与市场发展——惠镇石灰市场个案研究》，《社会学研究》第 5 期。

符平，2009，《"嵌入性"：两种取向及其分歧》，《社会学研究》第 5 期。

符平，2016，《商品价格形成的文化路径——以红星牌宣纸的价格现象为例》，《学术研究》第 6 期。

符平，2013，《市场社会学的逻辑起点与研究路径》，《浙江社会科学》第 8 期。

符平，2018，《市场体制与产业优势——农业产业化地区差异形成的社会学研究》，《社会学研究》第 1 期。

符平，2015，《新世纪以来中国经济社会学的成就与挑战》，《社会科学》第 11 期。

符平、杨典主编，2020，《中国经济社会学四十年（1979—2019）》，社会科学文献出版社。

傅仁章，1985，《中国建筑业概况》，载杨慎主编《中国建筑年鉴》，中国建筑工业出版社。

高亚春，2016，《我国建筑行业劳务分包用工现状、问题及对策研究》，中国言实出版社。

郭巍蓉，2018，《收谁的红包——关于医患间非正式"交易"的文化社会学解读》，《社会学刊》第 1 期。

国家统计局固定资产投资公司主编，1988，《中国建筑业统计资料》，中国统计出版社。

国务院研究室课题组，2006，《中国农民工调研报告》，中国言实出版社。

赫希曼，2015，《退出、呼吁与忠诚：对企业、组织和国家衰退的回应》，卢昌崇译，上海世纪出版集团。

侯钧生，2001，《西方社会学理论教程》，南开大学出版社。孙中伟、刘明巍、贾海龙，2018，《内部劳动力市场与中国劳动关系转型——基于珠三角地区农民工的调查数据和田野资料》，《中国社会科学》第 7 期。

胡伟略，1989，《试论我国人口和粮食的关系问题》，《中国人口科学》第 2 期。

金秋、华文，1989，《沈阳建筑业十年改革回顾与展望》，《建筑经济》第 12 期。

卡尔·波兰尼，2020，《大转型：我们时代的政治与经济起源》，冯钢、刘阳译，当代世界出版社。

卡尔·波兰尼，2014，《经济——有制度的过程》，载格兰诺维特、斯威德伯格编著《经济生活中的社会学》，瞿铁鹏、姜志辉译，瞿铁鹏校，上海人民出版社。

李春玲，2019，《中国社会分层与社会流动研究 70 年》，《社会学研究》第 6 期。

李国武，2019，《政治文化如何塑造产业政策？——〈打造产业政策：铁路时代的美国、英国和法国〉评析》，《社会发展研究》第 2 期。

李洁，2005，《重返生产的核心——基于劳动过程理论的发展脉络阅读〈生产政治〉》，《社会学研究》第 5 期。

李林艳，2008，《关系、权力与市场——中国房地产业的社会学研究》，社会科学文献出版社。

李强，1999，《中国大陆城市农民工的职业流动》，《社会学研究》第 3 期。

理查德·斯科特、杰拉尔德·F. 戴维斯，2011，《组织理论：理性、自然与开放系统的视角》，高俊山译，中国人民大学出版社。

林毅夫、刘培林，2001，《自生能力与国企改革》，《经济研究》第 9 期。

刘范一，2012，《中国农民工经济状况及其制度改进》，经济管理出版社。

刘精明，2006，《劳动力市场结构变迁与人力资本收益》，《社会学研究》
　　第 6 期。

刘世定，2015，《"嵌入性"用语的不同概念、逻辑关系及扩展研究》，载
　　刘世定主编《经济社会学研究》（第二辑），社会科学文献出版社。

刘世定，1999，《嵌入性与关系合同》，《社会学研究》第 4 期。

刘子曦、朱江华峰，2019，《经营"灵活性"：制造业劳动力市场的组织生
　　态与制度环境——基于 W 市劳动力招聘的调查》，《社会学研究》第
　　4 期。

罗家德，2012，《关系与圈子——中国人工作场域中的圈子现象》，《管理
　　学报》第 2 期。

马戎，2007，《"差序格局"——中国传统社会结构和中国人行为的解读》，
　　《北京大学学报》（哲学社会科学版）第 2 期。

潘毅、卢晖临、张慧鹏，2012，《大工地：建筑业农民工的生存图景》，北
　　京大学出版社。

亓昕，2011，《欠薪与讨薪：工地政体与劳动过程的实证研究》，首都经济
　　贸易大学出版社。

乔治·波多尼，2011，《地位的信号：对市场竞争的社会学研究》，张翔、
　　艾云、张惠强译，格致出版社。

渠敬东、傅春晖、闻翔，2015，《组织变革和体制治理：企业中的劳动关
　　系》，中国社会科学出版社。

沈原，2007，《"关系霸权"：对建筑工劳动过程的一项研究》，载沈原《市
　　场、阶级与社会：转型社会学的关键议题》，社会科学文献出版社。

沈原，2020，《市场的诞生》，载符平、杨典主编《中国经济社会学四十年
　　（1979—2019）》，社会科学文献出版社。

宋扬，2019，《中国户籍制度的深入解析：现状、影响与改革路径》，中国
　　人民大学出版社。

孙立平，2005，《社会转型：发展社会学的新议题》，《社会学研究》第

1 期。

孙中伟、刘明巍、贾海龙，2018，《内部劳动力市场与中国劳动关系转型——基于珠三角地区农民工的调查数据和田野资料》，《中国社会科学》第7 期。

田毅鹏，2021，《"单位"研究 70 年》，《社会科学战线》第 2 期。

汪和建，2009，《通向市场的社会实践理论：一种再转向》，《社会》第5 期。

汪建华，2016，《生活的政治：世界工厂劳资关系转型的新视角》，社会科学文献出版社。

王春光，2005，《农民工：一个正在崛起的新工人阶层》，《学习与探索》第 1 期。

王峰，2018，《中国户籍制度改革研究》，中国政法大学出版社。

王军辉、李德智、吴晓飞，2020，《我国建筑业支柱产业地位和作用的实证分析》，《建筑经济》第 12 期。

王美艳、蔡昉，2008，《户籍制度改革的历程与展望》，《广东社会科学》第 6 期。

王美艳，2005，《城市劳动力市场上的就业机会与工资差异——外来劳动力就业与报酬研究》，《中国社会科学》第 5 期。

王晓璐，2007，《对哈里森·怀特市场模型的讨论：解析、探源与改进》，《社会学研究》第 1 期。

王星，2009，《师徒关系合同化与劳动政治：东北某国有制造企业的个案研究》，《社会》第 4 期。

薇薇安娜·A. 泽利泽，2008，《给无价的孩子定价——变迁中的儿童社会价值》，王水雄、宋静、林虹译，格致出版社、上海人民出版社。

薇薇安娜·A. 泽利泽，2022，《亲密关系的购买》，陆兵哲译，上海人民出版社。

维维安娜·泽利泽，2008，《给无价的孩子定价——变迁中的儿童社会价值》，王水雄、宋静、林虹译，格致出版社、上海人民出版社。

魏海涛，2022a，《从嵌入性到关系运作：经济社会学研究的两重取向》，《广东社会科学》第 5 期。

魏海涛，2022b，《关系类型、交易方式和中国建筑业劳动力市场构建》，《社会学研究》第 6 期。

闻翔、周潇，2007，《西方劳动过程理论与中国经验：一个批判性的述评》，《中国社会科学》第 3 期。

吴晓刚，2006，《"下海"：中国城乡劳动力市场转型中的自雇活动与社会分层（1978—1996）》，《社会学研究》第 6 期。

吴愈晓，2011，《社会关系、初职获得方式与职业流动》，《社会学研究》第 5 期。

吴重庆，2020，《"同向同业"："社会经济"或"低端全国化"?》，《南京农业大学学报》（社会科学版）第 5 期。

谢富胜，2012，《当代资本主义劳动过程理论：三种代表性表述》，《马克思主义与现实》第 5 期。

徐义屏，2006，《中国建筑业年鉴》，中国建筑业年鉴社。

阎云翔，2006，《差序格局与中国文化的等级观》，《社会学研究》第 4 期。

阎云翔，2016，《礼物的流动：一个中国村庄中的互惠原则与社会网络》，李放春、刘瑜译，上海人民出版社。

杨典，2013，《公司治理与企业绩效——基于中国经验的社会学分析》，《中国社会科学》第 1 期。

杨典，2011，《国家、资本市场与多元化战略在中国的兴衰》，《社会学研究》第 6 期。

杨美惠，2009，《礼物、关系学与国家：中国人际关系与主体性建构》，赵旭东、孙珉、张跃宏译，江苏人民出版社。

杨慎主编《中国建筑年鉴》，北京：中国建筑工业出版社。

游正林，2006，《管理控制与工人抗争——资本主义劳动过程研究中的有关文献述评》，《社会学研究》第 4 期。

翟学伟，2013，《人情、面子与权力的再生产》，北京大学出版社。

翟学伟，2009，《再论"差序格局"的贡献、局限与理论遗产》，《中国社会科学》第 3 期。

詹姆斯·斯科特，2011，《弱者的武器》，郑广怀、张敏、何江穗译，译林出版社。

詹姆斯·斯科特，2011，《弱者的武器》，郑广怀、张敏、何江穗译，译林出版社。

张军，2010，《中关村电子市场交易秩序研究》，博士学位论文，中国人民大学。

张昭时、钱雪亚，2009，《中国劳动力市场分割的两重"二元性"：理论与现实》，《学术月刊》第 8 期。

赵鼎新，2016，《路径不依赖、政策不相干：什么才是中国经济成功的关键?》，《学海》第 2 期。

赵炜，2012，《"双重特殊性"下的中国建筑业农民工——对于建筑劳动过程的分析》，《经济社会体制比较》第 5 期。

甄志宏，2009，《网络、制度和文化：经济社会学研究的三个基本视角》，《江海学刊》第 4 期。

周飞舟，2015，《差序格局和伦理本位：从丧服制度看中国社会结构的基本原则》，《社会》第 1 期。翟学伟，2013，《人情、面子与权力的再生产》，北京大学出版社。

周雪光，2003，《组织社会学十讲》，社会科学文献出版社。

邹一南，2019，《户籍制度改革：路径冲突与政策选择》，人民出版社。

Baker, W. E. 1990. "Market Networks and Corporate Behavior. "*American Journal of Sociology* 96 (3): 589 – 625.

Baker, W. E. 1984. "The Social Structure of a National Securities Market. "*American Journal of Sociology* 89 (4): 775 – 811.

Bal, C. S. 2016. *Production Politics and Migrant Labour Regimes Guest Workers in Asia and the Gulf.* New York: Palgrave Macmillan .

Bandelj, N. 2012. "Relational Work and Economic Sociology. "*Politics & Society* 40 (2): 175 – 201.

Bandelj, N. 2020. "Relational Work in the Economy. "*Annual Review of Sociology* 46: 251 – 272.

Becker, J. 2012. "The Knowledge to Act: Chinese Labor Protests in Comparative Perspective. " *Comparative Political Studies* 45 (11): 1379 – 1404.

Beckert, J. 2003. "Economic Sociology and Embeddedness: How Shall We Conceptualize Economic Action?" *Journal of Economic Issues* 37 (3): 769 – 787.

Beckert, J. 2009. "The Social Order of Markets. "*Theory and Society* 38 (3): 245 – 269.

Bian, Yanjie. 1997. "Bringing Strong Ties Back in: Indirect Ties, Network Bridges, and Job Searches in China. "*American Sociological Review* 62 (3): 366 – 385.

Bian, Yanjie. 2019. *Guanxi: How China Works* . Cambridge: Polity Press.

Bian, Yanjie. 2018. "The Prevalence and the Increasing Significance of Guanxi. " *The China Quarterly* 235: 597 – 621.

Biscotti, D. , Lacy, W. B. , Glenna, L. L. , Welsh, R. 2012. " Constructing 'Disinterested' Academic Science: Relational Work in University-Industry Research Collaboration. "*Politics & Society* 40 (2): 273 – 308.

Blau, P. M. and Duncan, O. D 1967. *The American Occupational Structure.* New York: Wiley.

Blau, P. M. 1964. *Exchange and Power in Social Life.* New York: Wiley.

Braverman, H. 1974. Labor and Monopoly Capital: The Degradation of Work in the Twentieth Century. New York: Monthly Review Press.

Burawoy, M. 1985. *The Politics of Production: Factory Regimes Under Capitalism and Socialism.* London: Verso.

Burt, R. S. 1983. *Corporate Profits and Cooptation: Networks of Market Constraints and Directorate Ties in the American Economy.* New York: Academic Press.

Burt, R. S. 1992. *Structural Holes: The Social Structure of Competition.* Cambridge: Harvard University Press.

Burt, R. S. 1982. *Toward a Structural Theory of Action: Network Models of Social Structure, Perception, and Action.* New York: Academic Press.

Cai, F. , 2012. "Labor Market Reform," in M. Wang (ed.), *Thirty Years of China's Reform.* New York: Routledge.

Callon, M. 1998. *The Laws of the Market.* Oxford: Blackwell Publishers.

Chan, A. 2001. *China's Workers Under Assault: Exploitation and Abuse in a Glo-*

balizing Economy. Florence: Routledge.

Chan, Cheris Shun-ching, 2009a. "Invigorating the Content in Social Embeddedness: An Ethnography of Life Insurance Transactions in China." *American Journal of Sociology* 115 (3): 712 – 754.

Chan, Cheris Shun-ching and Yao Zelin. 2018. "A Market of Distrust: Toward a Cultural Sociology of Unofficial Exchange Between Patients and Doctors in China." *Theory and Society* 47 (6): 737 – 772.

Chan, Cheris Shun-ching, 2009b. "Creating a Market in the Presence of Cultural Resistance: the Case of Life Insurance in China." *Theory and Society* 38 (3): 271 – 305;

Chan, Chris King-chi and Ngai, P. 2009. "The Making of a New Working Class? A Study of Collective Actions of Migrant Workers in South China." *The China Quarterly* 198: 287 – 303.

Chan, Chris King-chi. 2010. *The Challenge of Labour in China: Strikes and the Changing Labour Regime in Global Factories.* London and New York: Routledge.

Chan, Kam Wing and Buckingham, W. 2008. "Is China Abolishing the Hukou System?" *The China Quarterly* 195: 582 – 606.

Chan, Kam Wing and Zhang, Li, 1999. "The Hukou System and Rural-Urban Migration in China: Processes and Changes." *The China Quarterly* 160: 818 – 855.

Chan, Kam Wing. 2010. "The Household Registration System and Migrant Labor in China: Notes on a Debate." *Population and Development Review* 36 (2): 357 – 364.

Chao, Kang, 1968. *The Construction Industry in Communist China.* Chicago: Aldine Pub. Co.

Cheng, Tiejun and Selden, M. 1994. "The Origins and Social Consequences of China's Hukou System." *The China Quarterly* 139: 644 – 668.

Chen, K. K. 2020. "Bounded Relationality: How Intermediary Organizations Encourage Consumer Exchanges with Routinized Relational Work in a Social

Insurance Market. " *Socio-Economic Review* 18 (3): 769 – 793.

Chuang, Julia. 2014. "Chains of Debt: Labor Trafficking as a Career in China's Construction Industry". in K. K. Hoang & R. Parrenas (eds.), *Human Trafficking Reconsidered: Rethinking the Problem, Envisioning New Solutions*. New York: Open Society Institute.

Commons, J. R. 1932. "The Problem of Correlating Law, Economics, and Ethics. " *Wisconsin Law Review* 8: 4.

Cook, K. S. and Emerson, R. M. 1978. "Power, Equity, and Commitment in Exchange Network. " *American Sociological Review* 43 (5): 721 – 739.

Cook, K. S. , Emerson, R. M. , Gillmore, M. R. , Yamagishi, T. 1983. "The Distribution of Power in Exchange Networks: Theory and Experimental Results. " *American Journal of Sociology* 89 (2): 275 – 305.

Deng, Yanhua, and O'Brien, K. J. 2013. "Relational Repression in China: Using Social Ties to Demobilize Protesters. " *The China Quarterly* 215: 533 – 552.

DiMaggio, P. J. and Powell, W. W. 1983. "The Iron Cage Revisited: Institutional Isomorphism and Collective Rationality in Organizational Fields. " *American Sociological Review* 48 (2): 147 – 160.

Dobbin, F. 1994. *Forging Industrial Policy: The United States, Britain, and France in the Railway Age*. Cambridge: Cambridge University Press.

Dobbin, F. 2004. "The Sociological View of the Economy. " in Frank Dobbin (ed.), *The New Economic Sociology: A Reader*. Princeton, N. J. : Princeton University Press.

Doeringer, P. B. and Piore, M. J. 1985. *Internal Labor Markets: and Manpower Analysis*. New York: ME Sharpe.

Eccles, R. G. 1981. "Bureaucratic Versus Craft Administration the Relationship of Market Structure to the Construction Firm. " *Administrative Science Quarterly* 26 (3): 449 – 469.

Emerson, R. M. 1976. "Social Exchange Theory. " *Annual Review of Sociology* 2: 335 – 362.

Fligstein, N. 1996. "Markets as Politics: A Political-Cultural Approach to Market

Institutions. " *American Sociological Review* 61 （4）: 656 – 673.

Fligstein, N. 1990. *The Transformation of Corporate Control.* Cambridge: Harvard University Press.

Geertz, C. 1978. "The Bazaar Economy: Information and Search in Peasant Marketing. " *The American Economic Review* 68 （2）: 28 – 32.

Granovetter, M. and McGuire, P. 1998. "The Making of an Industry: Electricity in United States. " in Michel Callon, ed. , *The Laws of Markets.* Oxford: Blackwell.

Granovetter, M. 1985. "Economic Action and Social Structure: The Problem of Embeddedness. " *American Journal of Sociology* 91 （3）: 481 – 550.

Granovetter, M. 1992. "Economic Institutions as Social Constructions: A Framework for Analysis. "*Acta Sociologica* 35 （1）: 3 – 11.

Granovetter, M. , 1995. *Getting a Job: A Study of Contacts and Careers （Second Edition）* . Chicago: University of Chicago Press.

Granovetter, M. 1990. "The Old and New Economic Sociology: A History and Agenda. "in Rodger Friedland and A. F. Robertson, eds. , *Beyond the Marketplace: Rethinking Economy and Society*, New York: Aldine.

Granovetter, M. 1973. "The Strength of Weak Ties. "*American Journal of Sociology.* 78 （6）: 1360 – 1380.

Gransow, B. and Zhu Jianggang. 2016. "Labour Rights and Beyond—How Migrant Worker NGOs Negotiate Urban Spaces in the Pearl River Delta. "*Population, Space and Place* 22: 185 – 198.

Guthrie, D. 2002, Information Asymmetries and the Problem of Perception: The Significance of Structural Position in Assessing the Importance of Guanxi in China. "in T. Gold, D. Guthrie, & D. Wank （eds. ）, *Social Connections in China: Institutions, Culture and the Changing Nature of Guanxi.* Cambridge: Cambridge University Press.

Guthrie, D. 1998. "The Declining Significance of Guanxi in China's Economic Transition. " *The China Quarterly.* 154: 254 – 282.

Hansen, K. V. , Sun, K. C. -Y. , Osnowitz, D. 2017. "Immigrants as Settler Colonists: Boundary Work Between Dakota Indians and White Immigrant Settlers. " *Ethnic and Racial Studies* 11: 1919 – 1938.

Haulman, C. A. , Raffa, F. A. , Rungeling, B. 1987. "Assessing the Labor Market Intermediary Role of the Job Service. " *Growth & Change* 18 (1): 66 – 71.

Haylett, J. 2012. "One Women Helping Another: Egg Donation as a Case of Relational Work. " *Politics & Society* 40 (2): 223 – 247.

Hillmann, H. 2013. "Economic Institurions and the States: Insights from Economic History. "*Annual Review of Sociology* 39: 251 – 273.

Hoang, K. K. 2018. "Risky Investments: How Local and Foreign Investors Finesse Corruption-Rife Emerging Markets. "*American Sociological Review* 83 (4): 657 – 685.

Homans, G. C. 1961. *Social Behavior: Its Elementary Forms.* New York: Harcourt, Brace and World.

Huang, Xianbi. 2008. "Guanxi Networks and Job Searches in China's Emerging Labor Market: A Qualitative Investigation. "*Work, Employment and Society* 22 (3): 467 – 484.

King, M. and Bearman, P. S. 2017. "Gifts and Influence: Conflict of Interest Policies and Prescribing of Psychotropic Medication in the United States. " *Social Science & Medicine* 172: 153 – 162.

Krippner, G. , Granovetter, M. , Biggart, N. Block, F. , Beamish. T. and Hsing. Y. 2004. "Polanyi Symposium: A Conversation on Embeddedness. " *Socio-Economic Review* 2: 109 – 135.

Krippner, G. R. and Alvarez, A. S. 2007. "Embeddedness and the Intellectual Projects of Economic Sociology. "*Annual Review of Sociology* 33: 219 – 240.

Krippner, G. R. 2001. "The Elusive Market: Embeddedness and the Paradigm of Economic Sociology. "*Theory and Society* 30 (6): 775 – 810.

Kuwabara, K. 2011. "Cohesion, Cooperation, and the Value of Doing Things Together: How Economic Creates Relational Bonds. "*American Sociological Review* 76 (4): 560 – 580.

Lainer-Vos, D. 2014. "Brother's Keepers: Gift Giving Networks and the Organization of Jewish American Diaspora Nationalism. "*Socio-Economic Review* 12 (3): 463 –488.

Lawler, E. J. 2001. "An Affect Theory of Social Exchange. "*American Journal of Sociology* 107 (2): 321 –352.

Lawler, E. J. , Thye, S. R. and Yoon, J. 2008. "Social Exchange and Micro Social Order. " *American Sociological Review* 73 (4): 519 –542.

Lee, C. K. 2007. *Against the Law: Labor Protests in China's Rustbelt and Sunbelt.* California: University of California Press.

Lee, C. K. 1995. "Engendering the Worlds of Labor: Women Workers, Labor Markets, and Production Politics in the South China Economic Miracle. " *American Sociological Review* 60 (3): 378 –397.

Lee, C. K. 1999. "From Organized Dependence to Disorganized Despotism: Changing Labour Regimes in Chinese Factories. "*The China Quarterly* 157: 44 –71.

Levin, P. 2008. "Culture and Markets: How Economic Sociology Conceptualizes Culture. " *The ANNALS of the American Academy of Political and Social Science* 619 (1): 114 –129.

Lindblom, C. E. 2001. *The Market System: What It Is, How It Works, and What to Make of It.* New Haven: Yale University Pres.

Lin, J. Y. , Wan, G. h. , G and Morgan, P. J. 2016. "Factors Affecting the Outlook for Medium-term to Long-term Growth in China. " *China & World Economy* 24 (5): 20 –41.

Logan, J. A. 1996. "Opportunity and Choice in Socially Structured Labor Markets. "*American Journal of Sociology* 102 (1): 114 –160.

Luthans, F. and Davis, T. R. V. 1979. "Behavioral Self-management—The missing link in managerial effectiveness. " *Organizational Dynamics*, 8 (1): 42 –60.

MacKenzie, D and Millo, Y. 2003. "Constructing a Market, Performing Theory: The Historical Sociology of a Financial Derivatives Exchange. "*American Journal of Sociology* 109 (1): 107 –145.

MacKenzie, D, Muniesa, F. and Siu, L. 2007. *Do Economists Make Markets? On the Performativity of Economics.* Princeton: Princeton University Press.

Macneil, I. R. , 1978, "Contracts, Adjustments of Long-term Economic Relations under Classical, Neo-classical, and Relational Contract Law. "*Northwestern University Law Review* 72: 854 – 906.

Mayo, R. E. and Liu, G. , 1995. "Reform Agenda of Chinese Construction Industry. " *Journal of Construction Engineering and Management* 121 (1): 80 – 85.

Mears, A. 2015. "Working for Free in the VIP: Relational Work and the Production of Consent. " *American Sociological Review* 80 (6): 1099 – 1122.

Meng, Xin. 2012. "Labor Market Outcomes and Reforms in China. "*Journal of Economic Perspectives* 26 (4): 75 – 102.

Meyer, J. W. and Rowan, B. 1977. " Institutionalized Organizations: Formal Structure as Myth and Ceremony. "*American Journal of Sociology* 83 (2): 340 – 363.

Michelle, J. 2007. "How Far Merit Selection? Social Stratification and the Labour Market. " *British Journal of Sociology* 58 (3): 367 – 390.

Molm, L. D. Collett, J. L. and Schaefer, D. R. 2007. "Building Solidarity through Generalized Exchange: A Theory of Reciprocity. " *American Journal of Sociology* 113 (1): 205 – 242.

Molm, L. D. 2003. "Theoretical Comparisons of Forms of Exchange. "*Sociological Theory* 21 (1): 1 – 17.

Molm, L. D. , Whitham, M. M. and Melamed, D. 2012. "Forms of Exchange and Integrative Bonds: Effects of History and Embeddedness. "*American Sociological Review* 77 (1): 141 – 165.

Nee, V. , 1989. "A Theory of Market Transition: From Redistribution to Markets in State Socialism. " *American Sociological Review* 54 (5): 663 – 681.

Nee, V. 2005. "The New Institutionalism in Economics and Sociology. " in Neil J. Smelser and Richard Swedberg (eds.) *The Handbook of Economic Sociology* (*Second Edition*) . Princeton, N. J. : Princeton University Press.

Piore, M. J. 1975. "Notes for a Theory of Labor Market Stratification. "in Richard C. Edwards, Michael Reich & David M. Gordon (eds.) , *Labor Market Seg-*

mentation. Lexington, Mass. : D. C. Heath.

Pun, N. A. and Lu, H. L. 2010. "A Culture of Violence: the Labor Subcontracting System and Collective Action by Construction Workers in Post-socialist China." *The China Journal* 64: 143 – 158.

Rossman, G. 2014. "Obfuscatory Relational Work and Disreputable Exchange." *Sociological Theory* 32 (1): 43 – 63.

Shenkar, O. and Ronen, S. 1987. "The Cultural Context of Negotiations: The Implications of Chinese Interpersonal Norms." *The Journal of Applied Behavioral Science* 23 (2): 263 – 275.

Silver, M. 1986. *Under Construction: Work and Alienation in the Building Trades.* Albany: State University of New York.

Solinger, D. J. 1999. *Contesting Citizenship in Urban China: Peasant Migrants, the State, and the Logic of the Market.* Berkeley: University of California Press.

Solow, R. 2001. "A Native Informant Speaks." *Journal of Economic Methodology* 8: 111 – 112.

Stinchcombe, A. L. 1959. "Bureaucratic and Craft Administration of Production: A Comparative Study." *Administrative Science Quarterly* 4 (2): 168 – 187.

Streeck, W. 2005. "The Sociology of Labor Markets and Trade Unions." in Smelser, N. J. and Swedberg, R. (eds.), *The Handbook of Economic Sociology (Second Edition)*. Princeton, N. J. : Princeton University Press.

Swedberg, R. 1994. "Market as the Social Structure." in Smelser, N. J. and Swedberg, R. (eds.), *Handbook of Economic Sociology.* Princeton, N. J. : Princeton University Press.

Swell, William, 1986, "Artisans, Factny workers and the Formatim of the Fremch working class, 1789 – 1848," In Ira. Katznelson & Aristiok R. Zalberg (Eds.), *Working-class Formatim: Nineteenth century Patterns in Western Europe and tle Vnited States.* Princeton: Princeton Vniversity Press.

Swider, S. 2015. "Building China: Precarious Employment among Migrant Construction Workers." *Work, Employment and Society* 29 (1): 41 – 59.

Thui, M. 2007. "Free Market Reform in China and the Labor Migration of Chinese Seafarers. " *Asian and Pacific Migration Journal* 16 (1): 81 – 100.

Torres, J. M. C. 2015. "Expertise and Sliding Scales: Lactation Consultants, Doulas, and the Relational Work of Breastfeeding and Labor Support. " *Gender and Society* 29 (2): 244 – 264.

Uhl-Bien, M. and Graen, G. B. 1998. "Individual Self-Management: Analysis of Professionals' Self-Managing Activities in Functional and Cross-Functional Work Teams. " *The Academy of Management Journal* 41 (3): 340 – 350.

Uzzi, B. 1999. "Embeddedness in the Making of Financial Capital: How Social Relations and Networks Benefit Firms Seeking Financing. " *American Sociological Review* 64 (4): 481 – 505.

Uzzi, B. 1997. "Social Structure and Competition in Interfirm Networks: the Paradox of Embeddedness. " *Administrative Science Quarterly* 42 (1): 35 – 67.

Uzzi, B. 1996. "The Sources and Consequences of Embeddedness for the Economic Performance of Organizations: The Network Effect. " *American Sociological Review* 61 (4): 674 – 698.

Velthuis, O. 2005. *Talking Prices: Symbolic Meanings of Prices on the Market for Contemporary Art.* Princeton, N. J. : Princeton University Press.

Walder, A. G. 1986. *Communist Neo-traditionalism: Work and Authority in Chinese Industry.* Berkeley and Los Angeles, California: University of California Press.

Wherry, F. F. 2012. "Performance Circuits in the Marketplace. " *Politics & Society* 40 (2): 203 – 221.

Wherry, F. F. 2016. "Relational Accounting: A Cultural Approach. " *American Journal of Cultural Sociology* 4 (2): 131 – 156.

White, H. C. 1990. "Interview: Harrison C. White. " in Richard Swedberg (ed.), *Economics and Sociology. Princeton*, N. J. : Princeton University Press, 3.

White, H. C. 1981. "Where do Markets Come from?" *American Journal of Sociology* 87 (3): 517 – 547.

Whitford, J. 2012. "Waltzing, Relational Work, and the Construction (or Not) of Collaboration in Manufacturing Industries. " *Politics & Society* 40 (2): 249 – 272.

Williamson, O. E. 1975. Markets and Hierarchies: Analysis and Antitrust Implications. New York: Free Press.

Williamson, O. E. 1985. *The Economics Institutions of Capitalism.* New York: Free Press.

Williamson, O. E. 2000. "The New Institutional Economics: Taking Stock, Looking Ahead. " *Journal of Economic Literature* 38 (3): 595 – 613.

Yang, Kaifeng, 2007. "State-Owned Enterprise Reform in Post-Mao China. " *International Journal of Public Administration* 31 (1): 24 – 53.

Yang, Mayfair. 1994. *Gifts, Favors, and Banquets : The Art of Social Relationships in China. Ithaca*, N. Y: Cornell University Press.

Yang, Mayfair. 2002. "The Resilience of Guanxi and Its Deployments: A Critique of Some New Guanxi Scholarship. " *The China Quarterly* 170: 459 – 476.

Zelizer, V. A. 2011. *Economic Lives: How Culture Shapes the Economy.* Princeton: Princeton University Press.

Žabko, O. , Aadne Aasland & Sylvi, Brrgit Endresen, 2018. "Facilitating labor migration from Latvia: svrategies of variws categories of intermediaries. "Jourmal of Ethnic and Migration studies, 44 (4): 575 – 591.

Žabko, O. , Aasland, A. , Endresen, S. B. 2018, "Facilitating Labour Migration from Latvia: Strategies of Various Categories of Intermediaries, " *Journal of Ethnic and Migration Studies*, 44 (4): 575 – 591.

Zelizer, V. A. 2012. " How I Became a Relational Economic Sociologist and What Does that mean?" *Politics & Society* 40 (2): 145 – 174.

Zelizer, V. A. 1978. "Human Values and the Market: The Case of Life Insurance and Death in 19th-Century America. " *American Journal of Sociology*, 84 (3): 591 – 610.

Zelizer, V. A. 2005. *The Purchase of Intimacy.* Princeton: Princeton University Press.

Zukin, S. and DiMaggio, P. 1990. "Introduction. " in Sharon Zukin and Paul DiMaggio eds. , *Structure of Capital: The Social Organization of the Economy.* Cambridge: Cambridge University Press.

后　记

从香港狮子山下的青葱岁月到武汉桂子山下的青椒生涯，不知不觉已近十年，颇有一种"青"舟已过万重山的苦涩与愉悦。本书是对这段过往时光的一个追忆与总结。

本书是在我博士学位论文的基础上修改而成的，但是研究问题和分析框架都已然发生了变化。在香港大学攻读博士期间，我主要关注中国建筑工人在劳动过程与抗争方面的差异，尤其是关注建筑工人在施工团队中形成的关系网络结构对劳动政体与集体行动的差异性影响。毕业参加工作后，博士学位论文迟迟未完成修改，有需要发表学术论文的现实原因，但更重要的原因是自己对博士学位论文"专于经验发现而短于理论贡献"的不满。来到华中师范大学社会学院工作以后，我将自己的一部分精力转到经济社会学研究领域。在经济社会学的教学、文献阅读和与同辈交流过程中，我开始重新用经济社会学的视角看待博士期间的调查资料，将研究问题聚焦于建筑业劳动力市场的形成，并发展了一个理论框架来理解这一过程。如此，才有这本书如今的样子。十年时间，研究问题与领域虽然实现了从劳动社会学到经济社会学的跨越，但源流仍在博士期间。

首先需要感谢我的博士导师陈纯菁教授。2013～2014年申请香港大学博士的时候，我原本申请的导师是一位从事政治社会学研究的美国教授（因为那个时候我对政治社会学很感兴趣），但是入学的时候由于他突然离职，系里不得不给我重新安排导师。就这样，陈老师成了我博士期间的指导老师。陈老师主要从事的是经济社会学与文化社会学的研究，而我当时主要对政治社会学感兴趣，因此曾一度非常担忧研究方向匹配的问题。然而，在和陈老师见过几次面后，我的这种担忧就烟消云散了。陈老师开放包容的学术精神和对社会学的独到理解都让我整个博士期间的智识之旅甘之如饴。虽然她不从事劳动社会学的研究，但是她愿意随我一起探索我的田野资料，在对我反复的追问和诘问中细细雕琢我的研究问题与分析框架。陈老师对学术的纯粹热爱与坚持、对社会学的敏锐与睿智以及对学生的宽厚与包容都始终让我对学术保持一种如切如磋、如琢如磨的精神，让我终身受益。

其次需要感谢那些在田野中愿意与我分享他们故事的访谈对象，特别是那些在劳动一线的建筑农民工。虽然他们来自全国各地，从事的工种也各不相同，但他们身上共同体现出来的善良、坚韧与勤劳却深深地感动着我。没有他们无私的参与，本书的写作与出版是不可能的。特别是每当想起，我得以通过他们的故事拿到学位、发表论文和晋升职称，但我无法给予他们同等回馈的时候，愧疚与感恩同时涌上心头。希望本书对他们的故事的真实记叙能够多少弥补我的一点愧疚。

本书最终得以出版还需要感谢在攻读博士与参加工作期间的老师、朋友与同事，他们的支持、鼓励与帮助使得本书内容能够不断完善。感谢香港大学社会学系田晓丽教授、王鹏教授、宗树人教授、Paul Joosse教授，他们在不同场合对我的博士学位论文提出的修改意见都让我受益匪浅。感谢读博期间的朋友符隆文博士、李佩繁博士、彭桥杨博士、姚红博士、Temily博士在学术和生活上提供的帮助，与他们的日常学术讨论提升了我的博士学位论文的质量，而他们在生活上的陪伴也让我艰辛的读博生涯显得色彩斑斓。来到华中师范大学社会学院工作以后，感谢刘世定教授、符平教授在促进研究问题由劳动社会学转向经济社会学的过程中的点拨与帮助。感谢华中师范大学社会学院各位领导和同事在我青椒职业生涯提供的各种帮助，感谢华中师范大学社会学院为本书的写作、修改与出版提供的良好学术氛围与环境。

感谢《社会学研究》、《广东社会科学》、*The China Quarterly*等期刊的包容，书中的部分内容已在以上期刊上发表过，收录本书时已做适当修改。感谢社会科学文献出版社胡庆英编辑，她在出版和编校上的专业水平与工作态度，让我印象深刻。

我要特别感谢我的家人。父亲和母亲义无反顾的支持是我能够走到今天最大的动力。在我远离家乡读书与工作的期间，大哥和大嫂对父母的照料让我可以安心读书与工作，对此我亦亏欠良多。人生有太多的遗憾无法弥补，我愿将本书献给我的父亲，希望多少能够弥补我对他那永远无法偿还的恩情与愧疚。

感谢我就职的华中师范大学社会学院将本书纳入"桂子山社会学论丛"出版计划。

2023 年 11 月于武汉桂子山

图书在版编目（CIP）数据

劳动力市场的形成：基于建筑业的田野调查／魏海涛著.-- 北京：社会科学文献出版社，2024.3
（桂子山社会学论丛）
ISBN 978 - 7 - 5228 - 2711 - 7

Ⅰ.①劳⋯　Ⅱ.①魏⋯　Ⅲ.①建筑业 - 劳动力市场 - 研究　Ⅳ.①F407.96

中国国家版本馆 CIP 数据核字（2023）第 206663 号

桂子山社会学论丛
劳动力市场的形成
——基于建筑业的田野调查

著　　者／魏海涛

出 版 人／冀祥德
责任编辑／胡庆英
责任印制／王京美

出　　版／社会科学文献出版社·群学分社（010）59367002
　　　　　地址：北京市北三环中路甲 29 号院华龙大厦　邮编：100029
　　　　　网址：www.ssap.com.cn
发　　行／社会科学文献出版社（010）59367028
印　　装／三河市龙林印务有限公司

规　　格／开　本：787mm × 1092mm　1/16
　　　　　印　张：13.5　字　数：215 千字
版　　次／2024 年 3 月第 1 版　2024 年 3 月第 1 次印刷
书　　号／ISBN 978 - 7 - 5228 - 2711 - 7
定　　价／98.00 元

读者服务电话：4008918866